國家古籍整理出版專項經費資助項目

長沙尚德街東漢簡牘

長沙市文物考古研究所 編

岳麓書社·長沙

《長沙尚德街東漢簡牘》

上 编

主　编：何　佳

副主编：雷永利　趙　今

下 编

主　编：羅小華

副主编：黃樸華　何　佳

目録

上 編　長沙尚德街出土簡牘古井發掘報告

第一章　長沙地理位置及歷史沿革 …… 〇〇二
一、地理位置 …… 〇〇二
二、歷史沿革 …… 〇〇三
第二章　長沙城市發展概況及发掘區周邊歷年簡牘發現情況 …… 〇〇四
一、長沙城市發展概況 …… 〇〇四
二、發掘區周邊歷年簡牘發現情況 …… 〇〇五
第三章　發掘情況概述及發掘經過 …… 〇〇八
一、發掘情況概述 …… 〇〇八
二、出土簡牘古井發掘經過 …… 〇一〇
三、發掘步驟與方法 …… 〇一〇
第四章　發掘收穫 …… 〇一一
一、J359形制及出土器物 …… 〇一一
（一）古井形制 …… 〇一一
（二）出土器物 …… 〇一一
二、J436形制及出土器物 …… 〇一三
（一）古井形制 …… 〇一三
（二）出土器物 …… 〇一三
1. 青瓷器 …… 〇一三
2. 硬陶器 …… 〇二一
3. 軟陶器 …… 〇二三
4. 鐵器 …… 〇二四

5. 銅錢 …… 〇二四
三、 J437形制及出土器物 …… 〇二四
（一）古井形制 …… 〇二四
（二）出土器物 …… 〇二四
1. 硬陶器 …… 〇二四
2. 軟陶器 …… 〇二八
四、 J446形制及出土器物 …… 〇三〇
（一）古井形制 …… 〇三〇
（二）出土器物 …… 〇三二
五、 J453形制及出土器物 …… 〇三二
（一）古井形制 …… 〇三二
（二）出土器物 …… 〇三二
1. 青瓷器 …… 〇三二
2. 硬陶器 …… 〇三五
3. 銅器 …… 〇三六
六、 J465形制及出土器物 …… 〇三六
（一）古井形制 …… 〇三六
（二）出土器物 …… 〇三八
1. 青瓷器 …… 〇三八
2. 硬陶器 …… 〇四一
3. 軟陶器 …… 〇四三
4. 木器 …… 〇四三
5. 銅錢 …… 〇四四
七、 J482形制及出土器物 …… 〇四四
（一）古井形制 …… 〇四四
（二）出土器物 …… 〇四六
1. 青瓷器 …… 〇四六
2. 硬陶器 …… 〇四九
3. 軟陶器 …… 〇五一
4. 漆木器 …… 〇五四
5. 銅錢 …… 〇五五

6. 鐵器 …… 〇五六
八、J531形制及出土器物 …… 〇五六
（一）古井形制 …… 〇五六
（二）出土器物 …… 〇五七
1. 硬陶器 …… 〇五七
2. 青瓷器 …… 〇六三
3. 軟陶器 …… 〇六三
4. 石器 …… 〇六五
5. 鐵器 …… 〇六五
九、J575形制及出土器物 …… 〇六六
（一）古井形制 …… 〇六六
（二）出土器物 …… 〇六六
1. 青瓷器 …… 〇六七
2. 硬陶器 …… 〇六九
3. 軟陶器 …… 〇七二
4. 木器 …… 〇七三
第五章　簡牘 …… 〇七六
一、簡牘出土概況 …… 〇七六
二、簡牘數量 …… 〇七六
三、簡牘形制 …… 〇七七
四、簡牘内容 …… 〇七八
第六章　結語 …… 〇八〇
一、各古井出土遺物分析及年代推測 …… 〇八〇
二、簡牘出土的意義 …… 〇八二
（一）内容方面的意義 …… 〇八二
（二）形制方面的意義 …… 〇八四
（三）書法方面的意義 …… 〇八四
附表一　尚德街出土簡牘古井出土器物統計表 …… 〇八六
附表二　尚德街東漢簡牘統計表 …… 〇八八

下編　長沙尚德街出土東漢簡牘及釋文

彩色圖版 …… 一〇四

黑白圖版 …… 一五七

長沙尚德街東漢簡牘釋文 …… 二一〇

J359 …… 二一〇

J436 …… 二一〇

J437 …… 二一一

J446 …… 二一三

J453 …… 二一四

J465 …… 二一五

J531 …… 二一五

J482 …… 二一九

一、公文 …… 二一九

二、雜文書 …… 二二七

三、私信 …… 二三七

四、習字 …… 二四五

五、殘簡 …… 二四六

J575 …… 二五九

後記 …… 二六一

上編　長沙尚德街出土簡牘古井發掘報告

第一章　長沙地理位置及歷史沿革

長沙作爲國務院第一批公布的24個歷史文化名城之一，有其豐富的歷史文化内涵，其獨特的地理位置孕育並承載了其政治、經濟及文化的璀璨。

一、地理位置

長沙位於中國中南部的長江以南地區，湖南省的東部偏北。地處洞庭湖平原的南端向湘中丘陵盆地過渡地帶，與岳陽、益陽、婁底、株洲、湘潭和江西萍鄉接壤。總面積爲11819平方公里，其中城區面積2185平方公里。位於瀏陽境内的大圍山七星嶺海拔1616米，爲轄區最高處；岳麓山的雲麓峰海拔300.8米，爲城區至高點。長沙市轄芙蓉、天心、岳麓、開福、雨花、望城六區，長沙、寧鄉二縣及瀏陽市。

湘江爲長沙最重要的河流，由南向北貫穿全境，境内長度約75公里。湘江自南向北貫穿長沙城區，把城市分爲河東和河西兩大部分。河東以商業經濟爲主，河西以文化教育爲主。2001年10月10日，市政府駐地由河東藩正街遷至河西觀沙嶺，致力發展河西的經濟以平衡長沙湘江兩岸。

長沙地理坐標爲東經111°53'～114°5'，北緯27°51'～28°40'，東西長約230公里，南北寬約88公里。地域呈東西向長條形狀，地貌北、西、南緣爲山地，東南以丘陵爲主，東北以崗地爲主；山地、丘陵、崗地、平原大體各占四分之一。長沙土壤種類多樣，可劃分9個土類、21個亞類、85個土屬、221個土種，總面積1366.2萬畝，其中，以紅壤、水稻土爲主，分别占土壤總面積的70%、25%。其餘還有菜園土、潮土、山地黄壤、黄棕壤、山地草甸土、石灰土、紫色土等，適宜多種農作物生長。

長沙屬亞熱帶季風性濕潤氣候，氣候特徵是：氣候温和，降水充沛，雨熱同期，四季分明。春末夏初多雨，夏末秋季多旱；春濕多變，夏秋多晴，嚴冬期短，暑熱期長。全年無霜期約275天，年平均氣温16.8℃～17.2℃，極端最高氣温爲40.6℃，極端最低氣温爲-12℃。年平均總降水量1422.4毫米。水資源以地表水爲主，水源充足，年均地表徑流量達808億立方米。除了湘江外，還有匯入湘江的支流15條，主要有瀏陽河、撈刀河、靳江和溈水河。最大的水庫爲寧鄉縣境内的黄材水庫和瀏陽市境内的株樹橋水庫。

二、歷史沿革

長沙有文字記載的歷史達3000多年之久。古人觀星授時，分周天星空爲二十八宿，又按星宿分野。南方朱雀七宿中的軫宿“長沙”星所對應的這片地方叫長沙，因而“長沙”又有星沙之雅稱。史書記載長沙之名最早見於《逸周書·王會篇》，書中所載獻周王的貢品有“長沙鱉”之稱。此外，還有“萬里沙祠”“長沙洲”“沙如米”“祭祀女神之地”等諸多説法。

長沙歷史發展，可追溯到遠古時代。考古發掘表明，在距今15～20萬年的舊石器時代，長沙地區即有原始人類活動。新石器時代，已形成氏族及部落。目前，在長沙縣、瀏陽市、望城區、寧鄉縣已發現多處新石器時代遺址，距今5000～7000年。《史記》載，炎帝教耕，崩葬於長沙；黄帝南至於江，登熊湘；舜帝南巡，葬在長沙零陵界中。熊、湘兩山即在長沙。禹分九州，長沙屬荆州。相傳大禹治水，到過長沙，至今岳麓山還留有禹碑、禹迹溪等勝景。

夏代屬古三苗之地；殷商之世（約公元前1600年～公元前1046年），長沙屬揚越之地，是百越部落的分支，這裏的土著文化已有相當發展。公元前616年楚國勢力進入江南，對部族多次進行征伐，長沙地域屬楚國。

至戰國時期，長沙屬楚黔中郡，爲荆楚南國重鎮；公元前221年，秦始皇統一全國設36郡，長沙郡爲秦初全國36郡之一。長沙自此列入全國行政區劃，郡治湘縣；西漢高祖元年（前206）二月，分封諸侯，分楚爲四，長沙屬臨江國，高祖五年（前202）徙封衡山王吴芮爲長沙王，分臨江爲長沙國，原郡治“湘縣”改稱“臨湘縣”，爲長沙國的國都。漢文帝後元七年（前157），長沙王五傳至靖王吴著逝世，無後，廢長沙國。漢景帝（前元）元年（前156）復置長沙國，庶子劉發爲長沙定王；王莽（新）始建國元年（9）改長沙國爲填（鎮）蠻郡；光武帝建武元年（25）復置長沙郡；東漢末年封建割據。建安十四年（209）劉備領有長沙郡。建安十九年（214）孫權取長沙等三郡。次年，孫劉協議以湘江爲界，東屬孫權，西屬劉備；隋、唐兩代曾幾度改稱潭州及長沙郡；五代馬殷建楚國，以潭州城爲國都，名“長沙府”；宋代分全國爲十五路，潭州屬荆湖南路。元代至元十四年（1277）立湖廣行省，改潭州路總管府，治長沙、善化縣。天曆二年（1329），改潭州路爲天臨路；明初改爲長沙府治所，隸屬湖廣布政使司。清朝康熙三年（1664）建“湖南省”，長沙同爲長沙府府治和湖南省治。1922年定爲湖南省會；1933年正式設長沙市。1938年“文夕大火”使長沙地面建築損失殆盡。1949年新中國成立後至今，一直爲湖南省省會所在地。

第二章　長沙城市發展概況及发掘區周邊歷年簡牘發現情況

一、長沙城市發展概況

特殊的地理環境造就了長沙獨特的城市發展史。長沙北、東、南三面自古爲丘陵環繞，即現營盤路以北、芙蓉路以東、解放路以南在春秋戰國之前均爲連綿不斷的丘陵地帶，有名的山嶺北有留芳嶺，東有識字嶺、窑嶺、袁家嶺、陳家大山，南有燕子嶺及妙高峰。受地形限制，長沙古城自古就建於湘江東岸南北長3.5公里，東西寬約1.8公里這一狹長的冲積平地上。

《水經注・湘水》記載："漢高祖五年以封吴芮爲長沙王，是城（長沙城）即芮所築也。"這是古文獻對於長沙建城最早的記述。

實際上早在春秋晚期，楚國的勢力已進入長沙，至戰國中期，楚國已在長沙建立了城邑，成了楚國南部的軍事重鎮。範圍爲東未過黄興路，南近坡子街，西鄰下河街，北約在五一路附近[①]。西漢時期，又在楚城的基礎之上興建了規模更大的漢"臨湘故城"。而"宫署"位置在"臨湘故城"南部即今五一廣場及周圍地區[②]。《水經注》載："（湘水）又右逕臨湘故城西，縣治湘水濱，臨川側，故即名焉。……故楚南境之地也，秦滅楚立長沙郡，即青陽之地也。……漢高祖五年以封吴芮爲長沙王，是城即芮所築也。……晉懷帝以永嘉元年分荆州、湘中諸郡立湘州，治北城之内。……城之西北有故市，北對臨湘之新治。"從此記載可以看出，漢時在秦置的長沙郡治繼續往北即是漢臨湘城，此城屬楚的南境之内，漢長沙王的都城至晉立湘州後改爲州城，則州的二級機構長沙郡郡治從城中遷到城南，再下一級的臨湘縣治遷到城西北的"故市"以北，立新治。此後，唐五代時期及宋明時期，長沙城在原來的基礎上向四周兩次大規模擴建，直到清代，歷代治所位置基本未發生大的變動。《大清一統志》："而今長沙縣治，即《水經注》所謂臨湘新治。"發掘區位於長沙五一廣場片區（圖一），該區域經過歷年來考古發掘、史料記載及研究

---

①黄綱正、吴銘生：《戰國長沙楚城初論》，《楚文化研究論集》第二集，湖北人民出版社，1991年。

②何旭紅：《長沙漢"臨湘故城"及其"宫署"位置考析》，《南方文物》1998年第1期。

表明，儘管各歷史時期長沙城不斷擴大，但五一廣場周圍從戰國至明清以來一直是作爲各朝官府府邸所在地及城址的中心區域一直未變。

二、發掘區周邊歷年簡牘發現情況

近些年在發掘區周邊區域的古井或地窖内不斷發現有兩漢至三國時期簡牘，除此次在該區域發現簡牘外，已經發現了五批次古代簡牘（圖一；表一），概述如下。

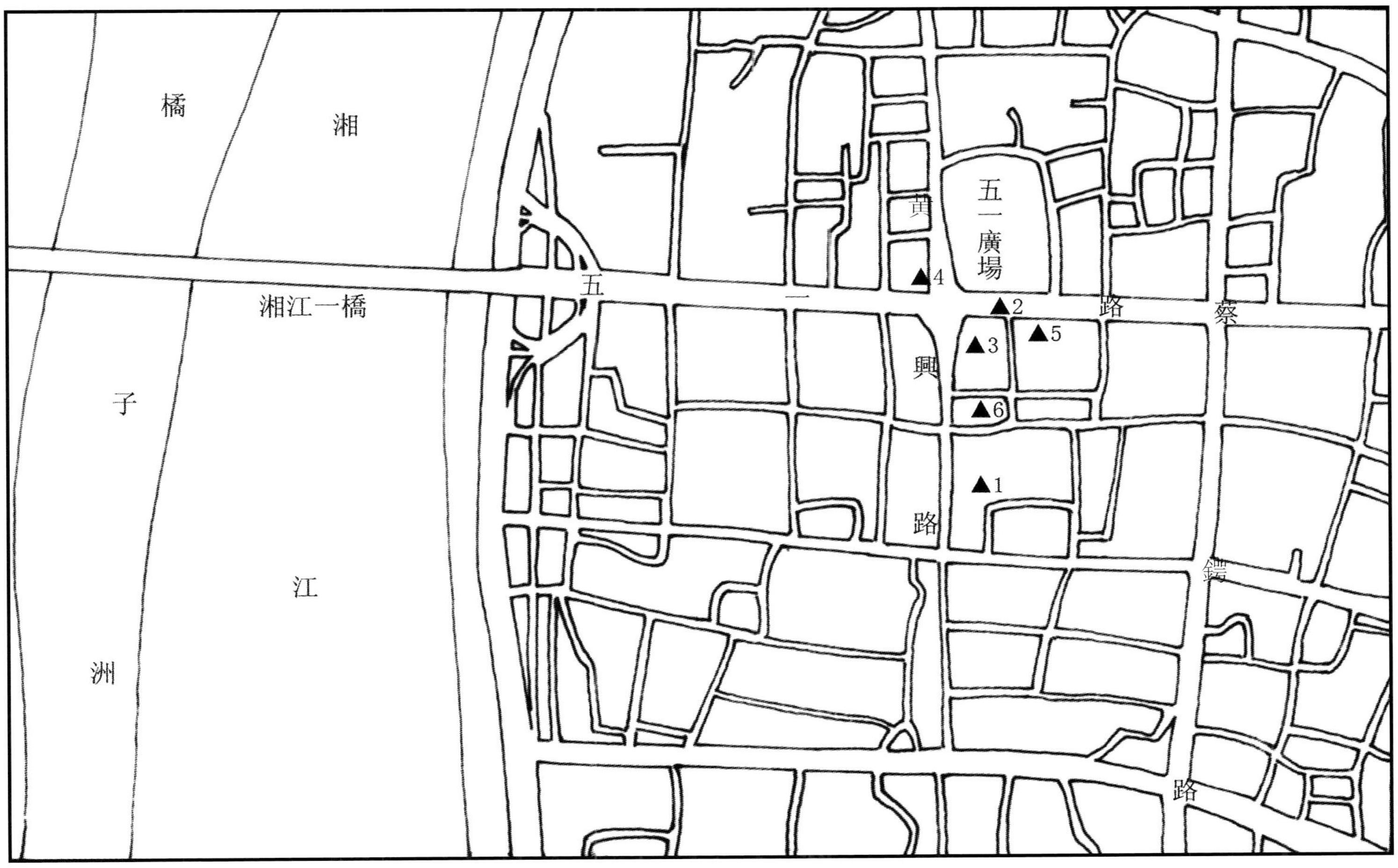

圖一　發掘區周邊歷年簡牘發現位置示意圖

1.2011 年尚德街東漢簡牘出土地點　2.2010 年五一廣場東漢簡牘出土地點　3.1996 年走馬樓三國吴簡出土地點　4.1998 年科文大厦東漢簡牘出土地點　5.2002 年湖南省供銷社西漢簡牘出土地點　6.2004 年東牌樓東漢簡牘出土地點

表一　近年發掘區周邊出土簡牘一覽表

發掘時間	發掘地點	數量	時代	簡牘性質
1996 年 7 月～ 12 月	湖南平和堂商厦工地 J22	十萬餘枚	三國	官府檔案及私人信札等
1997 年 5 月	科文大厦工地 J3、J4、J5、J18、J21、J25	數百枚	東漢	官府文書及私人信札等
2003 年 10 月～ 11 月	湖南省供銷社綜合樓工地 J8	一萬餘枚	西漢	官府文書
2004 年 4 月～ 6 月	湘浙匯商業大厦工地 J7、J32	四百餘枚	東漢	官府文書及私人信札等
2010 年 6 月～ 8 月	新世界百貨大厦北側 J1（窖）	八千餘枚	東漢	官府文書及私人信札等

1.1996年在發掘區北面的平和堂商業大厦建設工地J22内發現走馬樓三國吴簡，簡牘數量達十萬枚，時代大多屬於吴國嘉禾年間（232—238），形制包括竹簡、大木簡和木牘、封檢和簽牌等，其内容大體可以分爲券書、官府文書、户籍、名刺及帳籍五類，涉及賦税、黄簿民籍、倉庫管理、錢糧出入、軍民屯田、往來書信等各個方面[①]。

2.1997年5月，在發掘區西北側長沙科文大厦工地中的J3、J4、J5、J18、J21、J25等 6 口古井中均發現簡牘。數量達數百枚，分木簡和竹簡兩種，爲東漢中期的簡牘。字體有隸書和草書，内容分爲官府文書、名刺和習字簡三類，其中一枚上書“延平元年二月甲辰月平十日庚申長沙大守君丞卿叩”，記有漢殤帝劉隆的年號[②]。

3.2003年11月，在發掘區北側的湖南省供銷社綜合樓基建工地中編號爲J8的古井中發現了萬餘枚西漢武帝時期的簡牘，即公元前125年至公元前120年。簡牘内容主要爲司法文書[③]。

4.2004年4月，在發掘區北側的湘浙匯商業大厦基建工地編號爲J7的古井中清理出了一批東漢簡牘。共有426枚，其中有字簡218枚，無字簡208枚。該批簡牘可分爲木簡、木牘、封檢、名刺、簽牌以及異形簡等六大類，屬東漢靈帝時期。從級别而言，有郡、縣及鄉等，而以臨湘縣爲多。從内容上而言，以郵亭公私書信最多，另有官府往來文書、“自相和”私自調節民事糾紛法律文書以及户籍檔案等。這批漢簡所見書體非常豐富，有篆、隸、草、行、正書五種形態。寫於

①汪力功：《略談長沙三國吴簡的清理與保護》，《中國文物報》2002年12月13日第三版。長沙市文物工作隊、長沙市文物考古研究所：《長沙走馬樓J22發掘簡報》，《文物》1999年第5期。長沙市文物考古研究所、中國文物研究所、北京大學歷史系：《長沙走馬樓三國吴簡》，文物出版社，1999年。

②《東漢簡牘重見天日》，《人民日報》1997年8月2日。《中國考古學年鑒》（1998），文物出版社，2000年。

③宋少華：《萬餘枚西漢簡牘驚現長沙走馬樓》，《中國文物報》2004年2月18日。

東漢靈帝時期的東牌樓漢簡，填補了東漢後期書法數據稀少的空白，從而使出土的漢朝簡牘書法數據在大時段上構成一個連續而完整的系列[①]。

另在該工地編號爲J32的古井中也出土數十枚簡牘，尚未整理發表[②]。

5.2010年6月至8月，在發掘區北側的新世界百貨大厦前五一路地鐵一號綫工地上編號爲1號窖内出土陶建築構件、六器及簡牘等，其中簡牘有八千餘枚，可分爲木牘、兩行簡、小木簡、封檢、封泥匣、簽牌（木楬）、竹簡、竹牘、削衣、異形簡等。這批簡牘大多保存較好，絶大多數爲官府文書，有大量與司法相關的内容，涉及刑事、民事、訴訟等，且不少簡牘上有紀年，據此推斷這批簡牘的時代爲東漢早中期和帝至安帝時期[③]。

①長沙市文物考古研究所：《長沙東牌樓7號古井（J7）發掘簡報》，《文物》2005年第12期。長沙市文物考古研究所、中國文物研究所：《長沙東牌樓東漢簡牘》，文物出版社，2006年。

②長沙市文物考古研究所發掘資料。

③長沙市文物考古研究所：《湖南長沙五一廣場東漢簡牘發掘簡報》，《文物》2013年第6期。

第三章　發掘情况概述及發掘經過

一、發掘情况概述

2011年3月至2012年9月，長沙市文物考古研究所爲配合城市基本建設，對九龍倉（長沙）置業有限公司興建的長沙國際金融中心建設區域進行了考古發掘工作。該區域呈東西向長方形，處於長沙古城遺址的核心區域，東臨蔡鍔路，南臨解放路，西臨黄興路，北臨東牌樓街，占地70000平方米左右。爲全面揭示該區域的文化遺存，此次發掘共布5米×5米探方159個，10米×10米探方101個，探方發掘總面積14075平方米。先後發掘了明代藩王府建築基址、宋代街坊建築基址、戰國至隋唐時期城牆及護城河、戰國至明清時期大批古井等古代遺迹，出土了大量文物（圖二）。

整個工地先後發掘戰國至明清古井800餘口，該批古井井口的形狀可分爲圓形和方形兩種，其形制可分爲以下四類：一、圓形土坑竪井；二、圓形土坑上小下大袋狀形；三、長方形内置木質井壁；四、圓形磚砌井壁。古井大部分口徑在1.5米以下，爲普通居民日常飲用井，另有部分古井口徑達3～5米，製作規整，應爲歷代官府用井。歷年來，長沙市文物考古研究所在發掘區周邊

圖二　工地全景照片（2011年9月7日）

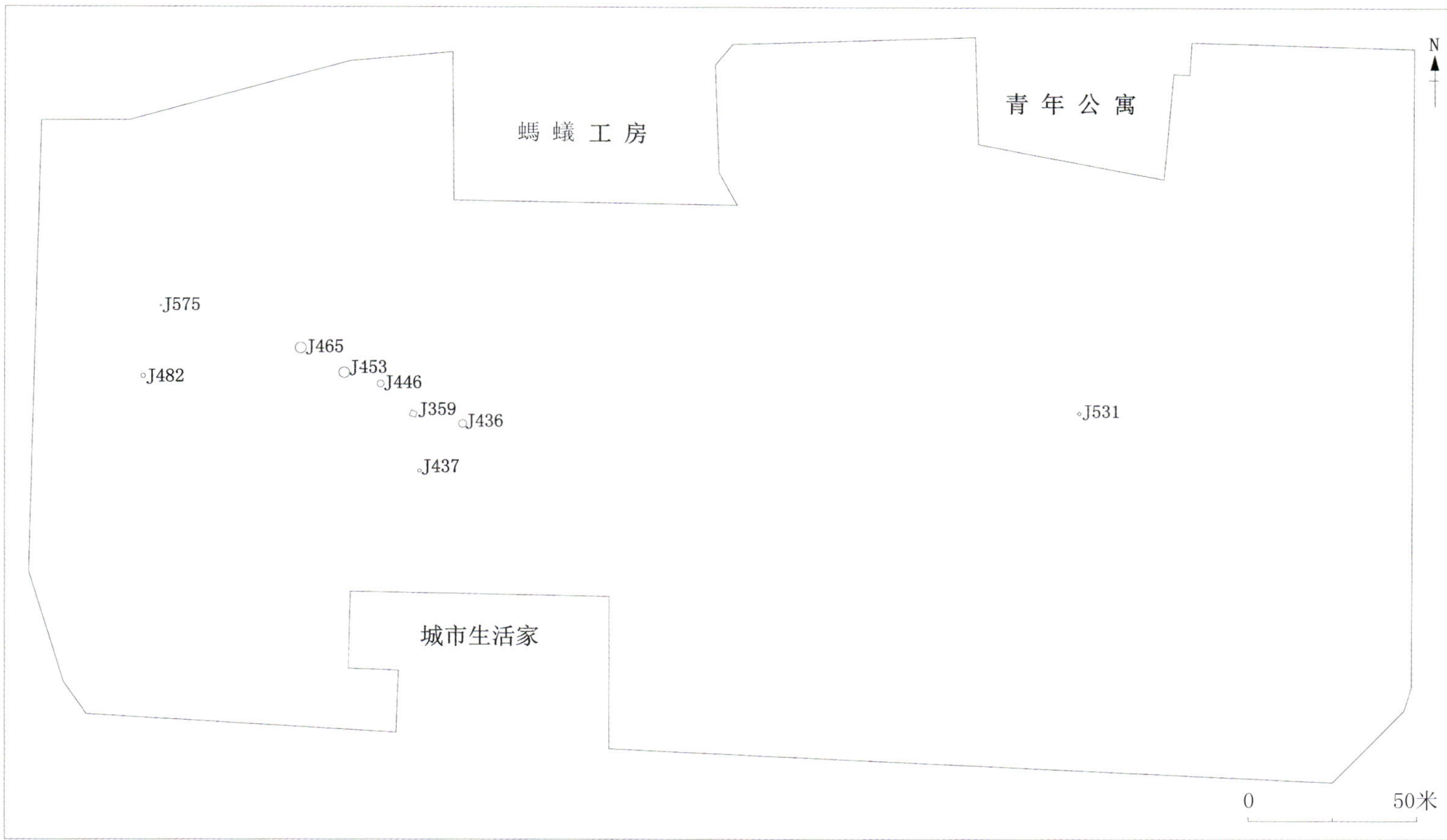

圖三　尚德街出土簡牘古井位置分布圖

發掘了大量戰國至明清時期的古井。從古井形制及出土物看，基本均爲生活用井，而且時代越晚古井向四周輻射範圍越大，古井的分布與數量從一個側面也反映了人口的聚居變遷與密集程度以及長沙城市發展演變脈絡。

按照考古發掘定名原則，由於該工地中部偏東有一條南北向街巷，名爲尚德街（尚德街北至東牌樓街，南抵解放西路，九龍倉長沙國際金融中心建設後，該街巷已不存），我們將此次發掘古井稱爲2011年長沙市尚德街長沙國際金融中心古井群，簡稱“2011CSCJ”，在發掘編號爲2011CSCJ359、J436、J437、J446、J453、J465、J531、J482、J575等 9 口古井時清理出了約兩百多枚簡牘（圖三）。發掘完畢後，迅速進行了室内資料整理及簡牘保護工作。本報告主要對出土簡牘的9口古井發掘資料予以報導。

本次發掘領隊爲黄樸華，執行領隊爲何佳。參加該批古井發掘工作的主要人員還有雷永利、趙今、夏笑容、蔣德偉、肖静華、蔣成光、佘玲珠、莫澤、李强、曹德清、高鐵、李成果、胡湘國、邱少鋒等。

二、出土簡牘古井發掘經過

由於該工地處於長沙古城的核心區域，加之在周邊區域歷年出土5批古代簡牘，另外，該工地發掘面積較大，各時期古井分布密度大，所以同時暴露並需要發掘的古井較多，我們發掘現場要求，在發掘每口古井時，都應仔細清理古井内填土，以防止有簡牘遺漏。

2011年11月22日，我所現場考古人員在清理編號爲J359的古井時，發現有簡牘形制的木片出土，由於木片長期埋藏於古井淤泥中，加之表面黏附有淤泥，所以是否有字不得而知，隨後，又出土兩枚較短的木片，其中一片上似乎有墨書“布計受□”，雖然發現簡牘較少，但簡牘的發現令發掘人員爲之振奮。11月24日，在清理編號爲J446的古井時，發現了較多類似簡牘形制的木片，其中部分有草書痕迹，這更加促使發掘人員仔細清理，也預示著後期會有更多簡牘面世。以後，至12月底，先後在J437、J436、J453、J465、J531、J482、J575等古井中發現簡牘。其中值得一提的是，在發掘J482時，由於井壁在不同深度垮塌嚴重，致使井壁從上至下呈葫蘆狀，發掘人員冒着垮塌的危險在井内清理，但當井内灰黑色填土成堆簡牘出土時，發掘的危險被收穫的喜悦所替代，仔細清理時發現，有些簡牘外側有碎麻布殘片出土，可能是包裹簡牘所用，但麻布保存狀況不佳，大多殘碎不堪。清理J575時，在發掘至距井口深2.89米時，出土一件硬陶雙沿罐，在罐内發現一個麻布包裹，打開後纔發現，麻布内包裹的是3枚形制相類的木片，其中有2枚削製成人形，上端還繪有雙眼，眼部以下爲墨字，我們猜想，這與2004年東牌樓東漢簡牘中人形簡爲同一性質，可能爲具有道教性質之物。

三、發掘步驟與方法

由於地下水位較高，部分井壁垮塌嚴重，再加之井口較小，土質疏鬆，故在清理時采用分段的方法由上至下分層進行清理。在清理至簡牘層時，均是文物保護人員采用木板平鋪或搭架懸空與清理面隔離的方式，用手鏟、竹簽由上至下逐層仔細清理。單枚簡時單獨編號提取，成捆或成堆的簡牘時采用整體提取編號的方式，遇到碎木片或木屑較多，現場難以辨認是否簡牘的情況下，也整體提取編號，取出的簡牘在現場立即放入蒸餾水盒中，這樣簡牘在現場就得到了有效的保護。另對發現簡牘後井内堆積全部進行仔細篩洗，以防止簡牘遺漏，這些均確保了發掘質量。此次發掘是從2011年11月22日的J359開始，至12月23日J575發掘結束。

第四章　發掘收穫

該工地共有9口古井出土簡牘，編號分别爲2011CSCJ359、J446、J437、J436、J453、J465、J482、J531、J575。由於受歷史上歷年建設的破壞及基建原因，古井發現時上部已遭破壞，井口距地表深淺不一，開口層位不明。現分别介紹如下（出土簡牘在第五章及下編另行介紹）。

一、J359形制及出土器物

（一）古井形制

J359位於探方區外，在整個發掘區西部偏中，爲一圓形土坑竪穴井。開口層位不明，打破生土層及砂卵石層。井口平面呈不規則圓形，口大底小，井壁局部垮塌，由上方向下斜收，井底較平整。井口徑東西長2米，南北長2.2米，井底東西長1.1米，南北長1.4米，殘深1.23米。井内填土堆積僅一層，爲淺灰黑色土，土質疏鬆，較黏，夾雜少量炭屑（圖四）。

（二）出土器物

J359内除簡牘外，出土可辨器物僅2件，均爲印紋硬陶罐。另出土少量陶瓷殘片，陶片爲陶罐殘片，瓷片爲青瓷罐殘片。

印紋硬陶罐按器形不同，可分爲A、B二型。

A型　標本2011CSCJ359：4，形體瘦高，方唇，短敞口，弧肩，下腹内收，平底内凹。肩部和腹部拍印細麻布紋。口沿及上腹部施薄青釉。口徑10.6釐米，腹徑16.9釐米，底徑11.4釐米，高19.6釐米（圖五；圖七，1）。

B型　標本2011CSCJ359：5，形體矮鼓，方唇，短敞口，沿外中部飾有1道細凸棱，肩、腹部外鼓，下腹内收，平底内凹。肩部和腹部拍印細麻布紋。口沿及上腹部施薄青釉。口徑12釐米，腹徑21.3釐米，底徑11.9釐米，高19.7釐米（圖六；圖七，2）。

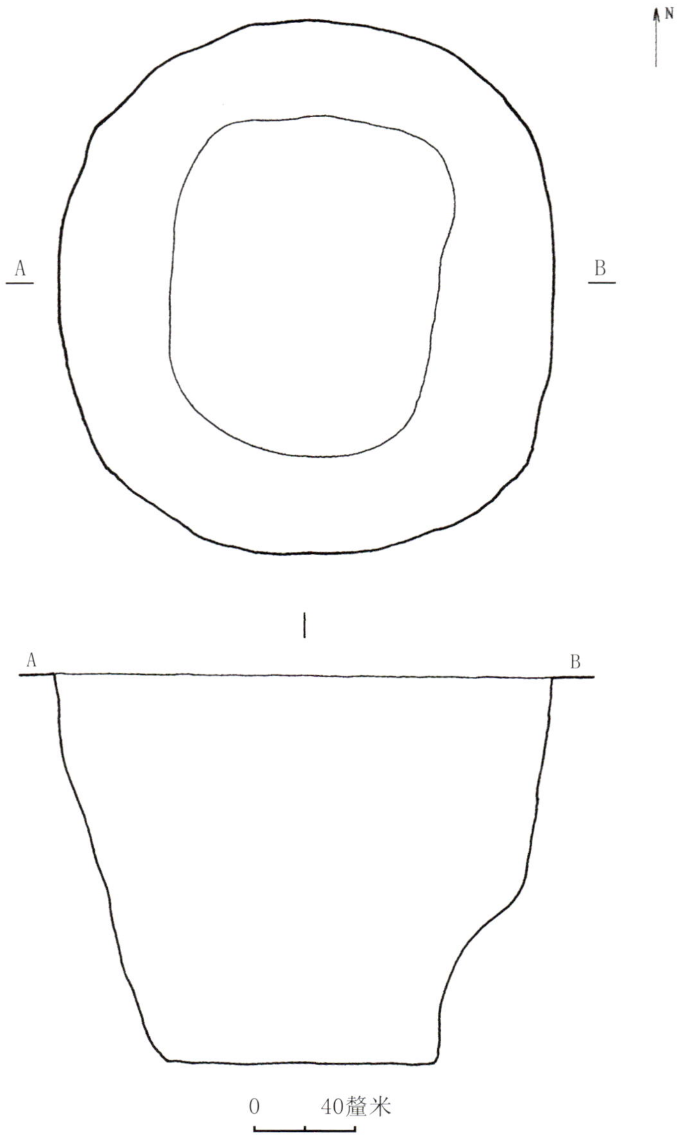

圖四 J359平、剖面圖

圖五 A型印紋硬陶罐（2011CSCJ359：4）

圖六 B型印紋硬陶罐（2011CSCJ359：5）

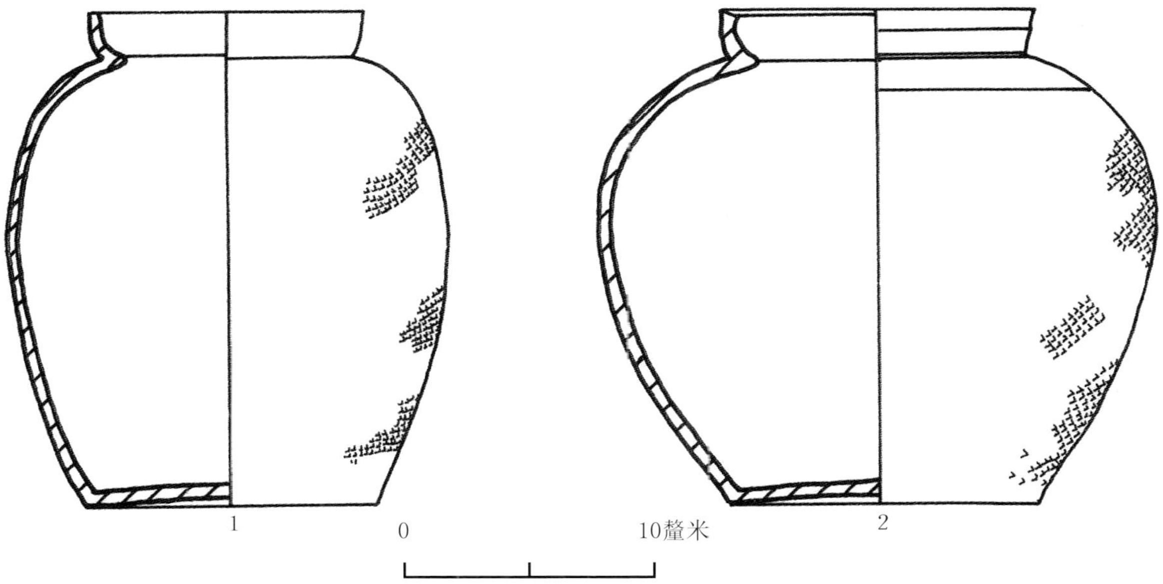

圖七　J359出土印紋硬陶罐

1. A 型印紋硬陶罐（2011CSCJ359 ： 4） 2.B 型印紋硬陶罐（2011CSCJ359 ： 5）

二、J436形制及出土器物

（一）古井形制

J436位於探方區外，在整個發掘區西側偏南位置。爲一圓形土坑竪穴井，開口層位不明，打破生土層及砂卵石層。井口平面呈不規則圓形，井壁上部垮塌變大，井壁向下斜收，至井口2.33米處向内斜收，井底有一層木製方形井壁，井壁受擠壓略有變形，四周木板相互疊壓，無榫鉚套接，方形井壁北側邊長1.6米，南側長1.24米，東西邊長各約1.2米，方形井壁殘深0.67米。井底平整，殘深3米。

井内填土堆積可分爲兩層。第①層堆積爲深褐色土，結構較緊密，土質黏軟，夾雜一些炭屑顆粒，厚2.33米；第②層堆積爲黑色淤土，結構較緊，土質黏軟，夾雜有少量生土塊，厚0.67米（圖八）。

（二）出土器物

J436除簡牘外，出土器物標本共39件，另有部分陶片。按質地可分爲青瓷器、硬陶器、軟陶器、鐵器及銅錢五大類。

1.青瓷器

均爲青灰胎，器形有鉢、四系罐、杯、盂等。

鉢　根據口沿不同可分爲三型。

A型　尖唇，敞口，平底。内外施青釉，釉不及底。標本2011CSCJ436①：1，口徑16.6釐米，底徑10.9釐米，高5.4釐米（圖九，1；圖一〇）。標本2011CSCJ436①：10，口徑15.2釐米，底徑

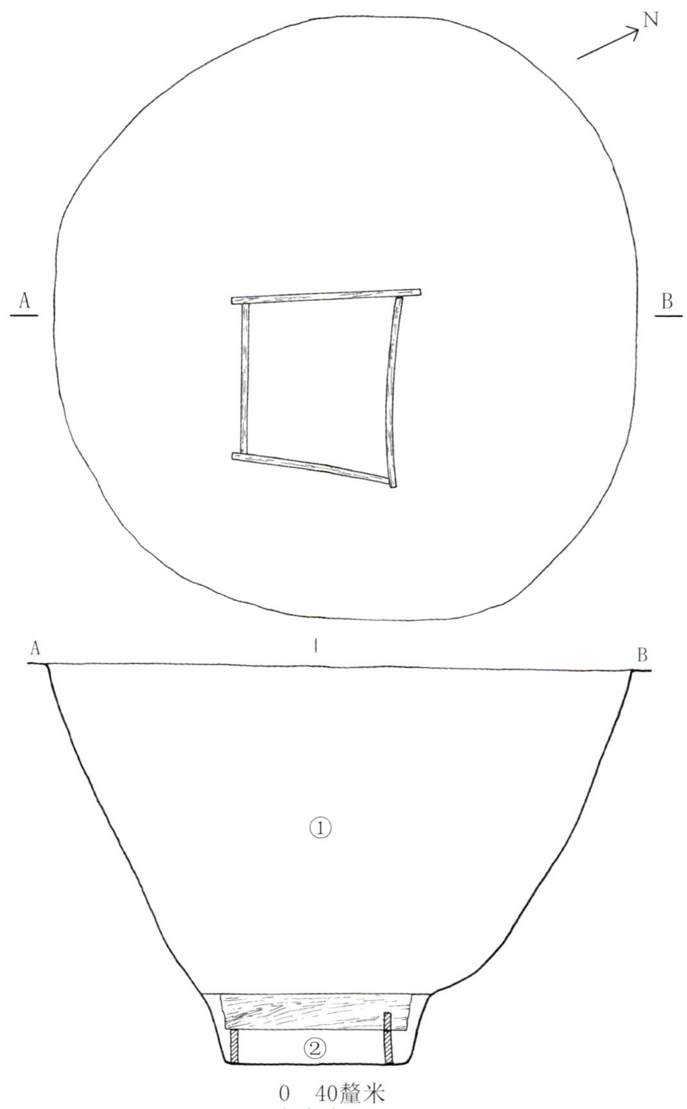

圖八　J436平、剖面圖

10釐米，高5.4釐米（圖九，2；圖一一）。標本2011CSCJ436①：17，口徑12.4釐米，底徑8.4釐米，高4.3釐米（圖九，3；圖一二）。

B型　尖唇，口微斂，平底。內外施青釉，釉不及底。標本2011CSCJ436②：36，口徑12.8釐米，腹徑13.2釐米，底徑7.8釐米，高4.6釐米（圖九，4；圖一三）。標本2011CSCJ436①：2，口徑8.7釐米，底徑4釐米，高3.8釐米（圖九，5）。

C型　標本2011CSCJ436①：20，厚圓唇，口外有一圈凹槽，平底。內外施青釉。口徑13.5釐米，底徑9釐米，高5釐米（圖九，6；圖一四）。

盂　根據器形不同可分二型。

A型　標本2011CSCJ436①：18，口殘，束頸，扁腹，平底內凹。肩部附對稱紐及數道細凹弦紋。外施青釉。腹徑10.8釐米，底徑8.4釐米，殘高7.1釐米（圖九，7；圖一五）。

B型　標本2011CSCJ436①：7，短直口，微斂，圓唇，扁腹，平底內凹。肩部對稱有直立短流及圓紐，兩側對稱方向貼塑烏龜及青蛙模型。外施青釉。口徑2.9釐米，腹徑9.1釐米，底徑4.9釐米，高6.6釐米（圖九，8；圖一六）。

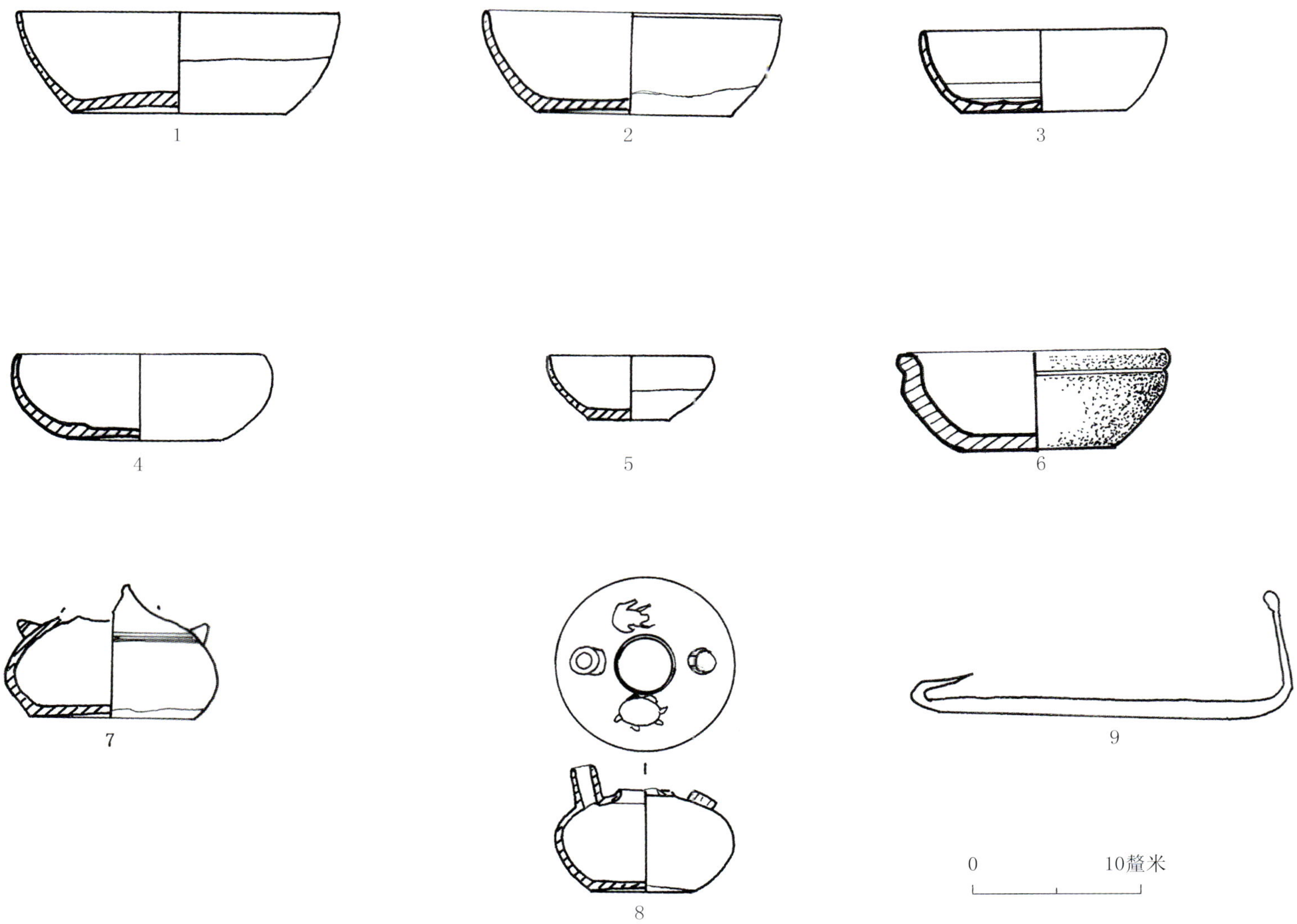

圖九　J436出土器物

1.A型青瓷缽（2011CSCJ436①：1）2.A型青瓷缽（2011CSCJ435①：10）3.A型青瓷缽（2011CSCJ436①：17）4.B型青瓷缽（2011CSCJ436②：36）5.B型青瓷缽（2011CSCJ436①：2）6.C型青瓷缽（2011CSCJ436①：20）7.A型青瓷盂（2011CSCJ436①：18）8.B型青瓷盂（2011CSCJ436①：7）9.鐵扒釘（2011CSCJ436①：34）

圖一〇　A型青瓷缽（2011CSCJ436①：1）

圖一一　A型青瓷缽（2011CSCJ436①：10）

圖一二　A型青瓷缽（2011CSCJ436①：17）

圖一三　B型青瓷缽（2011CSCJ436②:36）

圖一四　C型青瓷缽（2011CSCJ436①：20）

圖一五　A型青瓷盂（2011CSCJ436①：18）

圖一六　B型青瓷盂（2011CSCJ436①：7）

四系罐　泥質灰胎，肩部飾1～2道細凹弦紋，並附4個對稱耳，肩、腹部拍印細麻布紋，外施青釉，釉不及底。根據器形高矮及口沿、肩、腹部等不同可分爲四型。

A型　短直口，深腹，肩、腹外鼓，下腹内束，平底或内凹。標本2011CSCJ436①：27，口徑10.7釐米，腹徑20.3釐米，底徑11.4釐米，高24.6釐米（圖一七，1；圖一八）。標本2011CSCJ436①：21，口徑11.1釐米，腹徑19.6釐米，底徑11.7釐米，高23.6釐米（圖一七，2；圖一九）。標本2011CSCJ436①：31，口徑10.5釐米，腹徑21釐米，底徑12.2釐米，高24.1釐米（圖一七，3；圖二〇）。標本2011CSCJ436①：32，口徑10.1釐米，腹徑19.6釐米，底徑12釐米，高23.2釐米（圖一七，4；圖二一）。2011CSCJ436①：24，口徑10.1釐米，腹徑18.9釐米，底徑11.5釐米，高21.9釐米（圖一七，5；圖二二）。標本2011CSCJ436①：6，肩部飾2道弦紋，口徑9.4釐米，腹徑18.4釐米，底徑11釐米，高21.8釐米（圖一七，6；圖二三）。標本2011CSCJ436①：11，口徑9.2釐米，腹徑18.9釐米，底徑11.2釐米，高22.8釐米（圖一七，7；圖二四）。標本2011CSCJ436①：5，口徑9.8釐米，腹徑19.1釐米，底徑11.2釐米，高21.8釐米（圖一七，8；圖二五）。

B型　短直口，微斂，深腹，肩、腹弧鼓，下腹內收，平底或內凹。標本2011CSCJ436①：8，口

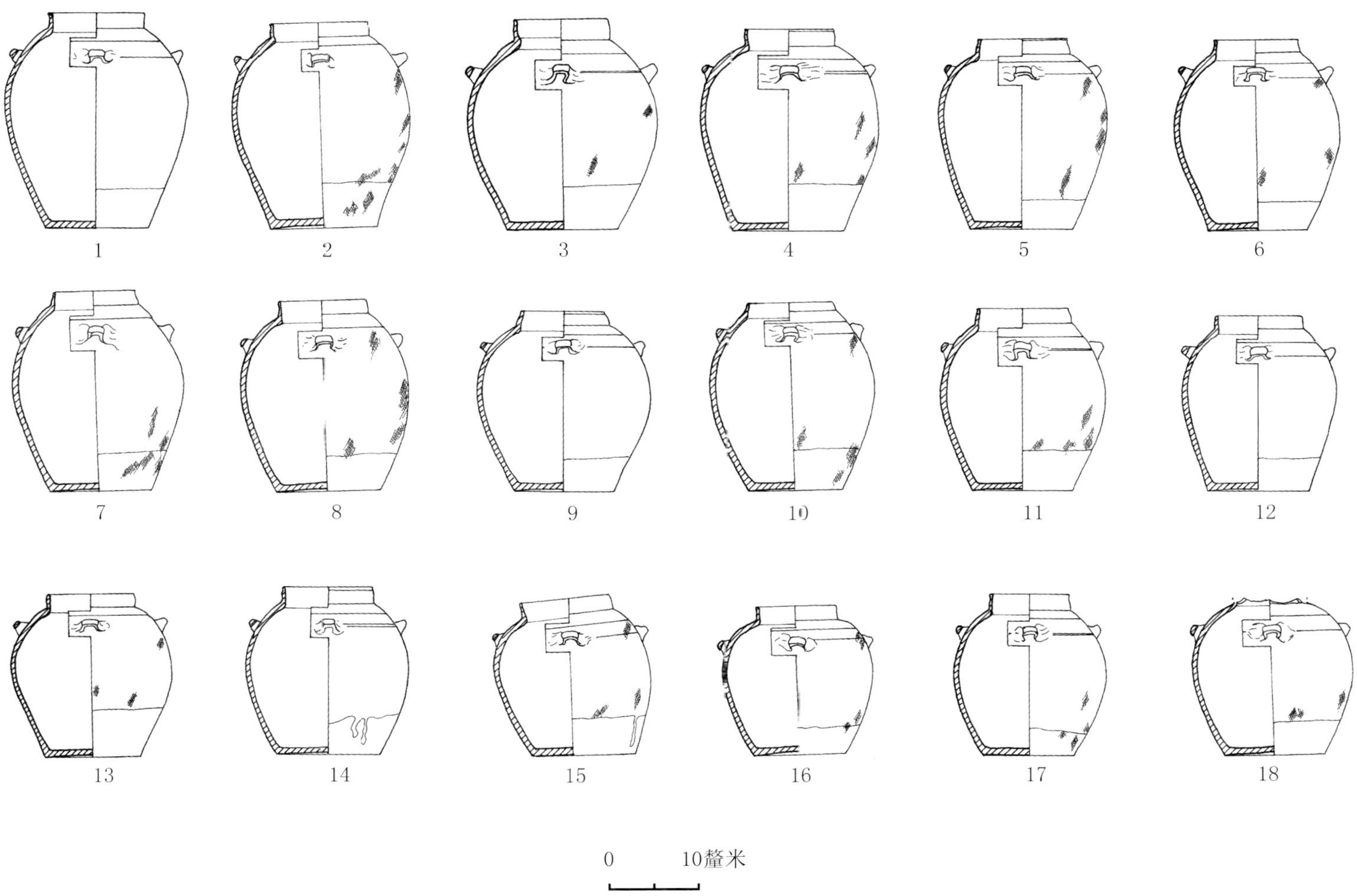

圖一七　J436出土青瓷四系罐

1.A型青瓷四系罐（2011CSCJ436①：27）2.A型青瓷四系罐（2011CSCJ436①：21）3.A型青瓷四系罐（2011CSCJ436①：31）4.A型青瓷四系罐（2011CSCJ436①：32）5.A型青瓷四系罐（2011CSCJ436①：24）6.A型青瓷四系罐（2011CSCJ436①：6）7.A型青瓷四系罐（2011CSCJ436①：11）8.A型青瓷四系罐（2011CSCJ436①：5）9.B型青瓷四系罐（2011CSCJ436①：8）10.B型青瓷四系罐（2011CSCJ436①：12）11.B型青瓷四系罐（2011CSCJ436①：16）12.C型青瓷四系罐（2011CSCJ436①：9）13.C型青瓷四系罐（2011CSCJ436①：14）14.D型青瓷四系罐（2011CSCJ436①：23）15.D型青瓷四系罐（2011CSCJ436①：22）16.D型青瓷四系罐（2011CSCJ436①：13）17.D型青瓷四系罐（2011CSCJ436①：4）18.D型青瓷四系罐（2011CSCJ436①：28）

圖一八　A型青瓷四系罐（2011CSCJ436①：27）

圖一九　A型青瓷四系罐（2011CSCJ436①：21）

圖二〇　A型青瓷四系罐（2011CSCJ436①：31）

圖二一　A型青瓷四系罐（2011CSCJ436①：32）

圖二二　A型青瓷四系罐（2011CSCJ436①：24）

圖二三　A型青瓷四系罐（2011CSCJ436①：6）

圖二四　A型青瓷四系罐（2011CSCJ436①：11）

圖二五　A型青瓷四系罐（2011CSCJ436①：5）

徑 9.3 釐米，腹徑 19.2 釐米，底徑 11 釐米，高 20.6 釐米（圖一七，9;圖二六）。標本 2011CSCJ436 ①：12，口徑 9.5 釐米，腹徑 18.3 釐米，底徑 10.4 釐米，高 21.5 釐米（圖一七，10；圖二七）。標本 2011CSCJ436 ①：16，口徑 10.2 釐米，腹徑 18.4 釐米，底徑 11 釐米，高 20.8 釐米（圖一七，11；圖二八）。

C型　短直口，淺腹，肩、腹弧鼓，下腹內束，平底或內凹。標本2011CSCJ436①：9，口徑9.7釐米，腹徑17.2釐米，底徑11釐米，高20.1釐米（圖一七，12；圖二九）。標本2011CSCJ436①：14，肩部飾1道弦紋，口徑9.8釐米，腹徑17.6釐米，底徑10.6釐米，高18.8釐米（圖一七，13；圖三〇）。

圖二六　B型青瓷四系罐（2011CSCJ436①：8）

圖二七　E型青瓷四系罐（2011CSCJ436①：12）

圖二八　B型青瓷四系罐（2011CSCJ436①：16）

圖二九　C型青瓷四系罐（2011CSCJ436①：9）

圖三〇　C型青瓷四系罐（2011CSCJ436①：14）

圖三一　D型青瓷四系罐（2011CSCJ436①：23）

圖三二　D型青瓷四系罐（2011CSCJ436①：22）

圖三三　D型青瓷四系罐（2011CSCJ436①：13）

圖三四　D型青瓷四系罐（2011CSCJ436①：4）

圖三五　D型青瓷四系罐（2011CSCJ436①：28）

D型　短直口，淺腹，肩、腹部外鼓，下腹内收，平底或内凹。標本2011CSCJ436①：23，口徑10.2釐米，腹徑18釐米，底徑11.3釐米，高19.4釐米（圖一七，14；圖三一）。標本2011CSCJ436①：22，口徑10.1釐米，腹徑17.4釐米，底徑11.6釐米，高18.4釐米（圖一七，15；圖三二）。標本2011CSCJ436①：13，口徑9.1釐米，腹徑16.7釐米，底徑10.2釐米，高17.2釐米（圖一七，16；圖三三）。標本2011CSCJ436①：4，口徑9釐米，腹徑17.1釐米，底徑10釐米，高18.6釐米（圖一七，17；圖三四）。標本2011CSCJ436①：28，腹徑17.8釐米，底徑11.5釐米，殘高18.4釐米（圖一七，18；圖三五）。

2.硬陶器

均爲泥質青灰胎，火候較高，器形有罐、雙沿罐及擂缽等。

罐　根據口沿不同可分二型。

A型　標本2011CSCJ436②：1，短直口，外敞，肩、腹弧鼓，平底内凹。肩部飾2道細弦紋，肩、腹部拍印細麻布紋。口徑11釐米，腹徑18.8釐米，底徑11.6釐米，高21.8釐米（圖三六，2；圖三七；圖一七六，1）。

B型　標本2011CSCJ436②：5，僅殘存口沿部分，長沿内卷。口徑18.8釐米，殘高4.4釐米（圖三六，5；圖三八）。

雙沿罐　標本2011CSCJ436①：25，器體燒製變形。内直口，外敞，較高，圓唇，外口較短，外敞，肩、腹外鼓，扁腹，平底内凹。外沿外側飾數道紐弦紋，肩部飾1道細弦紋，肩、腹部拍印細麻布紋。内口徑10.3釐米，外口徑17.6釐米，腹徑23.1釐米，底徑11.7釐米，高26釐米（圖三六，1；圖三九）。

擂缽　標本2011CSCJ436①：3，圓唇，斂口，上腹外鼓，下腹斜收並内束，假圈足，平底。口沿下方飾3道粗凹弦紋，並貼塑2隻對稱拱形紐。内底有放射狀刻劃紋。口徑12.4釐米，腹徑

13.4釐米，底徑7.2釐米，高10.3釐米（圖三六，6；圖四〇）。

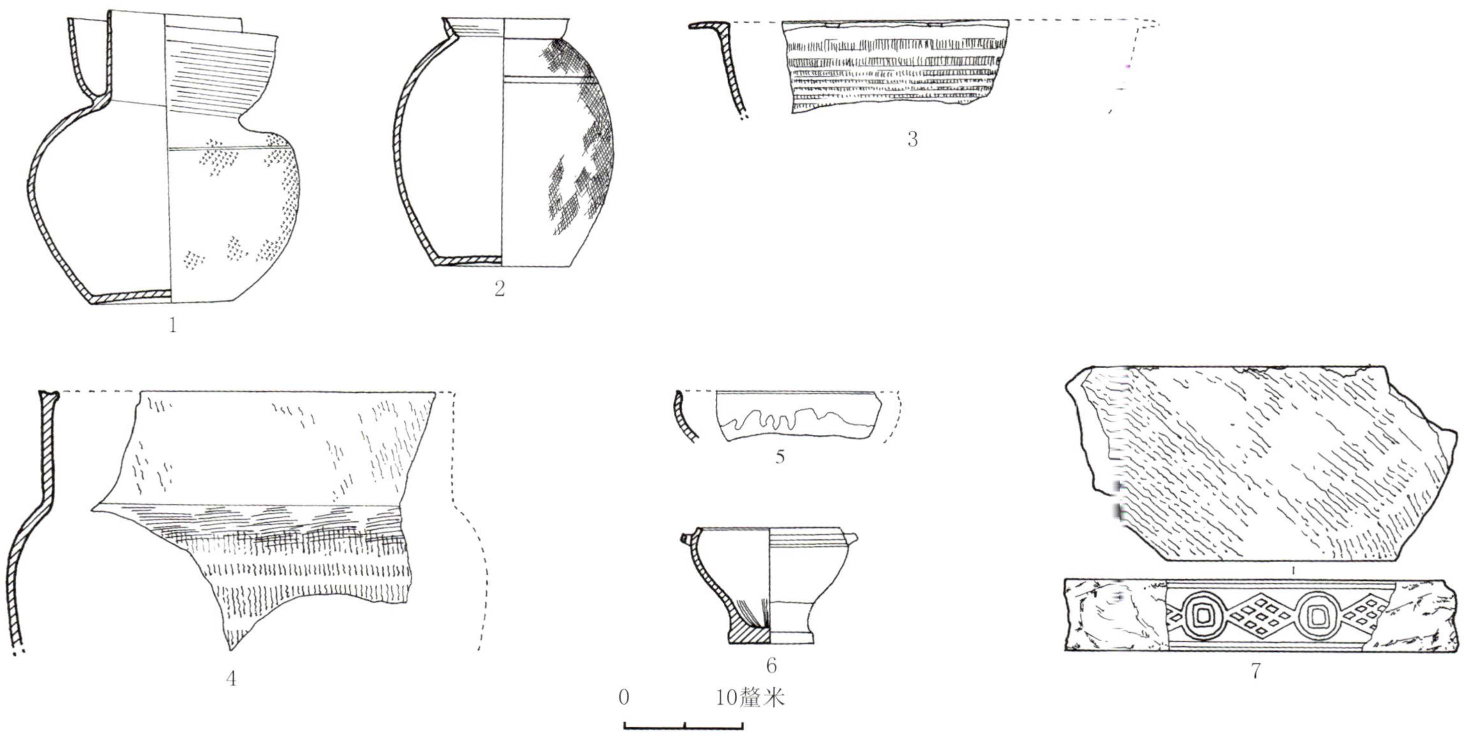

圖三六　J436出土器物

1.硬陶雙沿罐（2011CSCJ436①：25）　2.A型硬陶罐（2011CSCJ436②：1）　3.[illegible]盆（2011CSCJ436②：6）　4.陶甕（2011CSCJ436②：7）　5.B型硬陶罐（2011CSCJ436②：5）　6.擂缽（2011CSCJ436①：3）　7.青磚（2011CSCJ436②：8）

圖三七　A型硬陶罐（2011CSCJ436②：1）

圖三八　B型硬陶罐（2011CSCJ436②：5）

圖三九　硬陶雙沿罐（2011CSCJ436①：25）

圖四〇　擂缽（2011CSCJ436①：3）

3.軟陶器

均爲泥質灰陶，器形有盆、甕及青磚等。

陶盆　標本2011CSCJ436②：6，僅殘存口沿及肩部小部分。寬平沿，方唇，敞口，腹斜收。外腹飾數道橫向間隔繩紋。口徑39.8釐米，殘高8.2釐米（圖三六，3）。

陶甕　標本2011CSCJ436②：7，僅殘存口沿及肩部小部分。胎較厚，内呈磚紅色，夾少量細砂。方唇，直口，溜肩，腹内收。口外飾細斜繩紋，肩部飾斜劃紋，腹部飾數道横向間隔繩紋。口徑35釐米，殘高22.7釐米（圖三六，4；圖四一）。

青磚　標本2011CSCJ436②：8，長方形，殘，正、反兩面飾斜向繩紋，一側面有銅錢紋和菱形紋，紋飾外有邊框。殘長33.2釐米，寬17.2釐米，厚6.4釐米（圖三六，7；圖四二；圖一七六，12）。

圖四一　陶甕（2011CSCJ436②：7）

圖四二　青磚（2011CSCJ436②：8）

4.鐵器

扒釘　標本2011CSCJ436①：34，長條形，兩尖端回折，表面銹蝕。長19.6釐米，厚0.3釐米（圖九，9；圖四三）。

5.銅錢

銅錢　標本2011CSCJ436①：29、33，圓形方孔，銹蝕嚴重，字迹不清。錢徑2.2釐米，穿徑1釐米（圖一七八，2）。

圖四三　鐵扒釘（2011CSCJ436①：34）

三、J437形制及出土器物

（一）古井形制

J437位於探方區外，在整個發掘區的西南部，爲一圓形土坑竪穴井，開口層位不明，打破生土層。井口平面呈不規則圓形。井壁垮塌嚴重，井底較平。井口徑3.03米，殘深1.82米。井内填土堆積僅1層，爲深褐色淤土，土質疏鬆，較黏，夾雜有炭屑顆粒（圖四四）。

（二）出土器物

J437除簡牘外，出土器物標本共18件，另有部分陶片。按質地可分爲印紋硬陶器及軟陶器兩大類。

1.硬陶器

泥質灰陶，火候較高，均爲印紋硬陶器，器形有罐及釜。

罐　根據器形高矮、肩及腹部形制差異分三型。

A型　方唇，短敞口，弧折肩，深腹，下腹弧收，平底略内凹。肩部飾有2道細弦紋。肩、腹部拍印細麻布紋飾。標本2011CSCJ437：8，口徑12.9釐米，腹徑22.2釐米，底徑11.6釐米，高19.5釐米（圖四五，1；圖四六）。標本2011CSCJ437:11，肩部有一刻劃符號。口徑13釐米，腹徑23.2釐米，底徑11.1釐米，高22釐米（圖四五，2；圖四七；圖一七七，4）。

B型　方唇，短敞口，圓鼓肩，深弧，下腹弧收，平底略内凹。肩　腹部拍印細麻布紋。標

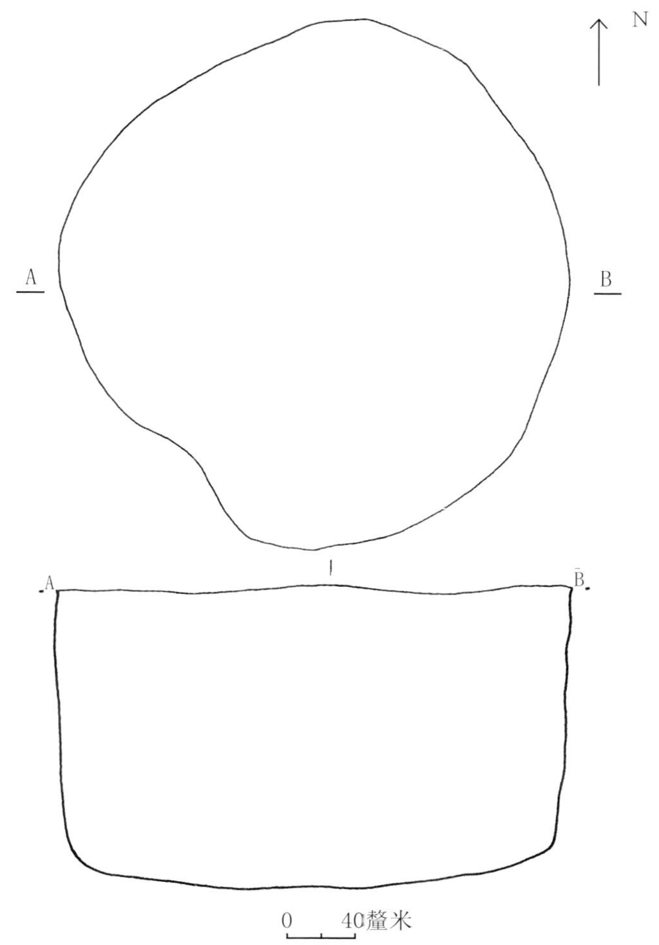

圖四四　J437平、剖面圖

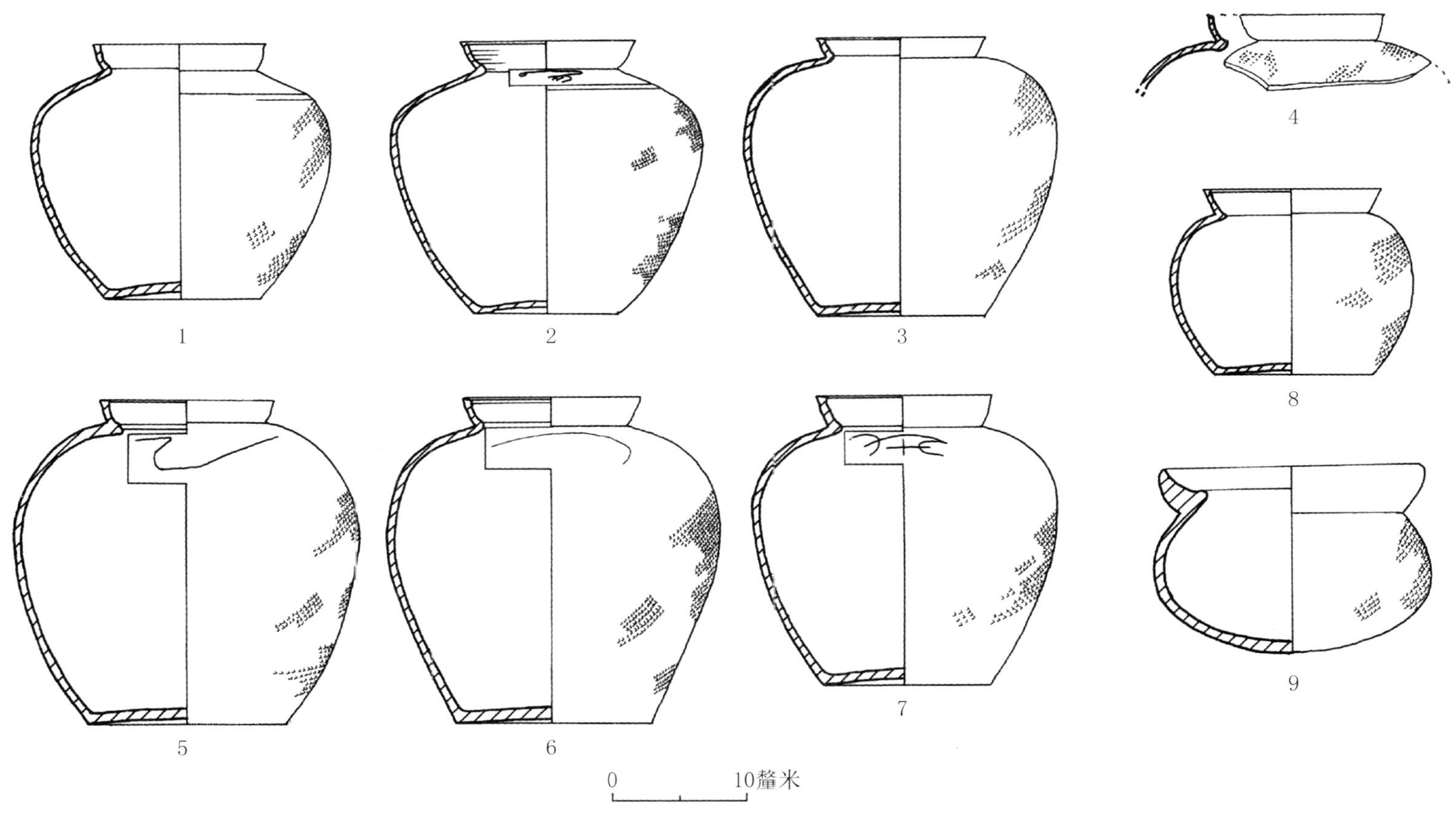

圖四五　J437出土硬陶器

1.A 型硬陶罐（2011CSCJ437：8） 2.A 型硬陶罐（2011CSCJ437：11） 3.B 型硬陶罐（2011CSCJ437：9） 4.B 型硬陶罐（2011CSCJ437：15） 5.B 型硬陶罐（2011CSCJ437：4） 6.B 型硬陶罐（2011CSCJ437：6） 7.B 型硬陶罐（2011CSCJ437：2） 8.C 型硬陶罐（2011CSCJ437：5） 9.陶釜（2011CSCJ437：3）

本2011CSCJ437：9，完整，口徑12.4釐米，腹徑23釐米，底徑12.5釐米，高21.4釐米（圖四五，3；圖四八）。標本2011CSCJ437：4，完整，肩部有一刻劃符號。口徑13釐米，腹徑25.8釐米，底徑14.6釐米，高24.7釐米（圖四五，5；圖四九；圖一七七，1）。標本2011CSCJ437：6，完整，肩部有一刻劃符號。口徑13.3釐米，腹徑24.4釐米，底徑14.6釐米，高25.7釐米（圖四五，6；圖五〇；圖一七七，5）。標本2011CSCJ437：2，完整，肩部刻劃有“九”“十”字樣。口徑13.1釐米，腹徑22.6釐米，底徑12.7釐米，高22釐米（圖四五，7；圖五一；圖一七七，2）。標本2011CSCJ437：15，殘，口徑12.9釐米，殘高5.6釐米（圖四五，4；圖五二）。

C型 標本2011CSCJ437：5，器形矮扁，方唇，短敞口，肩、腹圓鼓，淺腹，平底略内凹。肩、腹部拍印細麻布紋。口徑13.3釐米，腹徑18.2釐米，底徑11.8釐米，高14.2釐米（圖四五，8；圖五三）。

釜 標本2011CSCJ437：3，胎夾細砂，圓唇，短敞口，下沿較厚，圓鼓腹，圜底。口徑19.7釐米，腹徑20.5釐米，高14.6釐米（圖四五，9；圖五四）。

圖四六 A型硬陶罐（2011CSCJ437：8）

圖四七 A型硬陶罐（2011CSCJ437：11）

圖四八 B型硬陶罐（2011CSCJ437：9）

圖四九 B型硬陶罐（2011CSCJ437：4）

圖五〇　B型硬陶罐（2011CSCJ437：6）

圖五一　B型硬陶罐（2011CSCJ437：2）

圖五二　B型硬陶罐（2011CSCJ437：15）

圖五三　C型硬陶罐（2011CSCJ437：5）

圖五四　陶釜（2011CSCJ437：3）

2.軟陶器

泥質灰陶，火候較低，器形有高領圜底罐、盆及板瓦。

高領圜底罐 根據口沿、腹部及底部形制差異可分四型。

A型 標本2011CSCJ437：13，平沿，方唇，高領微外敞，溜肩，圓鼓腹，圜底。肩、腹部飾細弦紋，下腹及底拍印橫向繩紋。口徑13.1釐米，腹徑19.8釐米，底徑4.9釐米，高19.4釐米（圖五五，1；圖五六）。

B型 標本2011CSCJ437：14，短直口，高領外敞，肩、腹圓鼓，圜底內凹。肩、腹部飾豎向細弦紋，下腹及底拍印橫向繩紋。口徑14.7釐米，腹徑20.3釐米，底徑7.8釐米，高22.2釐米（圖五五，2；圖五七；圖一七六，5）。

C型 標本2011CSCJ437：12，短平沿，方唇，高領微外敞，溜肩，下腹圓鼓，圜底內凹。肩、腹部飾細弦紋，下腹及底拍印橫向繩紋。口徑12.9釐米，腹徑22.9釐米，底徑9.8釐米，高23.8釐米（圖五五，3；圖五八）。

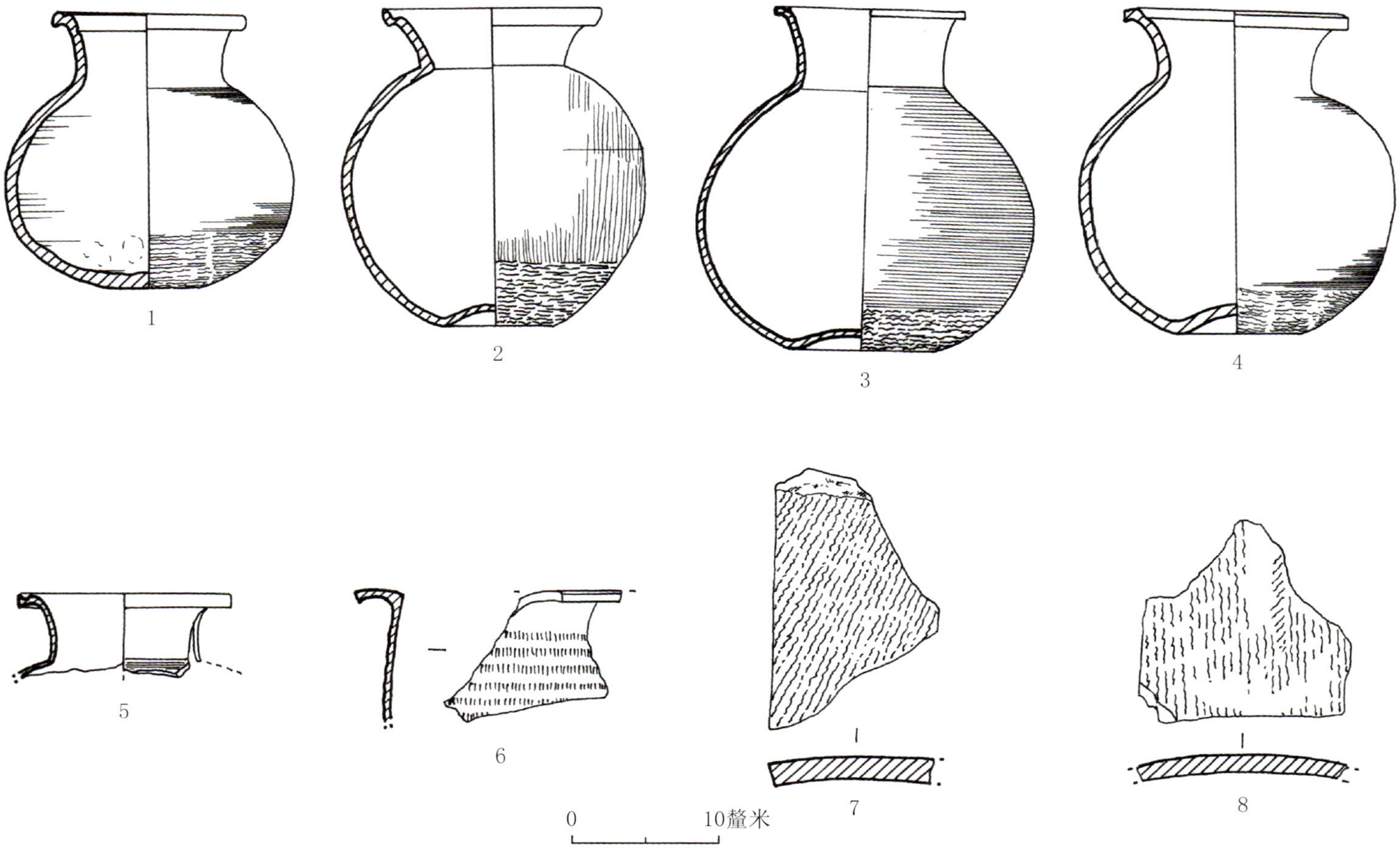

圖五五 J437出土軟陶器

1.A型高領圜底罐（2011CSCJ437：13） 2.B型高領圜底罐（2011CSCJ437：14） 3.C型高領圜底罐（2011CSCJ437：12） 4.D型高領圜底罐（2011CSCJ437：7） 5.D型高領圜底罐（2011CSCJ437：15） 6.陶盆（2011CSCJ437：17） 7.A型板瓦（2011CSCJ437：18） 8.B型板瓦（2011CSCJ437：19）

D型　方唇，平沿，高領外卷，肩、腹圓鼓，圜底内凹。肩、腹部飾細弦紋，下腹及底拍印横向繩紋。標本2011CSCJ437：7，口徑15.2釐米，腹徑21.5釐米，底徑8.6釐米，高22.8釐米（圖五五，4；圖五九）。標本2011CSCJ437：16，殘，口徑14.3釐米，殘高5.8釐米（圖五五，5）。

盆　標本2011CSCJ437：17，殘，方唇，平沿，直腹。腹部飾數道間隔繩紋。殘寬12釐米，殘高9.2釐米（圖五五，6；圖六〇）。

板瓦器形相同，均殘缺。根據器體薄厚不同及表面紋飾差異可分二型。

A型　標本2011CSCJ437：18，殘，較厚，外飾斜向繩紋。殘長18.4釐米，殘寬11.2釐米，厚2釐米（圖五五，7；圖六一；圖一七六，13）。

B型　標本2011CSCJ437：19，殘，較薄，外飾竪向粗繩紋。殘長14.2釐米，殘寬14.4釐米，厚1.2釐米（圖五五，8；圖六二；圖一七六，9）。

圖五六　A型高領圜底罐（2011CSCJ437：13）

圖五七　B型高領圜底罐（2011CSCJ437：14）

圖五八　C型高領圜底罐（2011CSCJ437：12）

圖五九　D型高領圜底罐（2011CSCJ437：7）

圖六〇　陶盆（2011CSCJ437：17）

圖六一　A型板瓦（2011CSCJ437：18）

圖六二　B型板瓦（2011CSCJ437：19）

四、J446形制及出土器物

（一）古井形制

J446位於Ⅲ區T1402北隔梁處，爲一圓形土坑豎穴井，開口層位不明，打破生土層及砂卵石層。井口平面呈不規則圓形，口大底小，井壁上部由於部分垮塌不規整，在距現開口深2米處向内收縮成一圓形小坑，直壁，底部平整，深約0.44米的小坑，推測該部分當爲原始井壁，上部當爲井壁垮塌所致。井口徑2～2.2米，殘深2.05米處井壁内徑東西1.2米，南北1.4米，底部直徑0.65米，殘深2.44米。井内填土堆積僅1層，爲灰色淤土堆積，土質疏鬆，較黏（圖六三；圖六四）。

圖六三　J446 清理後形制

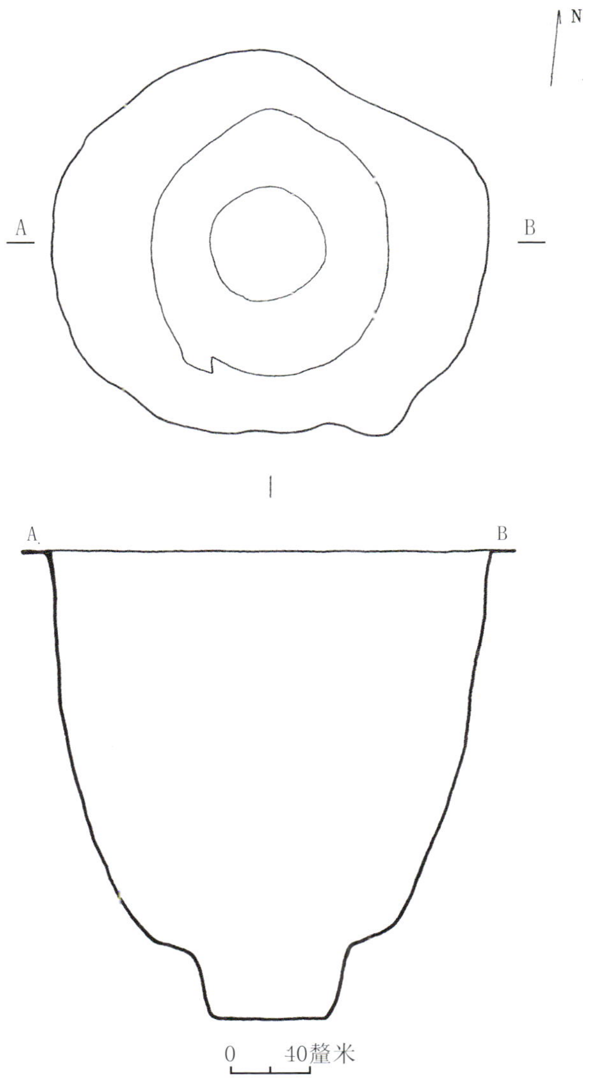

圖六四　J446平、剖面圖

（二）出土器物

J446除簡牘外，出土器物標本2件，爲青瓷四系罐，另有少量青瓷罐殘片。

青瓷四系罐　標本2011CSCJ446：3，短直口微外敞，肩、腹外鼓，下腹弧收，平底略内凹。肩部飾2道細凸弦紋，並附4個對稱橋形紐，腹部拍印細麻布紋。外施青緑釉，釉不及底。口徑10釐米，高20釐米，底徑10.8釐米（圖六五；圖六六）。

圖六五　青瓷四系罐（2011CSCJ446：3）

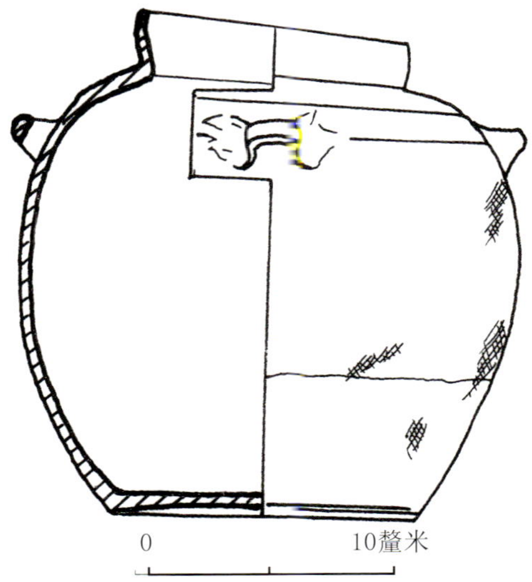

圖六六　青瓷四系罐（2011CSCJ446：3）

五、J453形制及出土器物

（一）古井形制

J453位於Ⅲ區T1501内，爲一圓形土坑竪穴井，開口層位不明，打破生土層及砂卵石層。井口平面呈圓形，井壁上部垮塌變大，井壁向下斜收，至井口1.72米處向内斜收成橢圓形，以下0.2米到底，推測至井底内收處以下應爲原始井壁，井底呈橢圓形，平整。井口徑2.98米，殘深1.92米，井底直徑東西1.3米，南北1.5米。井内填土堆積僅1層，爲灰黑色淤土，土質疏鬆，較黏，夾雜少量磚塊及朽木殘片（圖六七；圖六八）。

（二）出土器物

J453除簡牘外，出土器物標本共7件，另有部分陶片。按質地可分爲青瓷器、硬陶器及銅器三大類。

1.青瓷器

器形有四系罐及盆。

四系罐　根據口沿及肩部不同可分二型。

圖六七　J453清理後形制

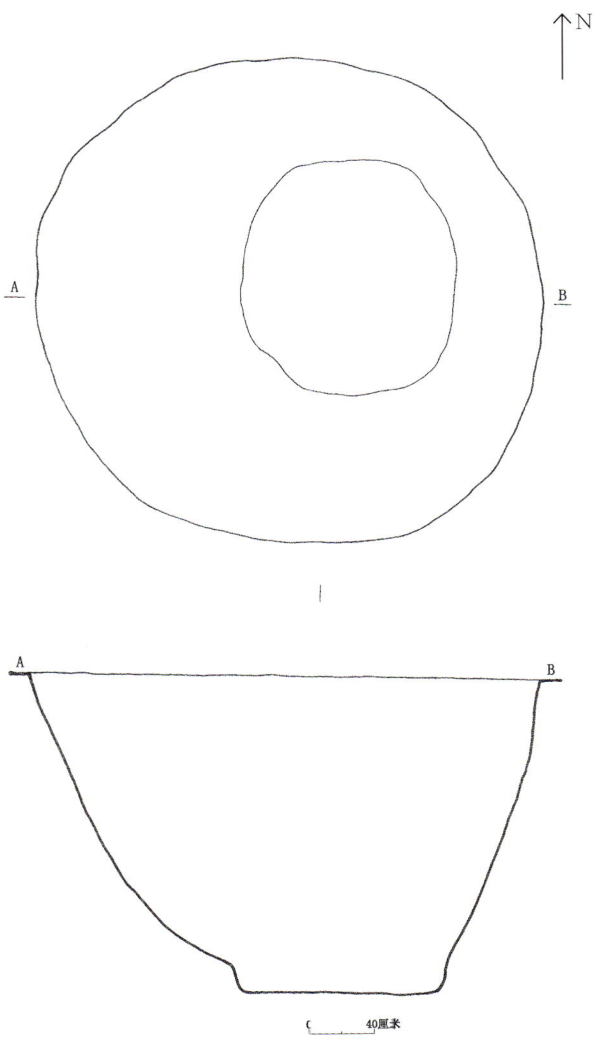

圖六八　J453平、剖面圖

A型　標本2011CSCJ453：7，圓唇，短直口，肩、腹弧鼓，平底內凹。肩部飾3道凹弦紋，並附4個對稱耳。肩、腹部拍印細麻布紋。外施青釉，釉不及底。口徑10.3釐米，腹徑18釐米，底徑11.4釐米，通高19.8釐米（圖六九，1；圖七〇）。

B型　標本2011CSCJ453：8，殘，僅存口、肩小部分。短沿，外敞，圓唇，鼓肩。肩部飾2道凹弦紋，並附耳。肩部拍印細麻布紋。外施青釉。口徑12.4釐米，殘高10.7釐米（圖六九，2；圖七一）。

盆　標本2011CSCJ453：4，尖唇，沿外側上卷，弧腹微鼓，平底。腹部飾4道細弦紋，另拍印細麻布紋。外施青釉，釉不及底。口徑25.4釐米，底徑15.6釐米，通高10.4釐米（圖六九，7；圖七二）。

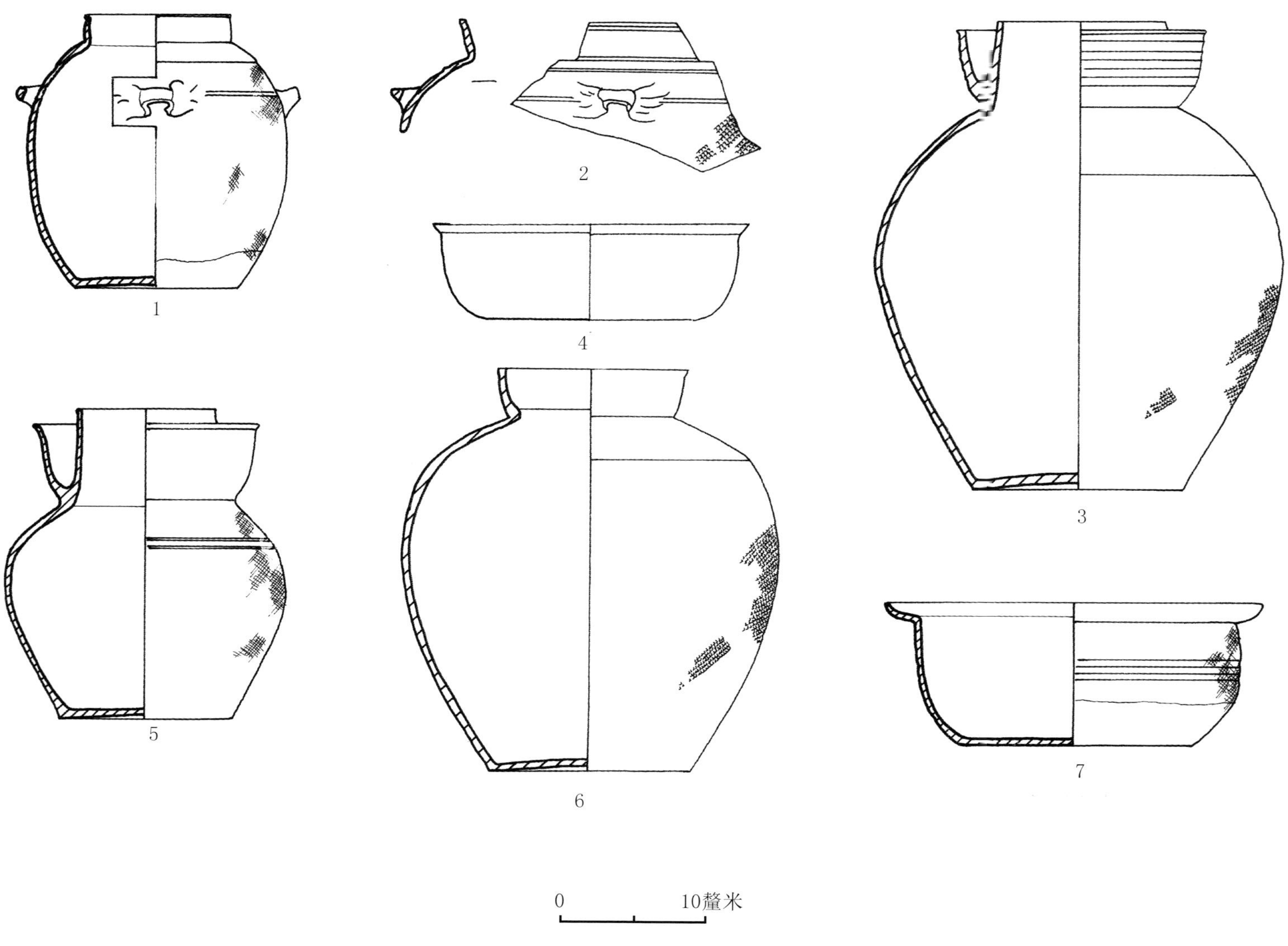

圖六九　J453出土器物

1.A型青瓷四系罐（2011CSCJ453：7）2.B型青瓷四系罐（2011CSCJ453：8）3.A型硬陶雙沿罐（2011CSCJ453：2）4.銅盆（2011CSCJ453：5）　5.B型硬陶雙沿罐（2011CSCJ453：1）6.硬陶罐（2011CSCJ453：3）7.青瓷盆（2011CSCJ453：4）

圖七〇　A型青瓷四系罐（2011CSCJ453：7）

圖七一　B型青瓷四系罐（2011CSCJ453：8）

圖七二　青瓷盆（2011CSCJ453：4）

2.硬陶器

器形有罐及雙沿罐。

罐　標本2011CSCJ453：3，方唇，短沿外敞，肩、腹外鼓，下腹内收，平底内凹。肩部飾1道細弦紋，腹部拍印細麻布紋。口徑13.2釐米，腹徑16.2釐米，底徑14.2釐米，通高24.3釐米（圖六九，6；圖七三）。

雙沿罐　根據器形大小及腹部不同可分二型。

A型　標本2011CSCJ453：2，形體較大。内直口較高，微斂，外口較短，外敞，弧肩，中腹部外鼓，平底内凹。外沿外側有均匀的輪製修整抹痕，肩部飾1道細弦紋，腹部拍印細麻布紋。内口徑11.9釐米，外口徑17.5釐米，腹徑24.2釐米，底徑14.6釐米，通高33.4釐米（圖六九，3；圖七四）。

B型　標本2011CSCJ453：1，形體較小。内口較高，直口，外口較短，外敞並上端外卷，上腹部外鼓，平底内凹。肩部飾2道細弦紋，肩、腹部拍印細麻布紋。内口徑9.7釐米，外口徑15.8釐米，腹徑19.4釐米，底徑11.8釐米，通高22.3釐米（圖六九，5；圖七五）。

3.銅器

標本2011CSCJ453：5，爲盆，殘，窄斜沿外敞，弧腹，平底。口徑18.7釐米，底徑12釐米，高5.9釐米（圖六九，4；圖七六）。

圖七三　硬陶罐（2011CSCJ453：3）

圖七四　A型硬陶雙沿罐（2011CSCJ453：2）

圖七五　B型硬陶雙沿罐（2011CSCJ453：1）

圖七六　銅盆（2011CSCJ453：5）

六、J465形制及出土器物

（一）古井形制

J465位於Ⅳ區T1601西南角及Ⅳ區T1701東隔梁東南角，爲一圓形土坑竪穴井，開口層位不明，打破生土層。井口平面呈不規則圓形，井壁上部垮塌變大，井壁向下斜收，至井口1.5～1.6米處向内斜收成圓形，以下0.7米到底，推測至井底内收處以下應爲原始井壁，井底平整。井口徑2.5～3.6米，殘深2.53米，井底直徑1.33米。井内填土堆積僅1層，爲深灰色淤土，結構較緊密，土質黏軟（圖七七；圖七八）。

圖七七　J465清理後形制

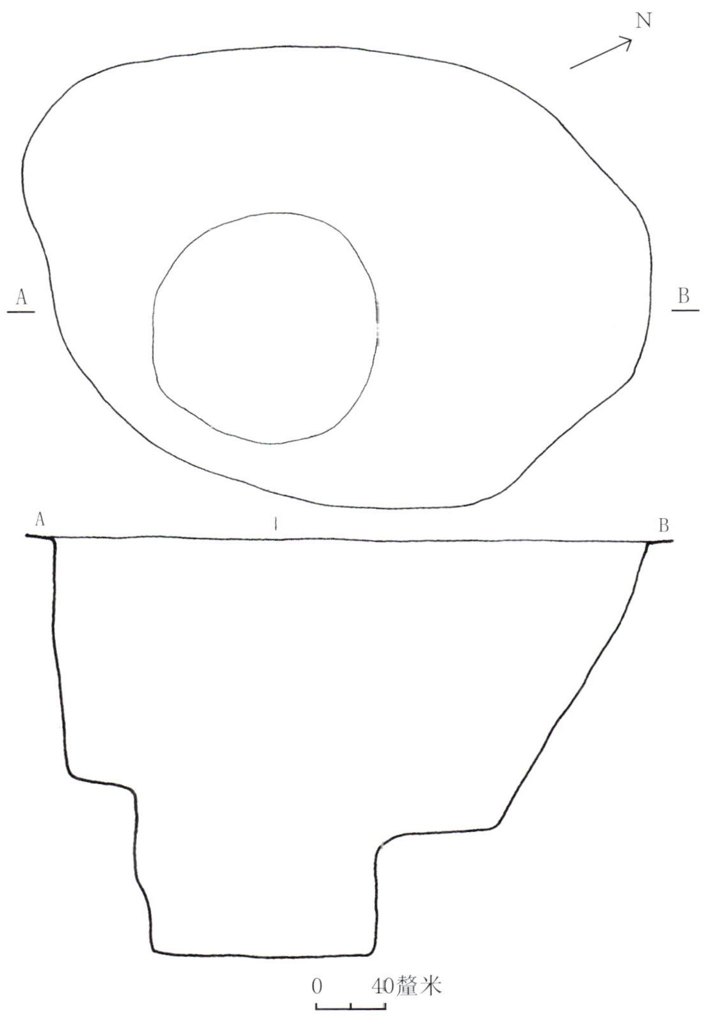

圖七八　J465平、剖面圖

（二）出土器物

J465除簡牘外，出土標本器物共28件，另有部分陶片。按質地可分爲青瓷器、硬陶器、軟陶器、木器及銅錢五大類。

1.青瓷器

大多爲青灰胎，部分爲紅胎，器形有四系罐、大口罐、鉢、盆等。

四系罐　肩部飾四系及1～2道細凹弦紋，並附4個對稱耳，肩、腹部拍印細麻布紋，外施青釉，釉不及底。根據器形高矮及肩、腹部等不同可分爲四型。

A型　形體偏中，根據肩、腹部不同可分二亞型。

Aa型　短直口，鼓肩，最大徑在上腹，下腹斜收，平底或內凹。標本2011CSCJ465：3，圓肩，口徑9.2釐米，腹徑18.6釐米，底徑10.5釐米，高20.6釐米（圖七九，1；圖八〇）。標本2011CSCJ465：4，圓肩，口徑9.9釐米，腹徑18.4釐米，底徑11.4釐米，高18.9釐米（圖七九，2；圖八一）。

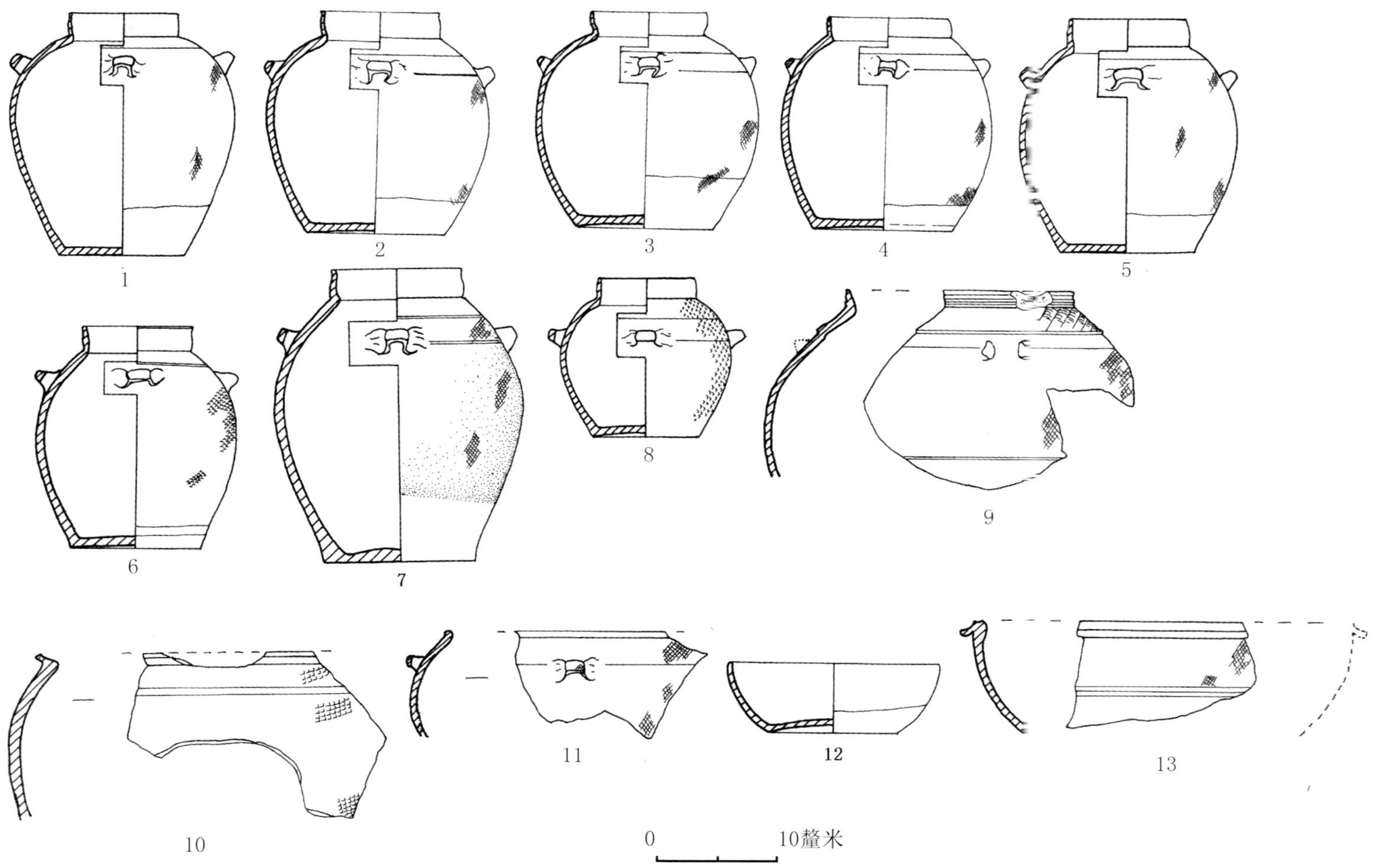

圖七九　J465出土青瓷器

1.Aa型青瓷四系罐（2011CSCJ465：3）2.Aa型青瓷四系罐（2011CSCJ465：4）3.Ab型青瓷四系罐（2011CSCJ465：8）4.Ab型青瓷四系罐（2011CSCJ465：1）5.Ab型青瓷四系罐（2011CSCJ465：5）6.Ab型青瓷四系罐（2011CSCJ465：16）7.B型青瓷四系罐（2011CSCJ465：20）8.C型青瓷四系罐（2011CSCJ465：7）9.D型青瓷四系罐（2011CSCJ465：23）10.A型青瓷大口罐（2011CSCJ465：25）11.B型青瓷大口罐（2011CSCJ465：21）12.青瓷鉢（2011CSCJ465：19）13.青瓷盆（2011CSCJ465：26）

Ab型　短直口，微外敞，溜肩，中腹弧鼓，最大徑在中腹，下腹斜收，平底或内凹。標本2011CSCJ465：8，圓肩，口徑9.9釐米，腹徑18.4釐米，底徑11.2釐米，高18.4釐米（圖七九，3；圖八二）。標本2011CSCJ465：1，溜肩，口徑10.1釐米，腹徑17.5釐米，底徑11.4釐米，高18釐米（圖七九，4；圖八三）。標本2011CSCJ465：5，溜肩，口徑9.8釐米，腹徑18釐米，底徑11.2釐米，高19.8釐米（圖七九，5；圖八四）。標本2011CSCJ465：16，肩部飾1道弦紋，口徑9.3釐米，腹徑16.6釐米，底徑10.6釐米，高18.9釐米（圖七九，6；圖八五）。

B型 標本2011CSCJ465：20，形體瘦高，短直口，溜肩，中腹外鼓，下腹收束，平底。口徑10.8釐米，腹徑20.4釐米，底徑12.4釐米，高25釐米（圖七九，7；圖八六）。

C型　標本2011CSCJ465：7，形體較小，短直口，肩、腹外鼓，平底内凹。口徑8.1釐米，腹徑14.3釐米，底徑9釐米，高13.6釐米（圖七九，8；圖八七）。

D型　標本2011CSCJ465：23，僅殘存口沿、肩部及腹部小部分，短沿外敞，肩、上腹外鼓。口徑10.8釐米，殘高16.8釐米（圖七九，9；圖八八）。

圖八〇　Aa型青瓷四系罐（2011CSCJ465：3）

圖八一　Aa型青瓷四系罐（2011CSCJ465：4）

圖八二　Ab型青瓷四系罐（2011CSCJ465：8）

圖八三　Ab型青瓷四系罐（2011CSCJ465：1）

圖八四　Ab型青瓷四系罐（2011CSCJ465：5）

圖八五　Ab型青瓷四系罐（2011CSCJ465：16）

圖八六　B型青瓷四系罐（2011CSCJ465：20）

圖八七　C型青瓷四系罐（2011CSCJ465：7）

圖八八　D型青瓷四系罐（2011CSCJ465：23）

大口罐 根據口沿及肩部不同可分二型。

A型 標本2011CSCJ465：25，僅殘存口沿、肩部及腹部小部分，方唇，短沿外斜，肩、腹外弧。肩飾2道細凹弦紋，另肩、腹拍印細麻布紋。殘寬14釐米，殘高14.4釐米（圖七九，10）。

B型 標本2011CSCJ465：21，僅殘存口沿、肩部及腹部小部分，圓唇，短沿，肩、腹外鼓。肩飾1道細凹弦紋，並附耳，另肩、腹拍印細麻布紋。殘寬12.1釐米，殘高9.2釐米（圖七九，11）。

缽 標本2011CSCJ465：19，圓唇，口微斂，淺弧腹，平底內凹。內外施青釉，釉不及底。口徑17.6釐米，底徑10.8釐米，高6釐米（圖七九，12）。

盆 標本2011CSCJ465：26，泥質紅陶，夾細砂，僅殘存口沿、肩部及腹部小部分。短沿下斜，斂口，腹部弧收。中腹飾2道細凹弦紋。肩、腹拍印細麻布紋。口徑33釐米，殘高9.2釐米（圖七九，13）。

2.硬陶器

器形有罐及雙沿罐。

罐 根據口沿不同可分二型。

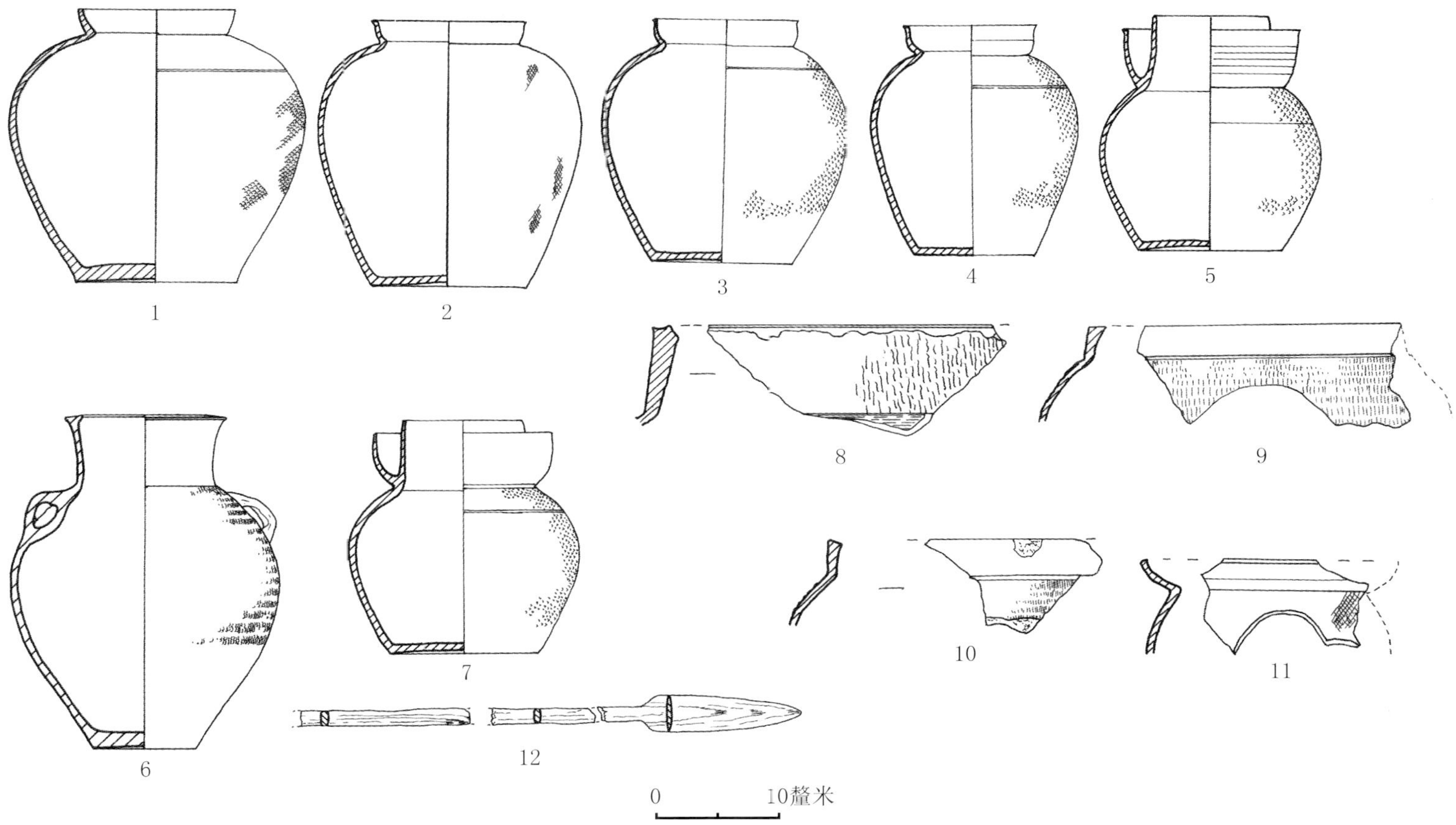

圖八九 J465出土器物

1.A型硬陶罐（2011CSCJ465：17） 2.A型硬陶罐（2011CSCJ465：14） 3.A型硬陶罐（2011CSCJ465：11） 4.A型硬陶罐（2011CSCJ465：6） 5.硬陶雙沿罐（2011CSCJ465：12） 6.雙耳罐（2011CSCJ465：18） 7.硬陶雙沿罐（2011CSCJ465：9） 8.A型陶甕（2011CSCJ465：28） 9.B型陶甕（2011CSCJ465：27） 10.B型陶甕（2011CSCJ465：29） 11.3型硬陶罐（2011CSCJ465：30） 12.木箭（2011CSCJ465：15）

A型　形制相同，僅形體大小有別。短沿外敞，肩外鼓，下腹斜收，平底或内凹。肩部飾1道細凹弦紋，另肩、腹拍印細麻布紋。標本2011CSCJ465：17，肩部飾1道弦紋，口徑13.6釐米，腹徑25.6釐米，底徑13.8釐米，高26.2釐米（圖八九，1）。標本2011CSCJ465：14，口徑12.5釐米，腹徑21.3釐米，底徑12.5釐米，高22.2釐米（圖八九，2；圖九〇）。標本2011CSCJ465：11，肩部飾1道弦紋，口徑12釐米，腹徑19.7釐米，底徑11.2釐米，高20.3釐米（圖八九，3）。標本2011CSCJ465：6，肩部飾1道弦紋，口徑11.5釐米，腹徑16.4釐米，底徑9.7釐米，高19.3釐米（圖八九，4；圖九一）。

B型　標本2011CSCJ465：30，僅存口沿及肩小部分。長沿敞口，弧肩。肩部拍印麻布紋。口徑20.6釐米，殘高8釐米（圖八九，11；圖九二）。

圖九〇　A型硬陶罐（2011CSCJ465：14）

圖九一　A型硬陶罐（2011CSCJ465：6）

圖九二　B型硬陶罐（2011CSCJ465：30）

雙沿罐　形制相同，僅形體大小有別。内直口較高，外口外敞，鼓肩，扁腹，平底内凹。外沿有輪製痕迹，肩部飾1道細凹弦紋，另肩、腹拍印細麻布紋。標本2011CSCJ465：12，内口徑9.3釐米，外口徑14.5釐米，腹徑17.8釐米，底徑11.8釐米，高19.6釐米（圖八九，5；圖九三）。標本2011CSCJ465：9，肩部飾1道弦紋。内口徑9.7釐米，外口徑14.4釐米，腹徑18.5釐米，底徑11.9釐米，高19.4釐米（圖八九，7；圖九四）。

圖九三　硬陶雙沿罐（2011CSCJ465：12）

圖九四　硬陶雙沿罐（2011CSCJ465：9）

3.軟陶器

均爲泥質灰陶，器形有雙耳罐及甕。

雙耳罐　標本2011CSCJ465：18，方唇，直口，高束頸，肩、腹外鼓，下腹斜收，平底内凹。肩部附2個牛鼻耳，肩、腹部拍印數道横向間隔繩紋。口徑13釐米，腹徑21.7釐米，底徑8.2釐米，高27.8釐米（圖八九，6；圖九五）。

甕　均僅存口沿及肩小部分，根據口部不同可分二型。

A型　標本2011CSCJ465：28，口沿較厚長，斂口、方唇，唇内側有一凸棱，肩外鼓。沿外飾竪向細繩紋，肩部飾壓印弦紋。口徑23釐米，殘高9.2釐米（圖八九，8；圖九六）。

B型　短沿，斂口，方唇，肩外鼓。肩部飾間隔篦點紋。標本2011CSCJ465：27，口徑25釐米，殘高9.1釐米（圖八九，9；圖九七）。標本2011CSCJ465：29，殘寬11.8釐米，殘高7.8釐米（圖八九，10）。

4.木器

爲木箭，標本2011CSCJ465：15，爲木條削製而成，前端爲箭頭，箭鏃呈扁體三角狀，截面呈扁橢圓形。後端爲箭杆，殘斷，截面呈扁橢圓形。箭頭長7.4釐米，總殘長23.4釐米（圖八九，12；圖九八）。

圖九五　雙耳罐（2011CSCJ465：18）

圖九六　A型陶甕（2011CSCJ465：28）

圖九七　B型陶甕（2011CSCJ465：27）

圖九八　木箭（2011CSCJ465：15）

5.銅錢

標本2011CSCJ465：13，爲貨泉，圓形方穿，字體較工整。錢徑2.1釐米，穿徑0.8釐米（圖一七八，1）。

七、J482形制及出土器物

（一）古井形制

J482位於Ⅲ區T2101内，爲一圓形竪穴土坑井，開口層位不明，打破生土層。井口平面呈圓形，井壁上部規整，井壁下方8.53米及10.73米處向外垮塌，呈葫蘆狀，井底較爲平整。井口徑1.33米，殘深12.6米。

井内填土堆積分爲三層：第①層爲灰褐色土，結構較鬆散，土質黏軟，堆積厚度約9.33米；第②層爲黑褐色土，結構較爲緊密，土質黏緊，夾雜有較多腐朽木片，堆積厚度2.05米；第③層爲灰褐色淤泥狀堆積，結構較鬆散，土質黏軟，堆積厚度1.22米（圖九九；圖一〇〇）。

圖九九　J482清理現場及清理後形制

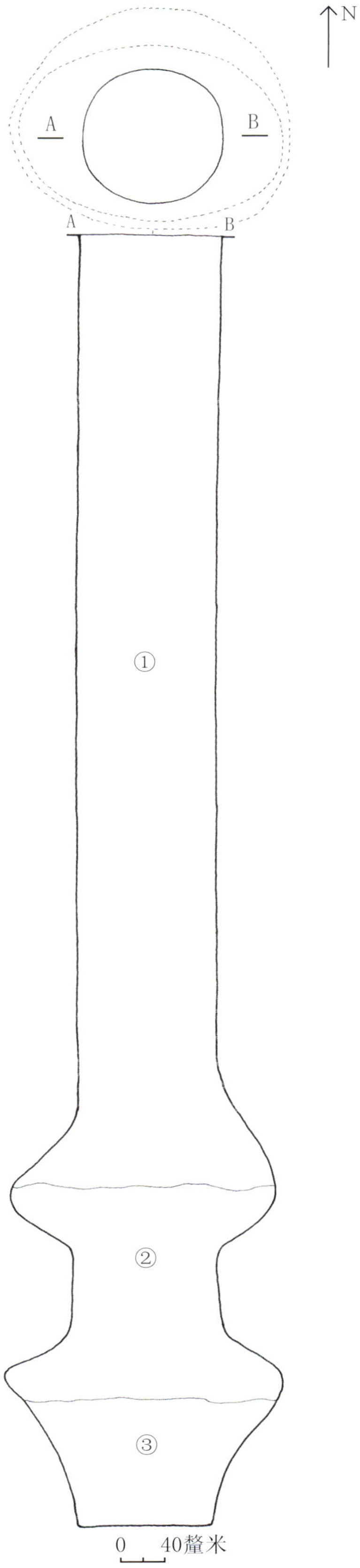

圖一〇〇　J482平、剖面圖

（二）出土器物

J482除簡牘外，出土標本器物共57件，另有部分陶片。按質地可分爲青瓷器、硬陶器、軟陶器、漆木器、銅錢及鐵器等六大類。

1.青瓷器

灰白胎，器形有四系罐、鉢、碗等。

四系罐　根據肩、腹部不同可分三型。

A型　標本2011CSCJ482③：15，短敞口，溜肩，弧腹，下腹微收，平底内凹。肩部飾3道凹弦紋，並附4個紐，腹部飾1道凹弦紋，另肩、腹部拍印細麻布紋。外施青釉。口徑14釐米，腹徑24.2釐米，底徑16.6釐米，高26釐米（圖一〇一，1；圖一〇二）。

B型　標本2011CSCJ482③：9，短敞口，肩及上腹外鼓，下腹斜收，平底内凹。肩部飾1道凹弦紋，並附4個紐，另肩、腹部拍印細麻布紋。外施青釉。口徑10.6釐米，腹徑22.6釐米，底徑13.4釐米，高23.5釐米（圖一〇一，2；圖一〇三）。

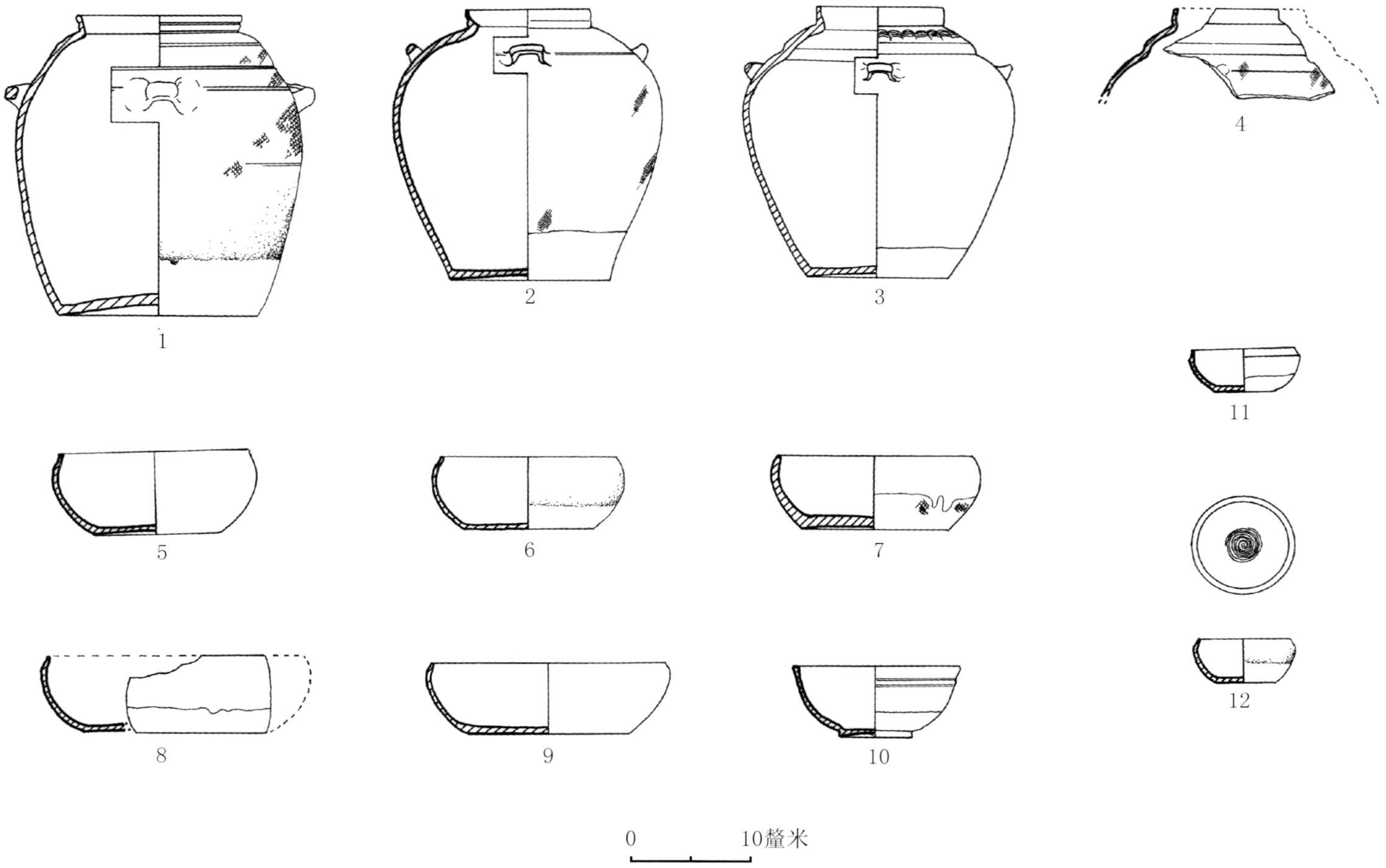

圖一〇一　J482出土青瓷器

1.A型青瓷四系罐（2011CSCJ482③：15）2.B型青瓷四系罐（2011CSCJ482③：9）3.C型青瓷四系罐（2011CSCJ482③：5）4.C型青瓷四系罐（2011CSCJ482③：24）5.A型青瓷鉢（2011CSCJ482②：31）6.A型青瓷鉢（2011CSCJ482③：20）7.A型青瓷鉢（2011CSCJ482②：30）8.A型青瓷鉢（2011CSCJ482②：32）9.B型青瓷鉢（2011CSCJ482①：3）10.青瓷碗（2011CSCJ482②：24）11.C型青瓷鉢（2011CSCJ482②：22）12.D型青瓷鉢（2011CSCJ482③：19）

C型　短直口，廣肩，上腹外鼓，下腹内收，平底内凹。肩部飾1道深凹弦紋，並附4個紐。標本2011CSCJ482③：5，肩上部飾有壓印的花草紋。外施青釉。口徑10.8釐米，腹徑22.8釐米，底徑11.9釐米，高23.5釐米（圖一〇一，3；圖一〇四）。標本2011CSCJ482③：24，僅存口沿及肩小部分，外施青緑釉。口徑10.8釐米，殘高7.8釐米（圖一〇一，4）。

缽　根據形體大小及腹部不同可分四型。

A型　尖唇，斂口，腹部外鼓，平底或内凹。内外施青釉，釉不及底。標本2011CSCJ482②：31，口徑16釐米，腹徑17釐米，底徑11釐米，高7.2釐米（圖一〇一，5）。標本2011CSCJ482③：20，口徑14.7釐米，腹徑16釐米，底徑11釐米，高6.4釐米（圖一〇一，6）。標本2011CSCJ482②：30，口徑16.6釐米，腹徑17.7釐米，底徑12.3釐米，高6.4釐米（圖一〇一，7；圖一〇五）。標本2011CSCJ482②：32，口徑21.6釐米，腹徑22.6釐米，底徑15.2釐米，高6.8釐米（圖一〇一，8）。

B型　標本2011CSCJ482①：3，尖唇，斂口，上腹部外鼓，下腹内收，平底。内外施青釉。口徑19.8釐米，腹徑20.4釐米，底徑13.6釐米，高6.2釐米（圖一〇一，9；圖一〇六）。

C型　標本2011CSCJ482②：22，形體較小，短直口，折肩，腹部外弧斜收，平底。内外施青釉，釉不及底。口徑8.7釐米，腹徑9.3釐米，底徑5.1釐米，高3.8釐米（圖一〇一，11；圖一〇七）。

D型　標本2011CSCJ482③：19，形體較小，尖唇，斂口，上腹部外鼓，下腹内收，平底。内底有輪製旋渦紋。内外施青釉。口徑8釐米，腹徑8.6釐米，底徑5.2釐米，高3.9釐米（圖一〇一，12；圖一〇八）。

碗　標本2011CSCJ482②：24，敞口，方唇，口沿微外折，弧腹向下内收，餅形足略内凹。上腹部飾2道細凹弦紋。口徑14.2釐米，底徑6.1釐米，高6.2釐米（圖一〇一，10；圖一〇九）。

圖一〇二　A型青瓷四系罐（2011CSCJ482③：15）

圖一〇三　B型青瓷四系罐（2011CSCJ482③：9）

圖一〇四　C型青瓷四系罐（2011CSCJ482③：5）

圖一〇五　A型青瓷鉢（2011CSCJ482②：30）

圖一〇六　B型青瓷鉢（2011CSCJ482①：3）

圖一〇七　C型青瓷鉢（2011CSCJ482②：22）

圖一〇八　D型青瓷鉢（2011CSCJ482③：19）

圖一〇九　青瓷碗（2011CSCJ482②：24）

2.硬陶器

泥質灰陶，火候較高。器形有罐、球腹罐及擂缽等。

罐 根據口沿、肩、腹部不同可分五型。

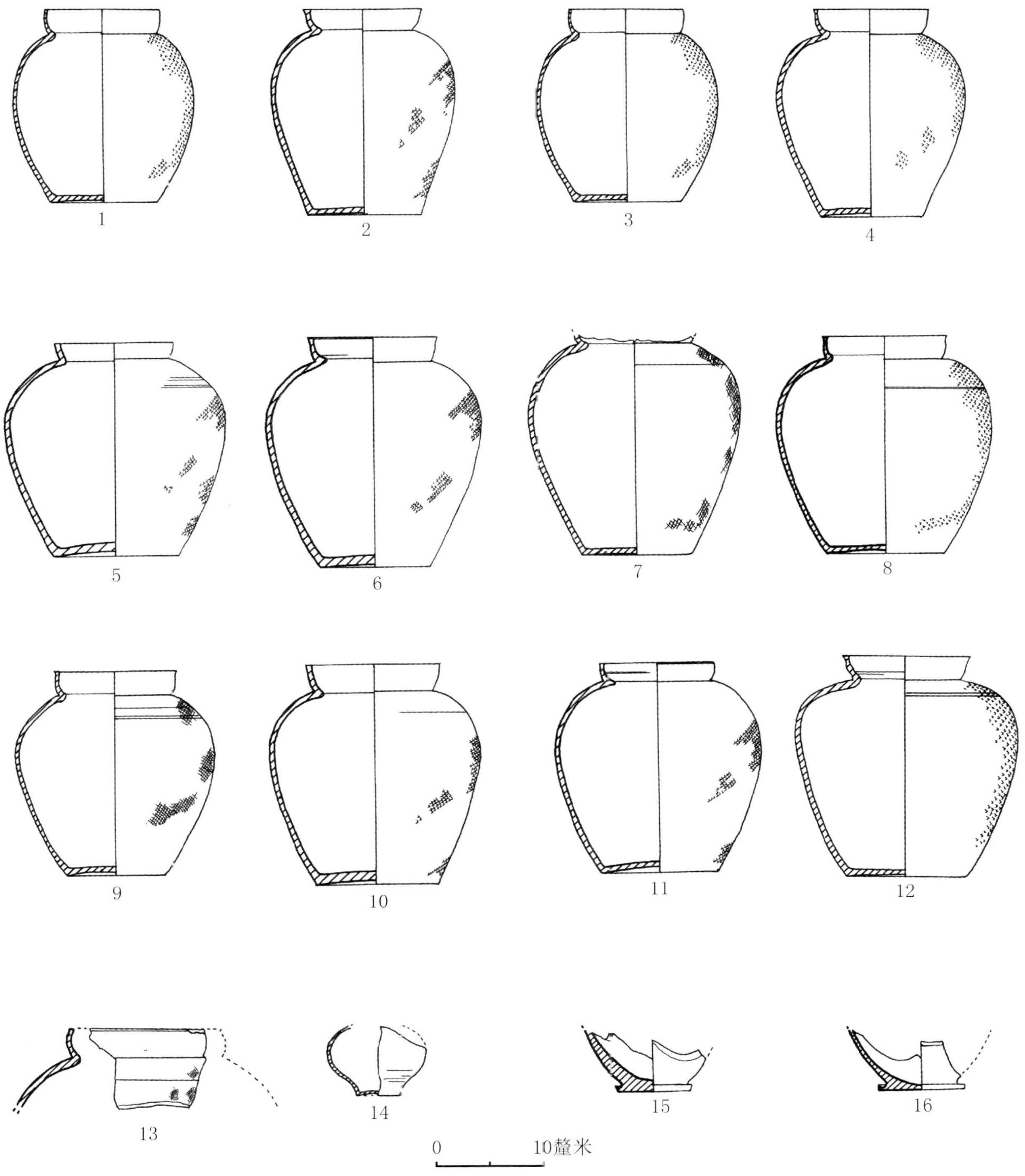

圖一一〇 J482出土硬陶器

1.A 型硬陶罐（2011CSCJ482③：14） 2.B 型硬陶罐（2011CSCJ482③：18） 3.B 型硬陶罐（2011CSCJ482③：4） 4.B 型硬陶罐（2011CSCJ482③：6） 5.C 型硬陶罐（2011CSCJ482③：17） 6.C 型硬陶罐（2011CSCJ482③：16） 7.C 型硬陶罐（2011CSCJ482②：33） 8.C 型硬陶罐（2011CSCJ482③：10） 9.C 型硬陶罐（2011CSCJ482③：12） 10.C 型硬陶罐（2011CSCJ482①：1） 11.C 型硬陶罐（2011CSCJ482①：2） 12.D 型硬陶罐（2011CSCJ482③：13） 13.E 型硬陶罐（2011CSCJ482③：23） 14.球腹罐（2011CSCJ482②：34） 15.擂缽（2011CSCJ482②：36） 16.擂缽（2011CSCJ482②：35）

A型　標本2011CSCJ482③：14，短口，中部外弧，肩、腹部弧鼓，平底。肩、腹部拍印細麻布紋。口徑11.1釐米，腹徑17.2釐米，底徑10釐米，高18.6釐米（圖一一〇，1；圖一一一）。

B型　短敞口，肩及上腹外鼓，下腹束收，平底或内凹。肩、腹部拍印細麻布紋。標本2011CSCJ482③：18，口徑10.9釐米，腹徑17.2釐米，底徑10.6釐米，高20釐米（圖一一〇，2）。標本2011CSCJ482③：4，肩部加飾1道細凹弦紋。口徑10.6釐米，腹徑17.8釐米，底徑9.6釐米，高20.8釐米（圖一一〇，3；圖一一二）。標本2011CSCJ482③：6，口徑10.9釐米，腹徑17.8釐米，底徑9.9釐米，高20釐米（圖一一〇，4）。

C型　短敞口，方唇，肩及上腹外鼓，下腹斜收，平底或内凹。肩、腹部拍印細麻布紋。標本2011CSCJ482③：17，肩部加飾2道細凹弦紋。口徑11.4釐米，腹徑20.6釐米，底徑11.6釐米，高20.9釐米（圖一一〇，5）。標本2011CSCJ482③：16，口徑12.2釐米，腹徑20釐米，底徑10.5釐米，高22釐米（圖一一〇，6）。標本2011CSCJ482②：33，口沿殘缺，肩部加飾1道細凹弦紋。腹徑20.2釐米，底徑10.3釐米，殘高21.4釐米（圖一一〇，7）。標本2011CSCJ482③：10，肩部加飾1道細凹弦紋。口徑11.8釐米，腹徑20.4釐米，底徑11.1釐米，高21.2釐米（圖一一〇，8）。標本2011CSCJ482③：12，肩部加飾2道細凹弦紋。口徑11.6釐米，腹徑19.1釐米，底徑9.5釐米，高19.8釐米（圖一一〇，9；圖一一三）。標本2011CSCJ482①：1，肩部加飾1道細凹弦紋。口徑12.7釐米，腹徑19.8釐米，底徑11.4釐米，高21.5釐米（圖一一〇，10）。標本2011CSCJ482①：2，口徑10.8釐米，腹徑19.2釐米，底徑11釐米，高20.4釐米（圖一一〇，11）。

D型　標本2011CSCJ482③：13，短敞口，方唇，斜平肩，外鼓，腹部斜收，平底。肩部加飾2道細凹弦紋。口徑11.9釐米，腹徑21釐米，底徑11.4釐米，高21.4釐米（圖一一〇，12；圖一一四）。

E型　標本2011CSCJ482③：23，僅殘存口沿及肩小部分，短口，中部外弧，鼓肩。肩部加飾細凹弦紋。口徑14.2釐米，殘高7.6釐米（圖一一〇，13）。

圖一一一　A型硬陶罐（2011CSCJ482③：14）

圖一一二　B型硬陶罐（2011CSCJ482③：4）

圖一一三　C型硬陶罐（2011CSCJ482③：12）

圖一一四　D型硬陶罐（2011CSCJ482③：13）

球腹罐　標本2011CSCJ482②：34，形體較小，口殘，球形腹，近底部束收，平底内凹。腹徑9.2釐米，殘高6.8釐米，底徑4釐米（圖一一〇，14）。

擂鉢　均僅殘存近底部。下腹斜收，假圈足。標本2011CSCJ482②：36，底徑8.2釐米，殘高6.1釐米（圖一一〇，15）。標本2011CSCJ482②：35，底徑7釐米，殘高6釐米（圖一一〇，16）。

3.軟陶器

泥質灰陶，火候較低，器形有雙耳罐、盆、甕、高領罐、紡輪、豆、板瓦及筒瓦等。

雙耳罐　標本2011CSCJ482③：1，直口，方唇外撇，弧鼓肩，中腹外鼓，下腹斜收，平底内凹。肩部附對稱牛鼻耳。肩、腹部飾數道弦紋及間隔繩紋。口徑13.8釐米，腹徑22.7釐米，底徑9.8釐米，高27.5釐米（圖一一五；圖一一六，1；圖一七六，10）。

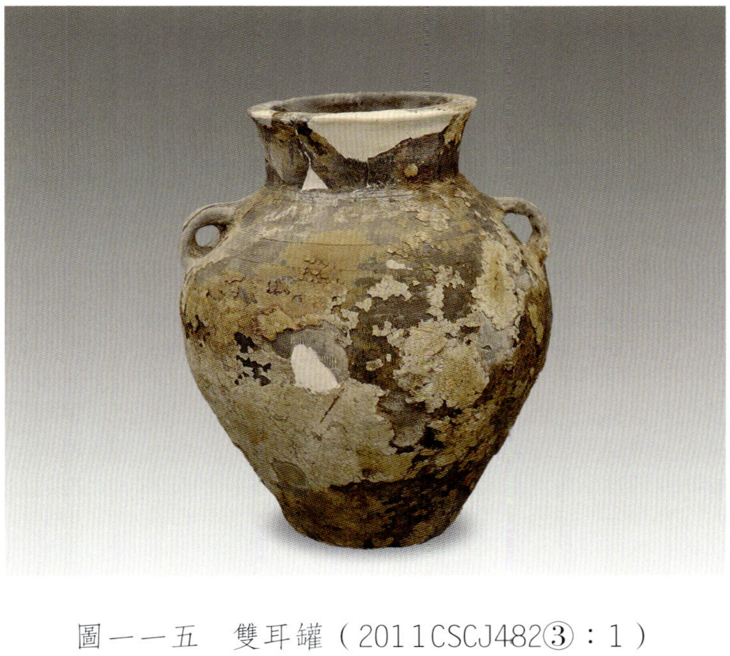

圖一一五　雙耳罐（2011CSCJ482③：1）

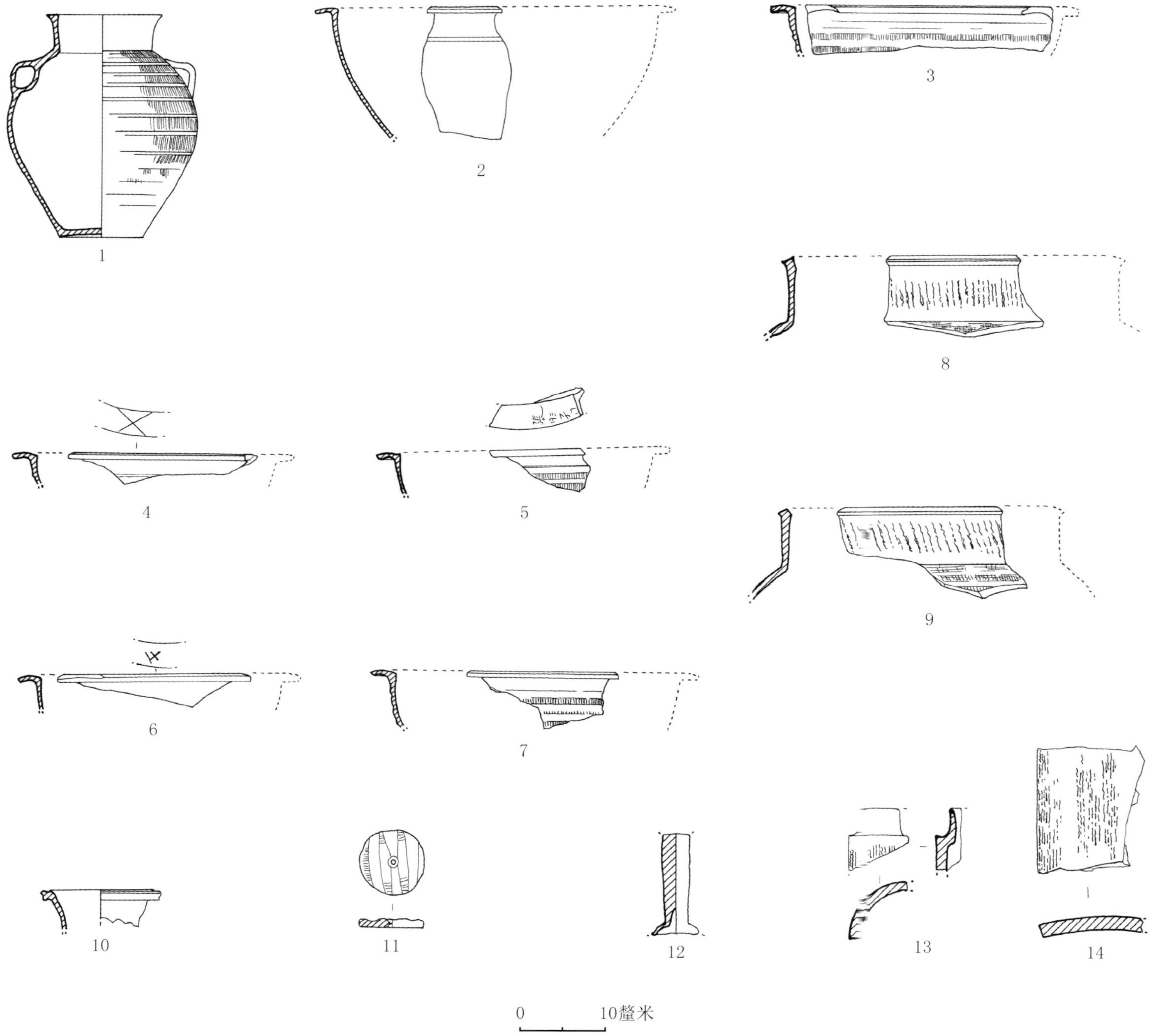

圖一一六　J482出土軟陶器

1. 雙耳罐（2011CSCJ482③：1） 2. 陶盆（2011CSCJ482①：6） 3. 陶盆（2011CSCJ482①：7） 4. 陶盆（2011CSCJ482③：21） 5. 陶盆（2011CSCJ482②：21） 6. 陶盆（2011CSCJ482①：5） 7. 陶盆（2011CSCJ482③：22） 8. 陶甕（2011CSCJ482①：9） 9. 陶甕（2011CSCJ482①：8） 10. 高領罐（2011CSCJ482①：10） 11. 紡輪（2011CSCJ482②：15） 12. 陶豆（2011CSCJ482①：11） 13. 筒瓦（2011CSCJ482①：12） 14. 板瓦（2011CSCJ482①：13）

盆　均僅存口沿及肩小部分，形制相類，平沿，腹部弧收。部分飾間隔戳印紋。標本2011CSCJ482①：6，肩部飾2道細凹弦紋，口徑43釐米，殘高16.2釐米（圖一一六，2）。標本2011CSCJ482①：7，口徑36.4釐米，殘高6釐米（圖一一六，3）。標本2011CSCJ482③：21，口沿表面刻劃“×”符號，口徑33.2釐米，殘高3.9釐米（圖一一六，4；圖一一七；圖一七七，8）。標本

2011CSCJ482②：21，口沿表面刻劃有“張□子□”銘文。口徑35釐米，殘高5.2釐米（圖一一六，5；圖一一八；圖一七七，6）。標本2011CSCJ482①：5，口沿表面刻劃“土”字符號，口徑33.6釐米，殘高4.2釐米（圖一一六，6；圖一一九；圖一七七，7）。標本2011CSCJ482③：22，口徑38.3釐米，殘高7釐米（圖一一六，7）。

甕　均僅殘存口沿部及肩小部分。形制相類，高領，方唇，直口，鼓肩。領外飾斜繩紋，肩部飾間隔繩紋。標本2011CSCJ482①：9，口徑40.8釐米，殘高10釐米（圖一一六，8）。標本2011CSCJ482①：8，口徑34釐米，殘高11.4釐米（圖一一六，9）。

高領罐　標本2011CSCJ482①：10，僅存口沿及頸小部分。短平沿，方唇，高束頸。口徑14.7釐米，殘高4.7釐米（圖一一六，10）。

紡輪　標本2011CSCJ482②：15，爲陶罐器身殘片磨製而成，圓餅形，中有穿孔。正面飾間隔篦點紋。直徑4釐米，厚0.6釐米（圖一一六，11；圖一二〇；圖一七六，7）。

圖一一七　陶盆（2011CSCJ482③：21）

圖一一八　陶盆（2011CSCJ482②：21）

圖一一九　陶盆（2011CSCJ482①：5）

圖一二〇　紡輪（2011CSCJ482②：15）

豆　標本2011CSCJ482①：11，僅存豆柄及圈足上部分，圓柱狀，喇叭形圈足。殘高12.5釐米，柄徑3.4釐米（圖一一六，12）。

筒瓦　標本2011CSCJ482①：12，僅存瓦舌和瓦身小部分，瓦舌較平，瓦身截面呈半圓形。外飾繩紋，内飾布紋。殘長7.6釐米，殘寬9.6釐米，高7釐米（圖一一六，13；圖一七六，6）。

板瓦　標本2011CSCJ482①：13，僅存部分瓦身，截面呈弧形，外飾繩紋，内飾布紋。殘長15.6釐米，寬12.7釐米，厚1.8釐米（圖一一六，14）。

4.漆木器

器形有木構件、木箭、木板、漆盤、器蓋及耳杯等。

木構件　標本2011CSCJ482②：37，長條狀，一側較薄，一端呈刀尖狀，薄側中部及另一端各有一槽。長70.6釐米，寬3.6釐米，厚0.4～0.8釐米（圖一二一，1）。標本2011CSCJ482②：38，長條狀，一端較厚，但厚端的端側削製成刃狀。長67.8釐米，寬3釐米，厚0.9釐米（圖一二一，2）。標本2011CSCJ482②：39，長條狀，一端較厚。長65.3釐米，寬3.5釐米，厚1～2.1釐米（圖一二一，3）。

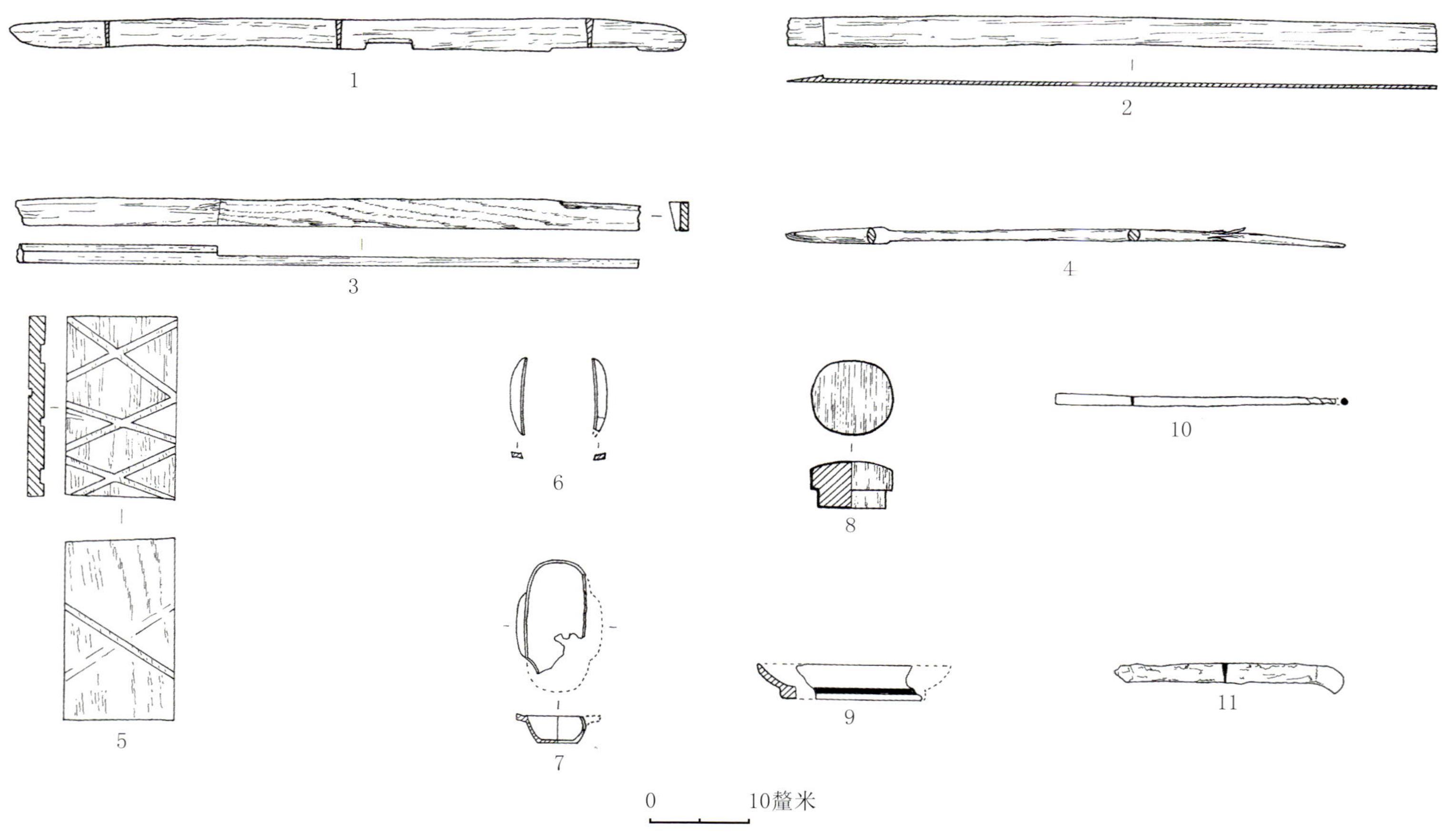

圖一二一　J482出土漆（木）器、銅器及鐵器

1.木構件（2011CSCJ482②：37）　2.木構件（2011CSCJ482②：38）　3.木構件（2011CSCJ482②：39）　4.木箭（2011CSCJ482③：8）　5.木板（2011CSCJ482：10-7）　6.漆耳杯（2011CSCJ482②：40）　7.漆耳杯（2011CSCJ482②：26）　8.木器蓋（2011CSCJ482②：11）　9.漆盤（2011CSCJ482②：18）　10.鐵鑽頭（2011CSCJ482②：16）　11.鐵刀（2011CSCJ482③：11）

木箭　標本2011CSCJ482③：8，整木削製而成，箭杆殘呈條柱狀，箭頭呈三角形。殘長58.4釐米，寬1.7釐米（圖一二一，4；圖一二二）。

木板　標本2011CSCJ482②：10-7，長方體板狀，一側殘，一面刻劃三組“×”形槽組成菱形網狀，另一面刻劃一組“×”形槽。長10釐米，寬5.8釐米（圖一二一，5）。

耳杯　標本2011CSCJ482②：26，夾紵胎，殘，杯口呈橢圓形，狹長，兩側有圓弧形耳，微上翹，平底。外髹黑漆，内髹紅漆。殘長12.2釐米，底寬4.4釐米，高3.2釐米（圖一二一，7；圖一二三）。標本2011CSCJ482②：40，僅存兩杯耳。單體長8.6釐米，底寬1.3釐米，厚0.6釐米（圖一二一，6）。

器蓋　標本2011CSCJ482②：11，木胎，整木削製，柱狀，上端較大，弧頂，下端較小。外髹黑漆。高5.2釐米，頂徑8.2~8.5釐米，底徑7釐米（圖一二一，8；圖一二四）。

圖一二二　木箭（2011CSCJ482③：8）

圖一二三　漆耳杯（2011CSCJ482②：26）

圖一二四　木器蓋（2011CSCJ482②：11）

漆盤　標本2011CSCJ482②：18，殘，木胎，尖唇，敞口，弧腹内收，餅足。外髹黑漆，内髹紅漆，外側足上部髹一圈紅漆帶。口徑20.4釐米，底徑15.2釐米，高3.9釐米（圖一二一，9）。

5.銅錢

標本2011CSCJ482②：6，圓形方孔，殘損嚴重，字迹不清。

6.鐵器

器形有鑽頭及鐵刀。

鑽頭　標本2011CSCJ482②：16，細端呈錐形螺旋狀，頭部殘，粗端呈扁平條狀。殘長14.7釐米，寬0.6釐米（圖一二一，10）。

刀　標本2011CSCJ482③：11，兩端均殘，扁平狀，一端彎曲，一側起刃，銹蝕嚴重。長24釐米，寬3.2釐米，厚0.7釐米（圖一二一，11）。

八、J531形制及出土器物

（一）古井形制

J531位於探方區外，處於發掘區東部中間區域。爲一圓形土坑豎穴井，現井口距地表5米左右，開口層位不明，打破生土層。井口平面呈圓形，井壁上部規整，井壁下方3.2米處以下向外垮塌，呈袋狀，井底平整。上部口徑1.26米，下部垮塌處直徑1.6～1.82米，殘深5.49米。井內填土堆積僅一層，爲灰褐色淤土，土質疏鬆，較黏，夾雜有少量炭屑及朽木殘塊（圖一二五；圖一二六）。

圖一二五　J531清理後形制

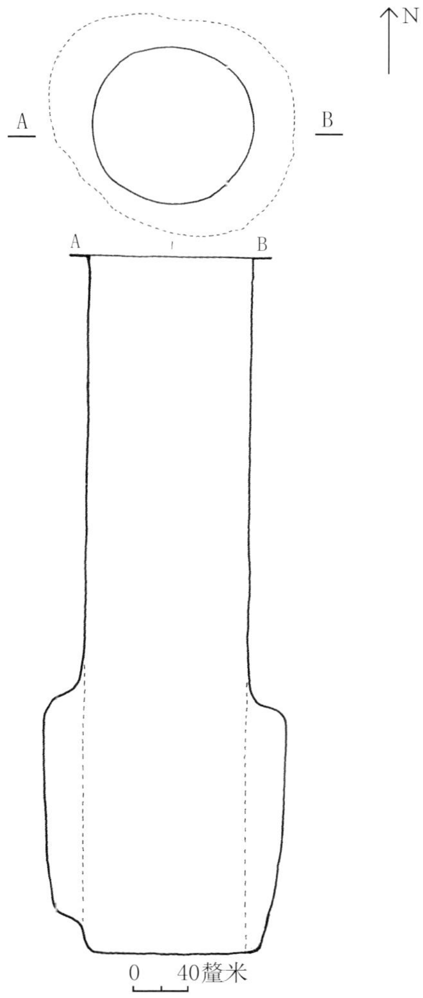

圖一二六　J531平、剖面圖

（二）出土器物

J531除簡牘外，出土標本器物共34件，另有部分陶片。按質地可分爲硬陶器、青瓷器、軟陶器、石器及鐵器等五大類。

1.硬陶器

均爲泥質灰陶，火候較高，外飾拍印方格紋，部分肩部加飾細凹弦紋。器形有罐、雙耳罐、雙沿罐、釜、大口罐、雙耳壺及器蓋等。

罐　根據形體大小及腹部不同可分爲四型。

A型　形體較大，深腹。短敞口，方唇，圓鼓肩，下腹斜收，平底或内凹。標本2011CSCJ531：23，口徑12.5釐米，腹徑23.8釐米，底徑12.6釐米，高22.6釐米（圖一二七，1；圖一二八；圖一二九；圖一七六，3；圖一七七，3）。標本2011CSCJ531：17，口徑13.5釐米，腹徑23.8釐米，底徑11.5釐米，高23.8釐米（圖一二七，2；圖一三〇；圖一七六，8）。標本2011CSCJ531：18，口徑13.2釐米，腹徑22.8釐米，底徑11.7釐米，高24.5釐米（圖一二七，3；圖一三一）。標本2011CSCJ531：25，口沿部分殘缺，腹徑24釐米，底徑13.4釐米，殘高22.5釐米（圖一二七，4；圖一七六，2）。標本2011CSCJ531：11，口沿部分殘缺，腹徑25.4釐米，底徑11.2釐米，殘高24.1釐米（圖一二七，5）。

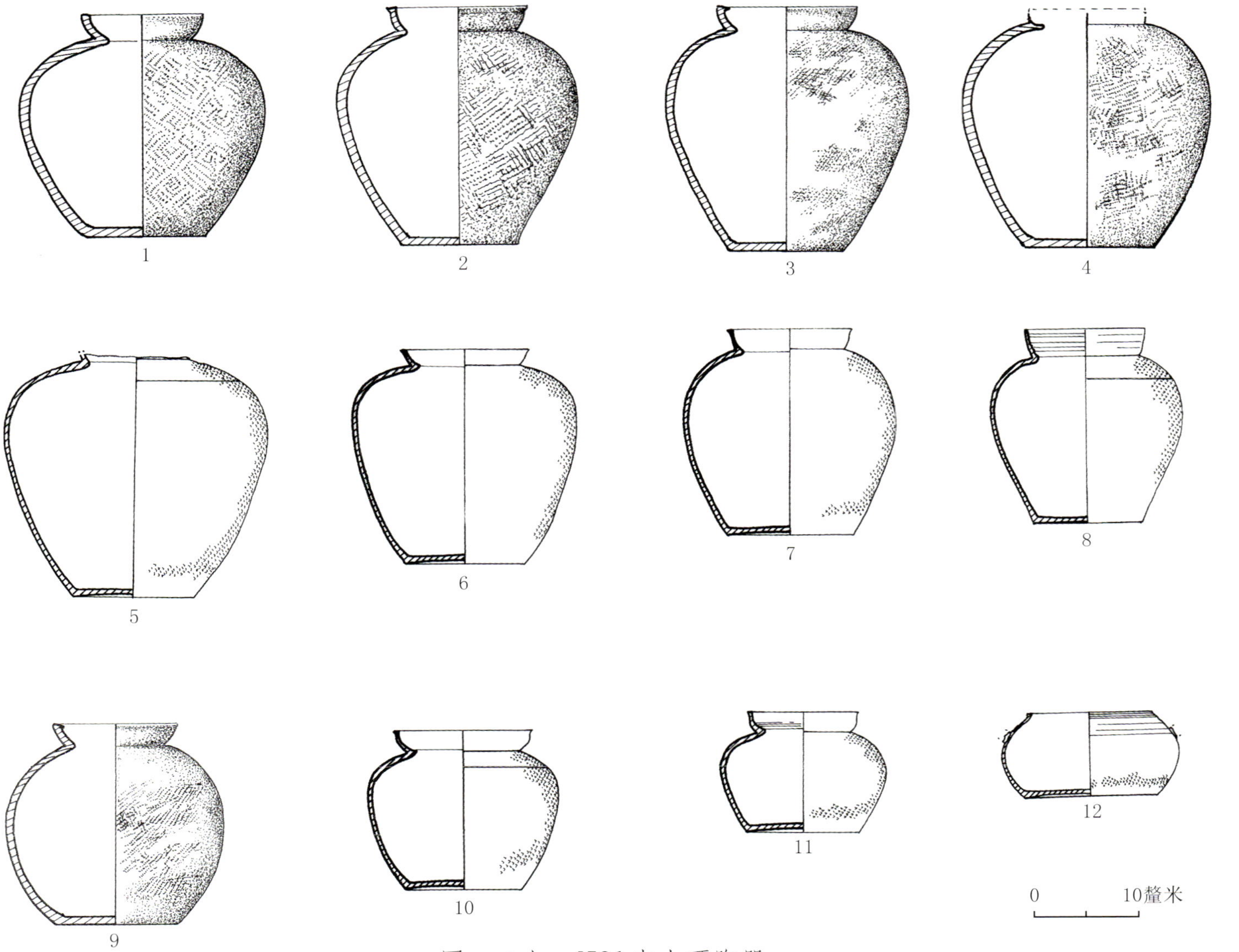

圖一二七　J531出土硬陶器

1.A型硬陶罐（2011CSCJ531：23） 2.A型硬陶罐（2011CSCJ531：17） 3.A型硬陶罐（2011CSCJ531：18） 4.A型硬陶罐（2011CSCJ531：25） 5.A型硬陶罐（2011CSCJ531：11） 6.B型硬陶罐（2011CSCJ531：20） 7.B型硬陶罐（2011CSCJ531：22） 8.B型硬陶罐（2011CSCJ531：24） 9.C型硬陶罐（2011CSCJ531：21） 10.D型硬陶罐（2011CSCJ531：19） 11.D型硬陶罐（2011CSCJ531：10） 12.雙耳罐（2011CSCJ531：2）

圖一二八　A型硬陶罐（2011CSCJ531：23）

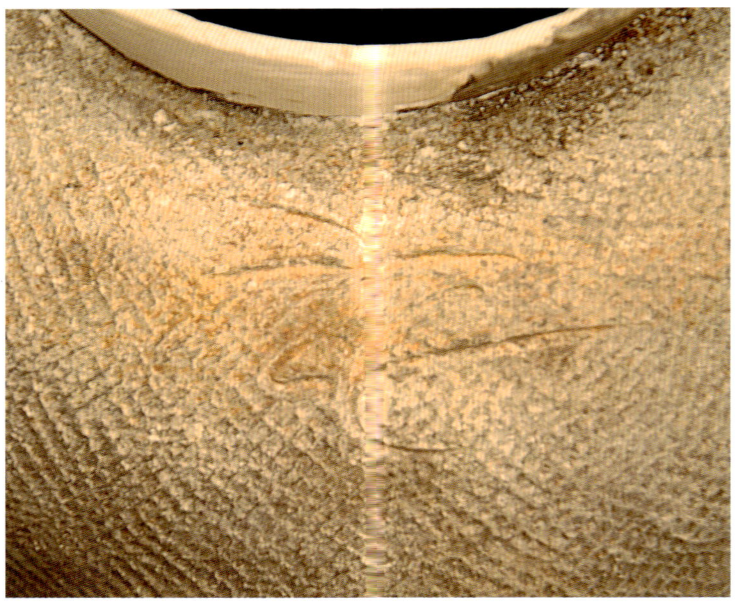

圖一二九　A型硬陶罐（2011CSCJ531：23）局部

圖一三〇　A型硬陶罐（2011CSCJ531：17）

圖一三一　A型硬陶罐（2011CSCJ531：18）

B型　形體中等。短敞口，方唇，圓鼓肩，下腹斜收，平底或内凹。標本2011CSCJ531：20，口徑12.4釐米，腹徑21.7釐米，底徑11.8釐米，高21.5釐米（圖一二七，6；圖一三二）。標本2011CSCJ531：22，口徑11.9釐米，腹徑20.6釐米，底徑12釐米，高20.4釐米（圖一二七，7）。標本2011CSCJ531：24，口徑11.8釐米，腹徑18.4釐米，底徑10.4釐米，高19.2釐米（圖一二七，8；圖一三三）。

圖一三二　B型硬陶罐（2011CSCJ531：20）

圖一三三　B型硬陶罐（2011CSCJ531：24）

C型　標本2011CSCJ531：21，形體中等，短敞口，方唇，球形腹，平底。口徑12釐米，腹徑21釐米，底徑12釐米，高20釐米（圖一二七，9；圖一三四）。

D型　形體較小，短敞口，方唇，扁腹，平底内凹。標本J531：19，口徑13.4釐米，腹徑18.3釐米，底徑10.9釐米，高15.9釐米（圖一二七，10；圖一三五）。標本2011CSCJ531：10，口徑

10.9釐米，腹徑16釐米，底徑10.8釐米，高12.1釐米（圖一二七，11）。

雙耳罐　標本2011CSCJ531：2，短沿，斂口，扁腹，平底略内凹。肩附對稱耳，殘失。肩部飾3道細凹弦紋。口徑12.1釐米，腹徑17.1釐米，底徑13釐米，高8.4釐米（圖一二七，12；圖一三六）。

圖一三四　C型硬陶罐（2011CSCJ531：21）

圖一三五　D型硬陶罐（2011CSCJ531：19）

圖一三六　雙耳罐（2011CSCJ531：2）

雙沿罐　均僅存口沿及肩小部分，形制相類，内直口較高，外口外敞，鼓肩，平底或内凹。根據形體大小不同可分二型。

A型　形體較大。標本2011CSCJ531：29，肩部飾2道凹弦紋。内口徑11.9釐米，外口徑19.8釐米，殘高20.4釐米（圖一三九，1；圖一三七）。

B型　形體較小。標本2011CSCJ531：30，肩部飾1道凹弦紋。内口徑10.3釐米，外口徑16.8釐米，殘高11.2釐米（圖一三九，2；圖一三八）。

圖一三七　A型硬陶雙沿罐（2011CSCJ531：29）

圖一三八　B型硬陶雙沿罐（2011CSCJ531：30）

釜　形制相類，寬沿外敞，圓鼓腹，圜底。根據形體大小不同可分二型。

A型　形體較大。標本2011CSCJ531：28，口徑29.9釐米，腹徑29.2釐米，高16.5釐米（圖一三九，3；圖一四〇）。

B型　形體較小。標本2011CSCJ531：27，肩部飾1道凹弦紋。口徑17.9釐米，腹徑17.2釐米，高11.8釐米（圖一三九，4；圖一四一）。標本2011CSCJ531：13，肩部飾1道凹弦紋。口徑18.1釐米，腹徑17.1釐米，高11.4釐米（圖一三九，5）。

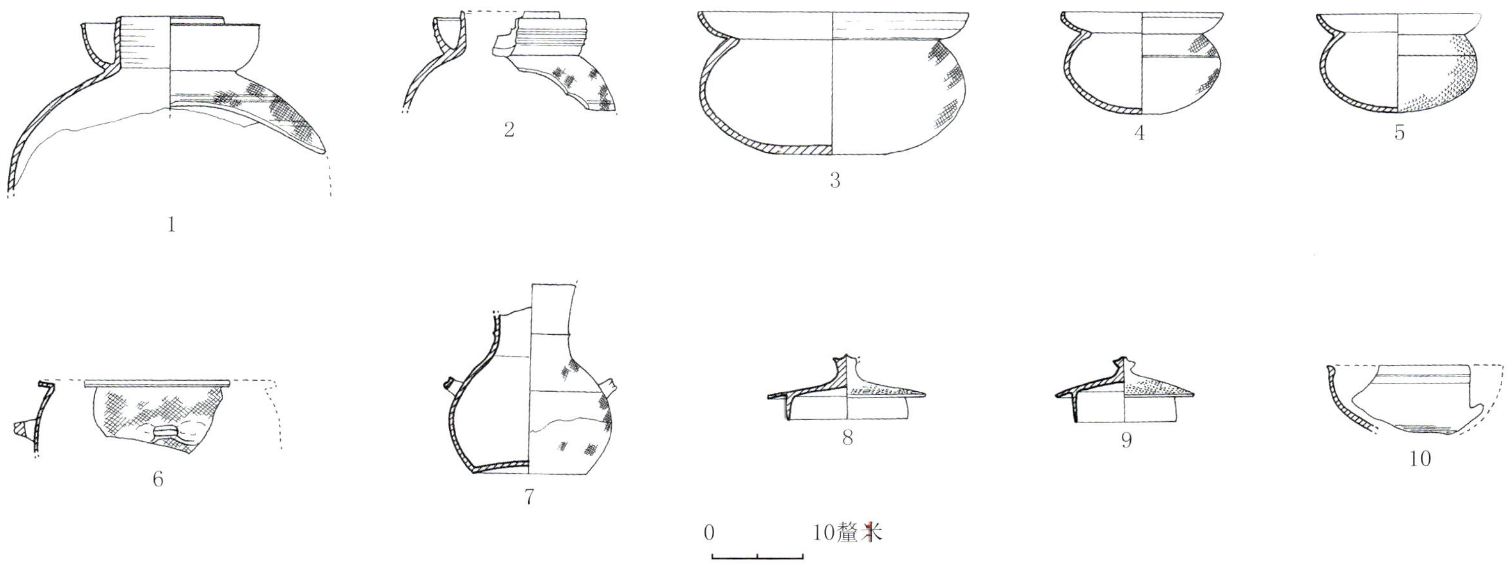

圖一三九　J531出土硬陶器

1.A型硬陶雙沿罐（2011CSCJ531：29）2.B型硬陶雙沿罐（2011CSCJ531：30）3.A型硬陶釜（2011CSCJ531：28）4.B型硬陶釜（2011CSCJ531：27）5.B型硬陶釜（2011CSCJ531：13）6.硬陶大口罐（2011CSCJ531：32）7.雙耳壺（2011CSCJ531：12）8.器蓋（2011CSCJ531：9）9.器蓋（2011CSCJ531：5）10.青瓷缽（2011CSCJ531：33）

圖一四〇　A型硬陶釜（2011CSCJ531：28）

圖一四一　B型硬陶釜（2011CSCJ531：27）

大口罐　標本2011CSCJ531：32，僅存口沿及肩小部分。短平沿，斂口，方唇，溜肩。肩部飾耳。口徑26.2釐米，殘高8.4釐米（圖一三九，6；圖一四二）。

雙耳壺　標本2011CSCJ531：12，口沿殘失，高束頸，溜肩，鼓腹，平底内凹。頸部飾1道凸弦紋，肩部飾對稱拱形耳。腹徑18.2釐米，底徑12.7釐米，殘高21.7釐米（圖一三九，7；圖一四三）。

器蓋　形制相類。鷄冠形蓋紐，傘狀蓋，蓋下有直套口。標本2011CSCJ531：9，蓋徑17.6釐米，套口徑13.4釐米，高7.4釐米（圖一三九，8）。標本2011CSCJ531：5，蓋徑15.7釐米，套口徑11.3釐米，高7.4釐米（圖一三九，9；圖一四四）。標本2011CSCJ531：31，蓋紐殘缺。蓋徑15.8釐米，殘高4.6釐米。

圖一四二　大口罐（2011CSCJ531：32）

圖一四三　雙耳壺（2011CSCJ531：12）

圖一四四　器蓋（2011CSCJ531：5）

2.青瓷器

爲鉢，標本2011CSCJ531：33，僅存小部分。短沿，斂口，折腹。沿下飾2道細凹弦紋。内外施青釉。口徑19.6釐米，殘高7.8釐米（圖一三九，10）。

3.軟陶器

泥質灰陶，火候較低。器形有盆、甕、圜底罐、折肩罐及筒瓦等。

盆　形制相類。寬平沿，直口微斜，方唇，弧腹内收，平底内凹。腹部飾間隔戳印紋。標本2011CSCJ531：26，口徑41釐米，底徑21.8釐米，高20.6釐米（圖一四五，1；圖一四六；圖一七六，11）。標本2011CSCJ531：37，僅存小部分，口徑42.4釐米，殘高8.4釐米（圖一四五，2）。標本2011CSCJ531：36，僅存小部分，口徑28釐米，殘高9.6釐米（圖一四五，3）。

甕　均僅存口沿及肩小部分，根據形制不同可分二型。

A型　1件。標本2011CSCJ531：39，短直口，方唇，廣肩。素面。口徑28釐米，殘高7.4釐米（圖一四五，4）。

B型　標本2011CSCJ531：38，高直口，方唇，鼓肩。外飾繩紋。口徑34.2釐米，殘高15.6釐米（圖一四五，5）。

圜底罐　短平沿，敞口，方唇，束頸，球形腹，圜底内凹。肩及腹部飾細弦紋，下腹及底飾交錯繩紋。標本2011CSCJ531：4，口徑14.6釐米，腹徑21.8釐米，底徑8.2釐米，高22釐米（圖一四五，6；圖一四七）。標本2011CSCJ531：34，僅殘存口沿及頸部，口徑14.5釐米，殘高5.4釐米（圖一四五，11）。

折肩罐　器形相類。斂口，折肩，淺斜弧腹，平底。口沿下方折沿有等分圓穿孔。標本2011CSCJ531：6，口徑13.7釐米，腹徑15.8釐米，底徑7.8釐米，高5.8釐米（圖一四五，9；圖一四八）。標本2011CSCJ531：1，腹部有輪修弦紋。口徑13.8釐米，腹徑17.2釐米，底徑9釐米，高6釐米（圖一四五，10；圖一四九）。

筒瓦　標本2011CSCJ531：35，殘存局部。瓦身與榫頭有接痕，圓舌。外飾繩紋，内飾布紋。側面有内切痕迹，模製，輪修，殘長11.4釐米，殘寬5.4釐米，殘高6.8釐米（圖一四五，8）。

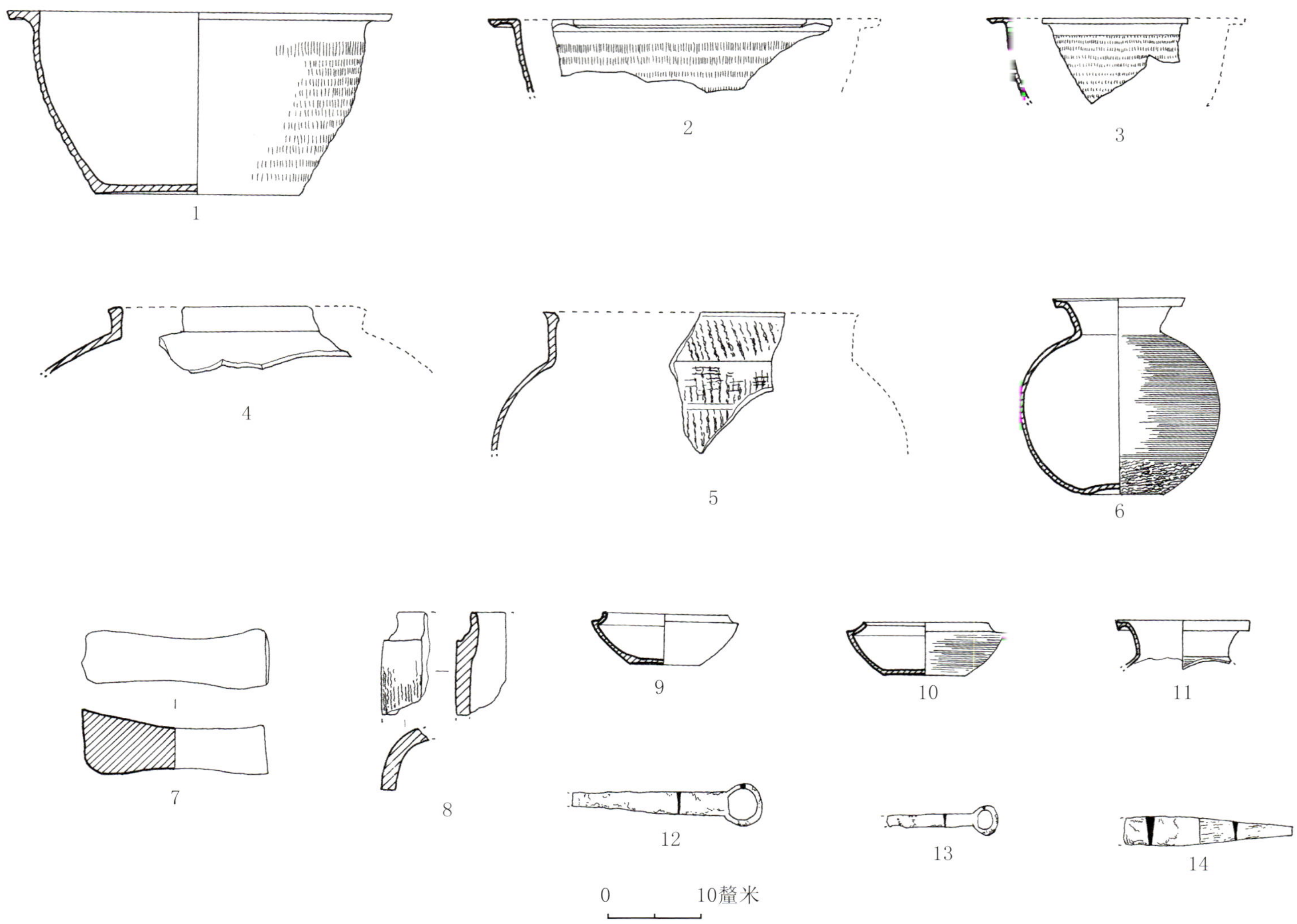

圖一四五　J531出土器物

1.陶盆（2011CSCJ531：26） 2.陶盆（2011CSCJ531：37） 3.陶盆（2011CSCJ531：36） 4.A型陶甕（2011CSCJ531：39）5.B型陶甕(2011CSCJ531：38)6.圓底罐(2011CSCJ531：4）7.礪石(2011CSCJ531：15） 8.筒瓦（2011CSCJ531：35） 9.折肩罐（2011CSCJ531：6） 10.折肩罐（2011CSCJ531：1） 11.圓底罐（2011CSCJ531：34） 12.A型環首刀（2011CSCJ531：7） 13.B型環首刀（2011CSCJ531：8） 14.A型環首刀（2011CSCJ531：14）

圖一四六　陶盆（2011CSCJ531：26）

圖一四七　圜底罐（2011CSCJ531：4）

圖一四八　折肩罐（2011CSCJ531：6）

圖一四九　折肩罐（2011CSCJ531：1）

4.石器

爲礪石。標本2011CSCJ531：15，長方形，中間内凹，四周有明顯磨痕。長20.3釐米，寬6.8釐米，高7.4釐米（圖一四五，7；圖一五〇）。

5.鐵器

均爲環首刀，刀尖部均殘，銹蝕嚴重，形制相類。環首，刀身呈長條三角形，一側起刃。根據形體大小可分二型。

A型　形體較大。標本2011CSCJ531：7，殘長20.8釐米，寬4.8釐米，厚0.6釐米（圖一四五，12；圖一五一）。標本2011CSCJ531：14，環首殘失。殘長18.2釐米，寬3.3釐米，厚1.1釐米（圖一四五，14；圖一五二）。

B型　形體較小。標本2011CSCJ531：8，殘長12.2釐米，寬3.3釐米，厚0.4釐米（圖一四五，13；圖一五三）。

圖一五〇　礪石（2011CSCJ531：15）

圖一五一　A型環首刀（2011CSCJ531：7）

圖一五二　A型環首刀（2011CSCJ531：14）

圖一五三　B型環首刀（2011CSCJ531：8）

九、J575形制及出土器物

（一）古井形制

J575位於探方區外，處於整個發掘區的西北部區域，爲一圓形土坑豎穴井，開口層位不明，打破生土層。井口平面呈圓形，形制規整，井底平整。井口徑0.68～0.72米，殘深3.35米。井内堆積僅一層，爲黑色淤土堆積，土質黏軟，結構疏鬆，夾雜有少量炭屑顆粒（圖一五四；圖一五五）。

（二）出土器物

J575除簡牘外，出土標本器物共21件，另有部分陶片。按質地可分爲青瓷器、硬陶器、軟陶器及木器等四大類。

圖一五四　J575清理後形制

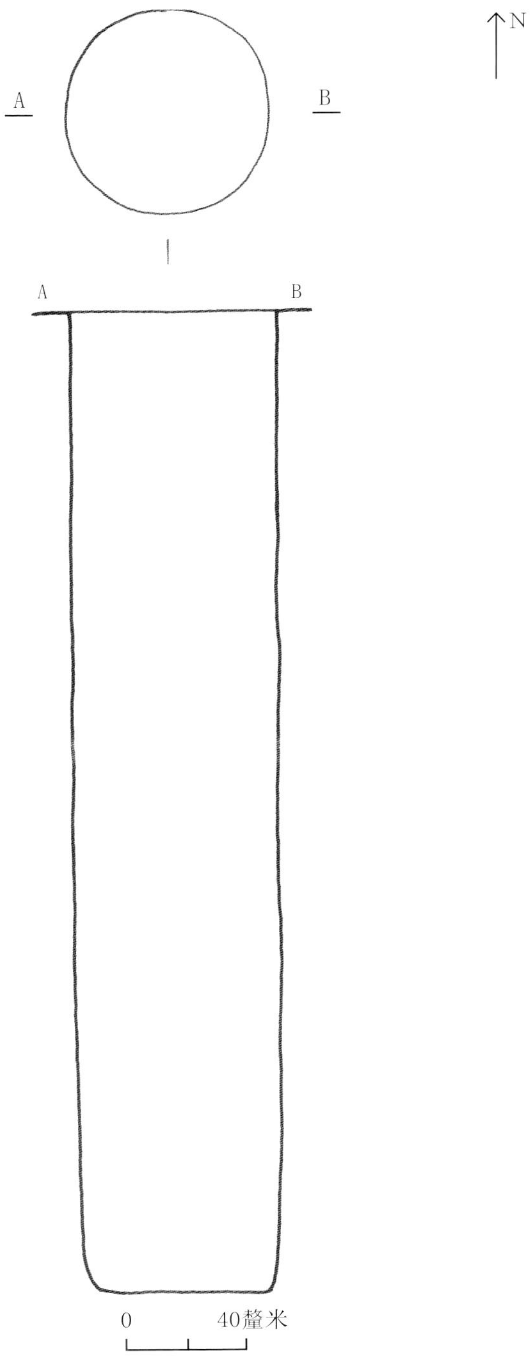

圖一五五　J575平、剖面圖

1.青瓷器

青灰胎，器形有四系盤口壺、大口罐及小口罐。

四系盤口壺　標本2011CSCJ575：1，盤口，尖唇，束頸，肩、腹圓鼓，下腹弧收，平底。肩部附 4 個橋形紐。盤口及外腹施緑色青釉，釉不及底。口徑17.8釐米，腹徑23.4釐米，底徑11.8釐米，高31.6釐米（圖一五六，1；圖一五七）。

大口罐　根據下腹及系不同可分二型。

A型　標本2011CSCJ575：3，短直口，方唇，圓鼓肩，下腹束收，平底内凹。肩附 4 個横向橋形紐。口徑22.8釐米，腹徑26.4釐米，底徑10.8釐米，高19.2釐米（圖一五六，2；圖一五八）。

B型　標本2011CSCJ575：2，短直口，尖唇，圓鼓肩，下腹内收，平底。肩附兩組對稱紐，一組爲兩條横向紐，一組爲兩條竪向紐。口徑14.6釐米，腹徑20釐米，底徑12釐米，高16釐米（圖一五六，3；圖一五九）。

小口罐　標本2011CSCJ575：19，僅存口沿及肩小部分，短口，外敞，方唇，肩、腹弧鼓。肩部附紐，另飾2道細弦紋，肩、腹部拍印細麻布紋。外施青釉。口徑12.8釐米，殘高11.6釐米（圖一五六，4；圖一六〇）。

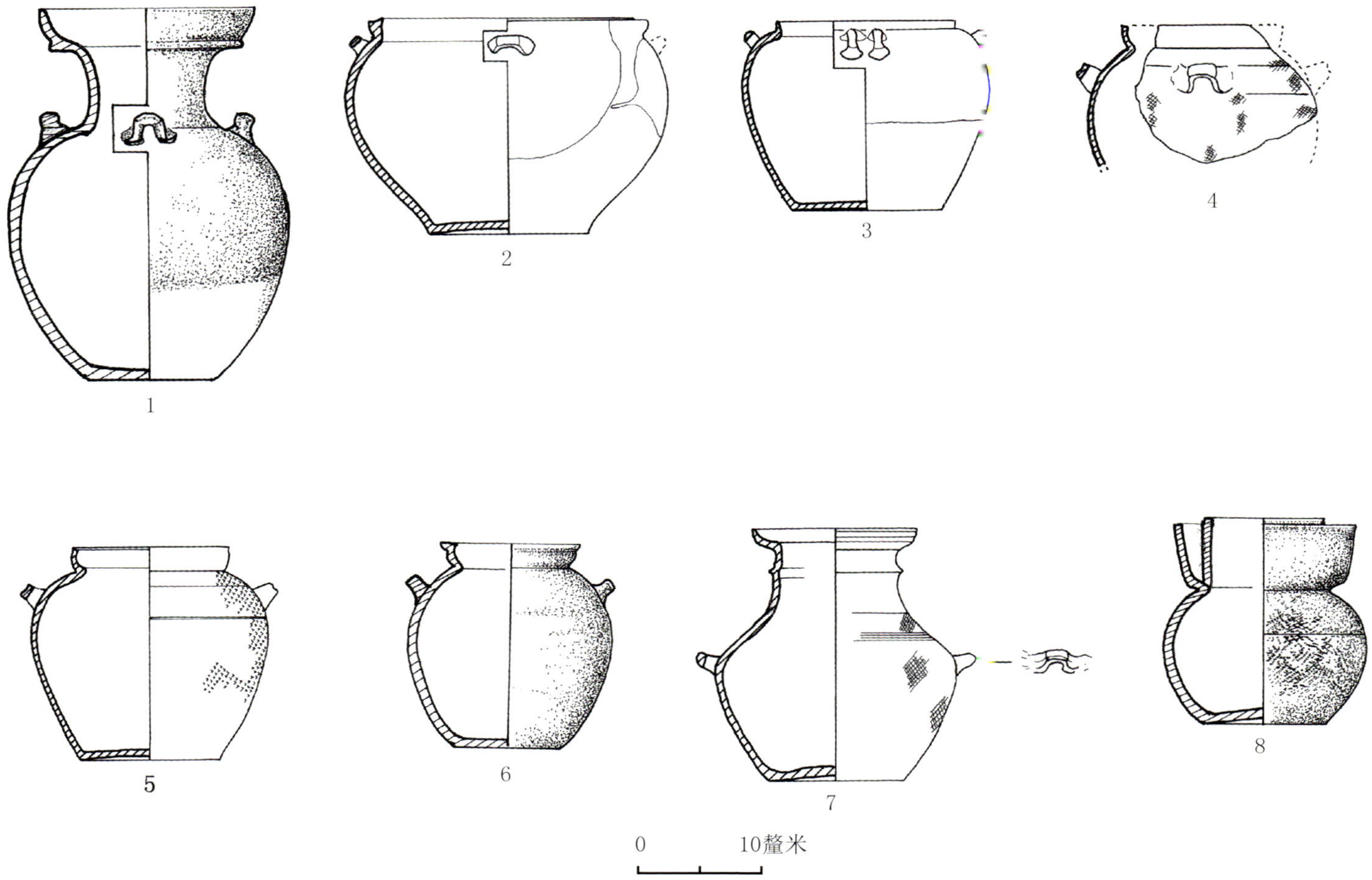

圖一五六　J575出土青瓷器及硬陶器

1.青瓷四系盤口壺（2011CSCJ575：1）2.A型青瓷大口罐（2011CSCJ575：3）3.B型青瓷大口罐（2011CSCJ575：2）4.青瓷小口罐（2011CSCJ575：19）5.A型硬陶雙耳罐（2011CSCJ575：9）6.B型硬陶雙耳罐（2011CSCJ575：10）7.雙耳壺（2011CSCJ575：17）8.雙沿罐（2011CSCJ575：5）

圖一五七　青瓷四系盤口壺（2011CSCJ575：1）

圖一五八　A型青瓷大口罐（2011CSCJ575：3）

圖一五九 B型青瓷大口罐（2011CSCJ575：2）

圖一六〇 青瓷小口罐（2011CSCJ575：19）

2.硬陶器

火候較高，器表拍印細麻布紋，部分肩部加飾細凹弦紋。器形有罐、雙耳罐、雙耳壺及雙沿罐。

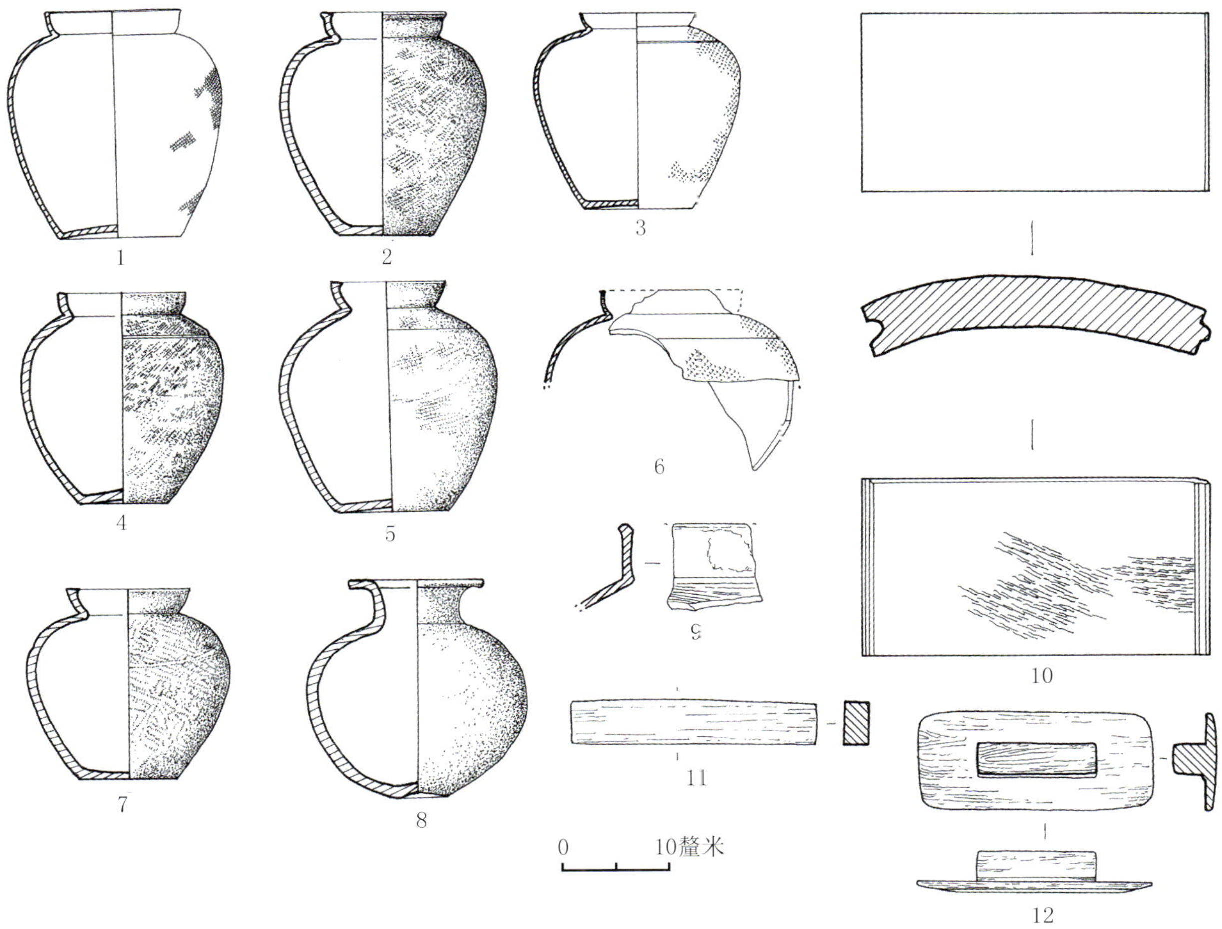

圖一六一 J575出土硬陶器、軟陶器及木器

1.A型硬陶罐（2011CSCJ575：7） 2.A型硬陶罐（2011CSCJ575：12） 3.B型硬陶罐（2011CSCJ575：14） 4.C型硬陶罐（2011CSCJ575：13） 5.C型硬陶罐（2011CSCJ575：8） 6.D型硬陶罐（2011CSCJ575：18） 7.D型硬陶罐（2011CSCJ575：11） 8.圜底罐（2011CSCJ575：16） 9.陶甕（2011CSCJ575：20） 10.井圈（2011CSCJ575：4） 11.木方塊（2011CSCJ575：21） 12.抹泥板（2011CSCJ575：6）

罐 根據肩、腹部不同可分四型。

A型 短口外敞，圓鼓肩，深腹，下腹弧收，平底或内凹。標本2011CSCJ575：7，口徑12.8釐米，腹徑20.1釐米，底徑11.5釐米，高22.2釐米（圖一六一，1；圖一六二）。標本2011CSCJ575：12，口徑11.8釐米，腹徑19.3釐米，底徑9.8釐米，高22釐米（圖一六一，2；圖一六三）。

B型 短口外敞，廣肩，深腹，下腹内收，平底内凹。標本2011CSCJ575：14，口徑10.8釐米，腹徑19.3釐米，底徑10.1釐米，高19.2釐米（圖一六一，3；圖一六四）。

C型 短口外敞，肩、腹弧鼓，深腹，下腹弧收，平底内凹。標本2011CSCJ575：13，口徑12釐米，腹徑19.2釐米，底徑9.2釐米，高21.2釐米（圖一六一，4；圖一六五）。標本2011CSCJ575：8，口徑11釐米，腹徑21.5釐米，底徑11.5釐米，高22.7釐米（圖一六一，5；圖一六六）。

D型 短口外敞，肩、腹圓鼓，淺腹，平底。標本2011CSCJ575：1[illegible]，口徑11.8釐米，腹徑19.4釐米，底徑10釐米，高19釐米（圖一六一，7；圖一七六，4）。標本2011CSCJ575：18，口徑13.4釐米，高17.8釐米（圖一六一，6；圖一六七）。

圖一六二　A型硬陶罐（2011CSCJ575：7）

圖一六三　A型硬陶罐（2011CSCJ575：12）

圖一六四　B型硬陶罐（2011CSCJ575：14）

圖一六五　C型硬陶罐（2011CSCJ575：13）

圖一六六　C型硬陶罐（2011CSCJ575：8）

圖一六七　D型硬陶罐（2011CSCJ575：18）

雙耳罐　根據肩、腹部不同可分二型。

A型　標本2011CSCJ575：9，短口，肩圓鼓，下腹内收，平底内凹。肩附2個紐。口徑12.8釐米，腹徑19.3釐米，底徑11.4釐米，高18釐米（圖一五六，5；圖一六八）。

B型　標本2011CSCJ575：10，肩、腹部圓鼓，平底。肩附2個紐。口徑12釐米，腹徑18.2釐米，底徑10.6釐米，高17.5釐米（圖一五六，6；圖一六九）。

雙耳壺　標本2011CSCJ575：17，盤口狀，尖唇，高束頸，弧折肩，下腹斜收，平底略内凹。頸部飾1道凸棱，肩部附2個對稱紐并飾2道細弦紋。肩、腹部拍印細麻布紋。口徑13.5釐米，腹徑19.4釐米，底徑10.6釐米，高21.4釐米（圖一五六，7；圖一七〇）。

雙沿罐　標本2011CSCJ575：5，内直口較高，外口外敞，肩、腹圓鼓，平底内凹。肩、腹部拍印細麻布紋，肩部飾1道細凹弦紋。罐内出土3枚簡牘，其中2枚爲人形簡，另1枚爲木牘。内口徑9釐米，外口徑14釐米，腹徑16.5釐米，底徑10.5釐米，高17.4釐米（圖一五六，8；圖一七一）。

圖一六八　A型硬陶雙耳罐（2011CSCJ575：9）

圖一六九　B型硬陶雙耳罐（2011CSCJ575：10）

圖一七〇　雙耳壺（2011CSCJ575：17）

圖一七一　雙沿罐（2011CSCJ575：5）

3.軟陶器

火候較低，器形有圜底罐、甕及井圈等。

圜底罐　標本2011CSCJ575：16，平沿外卷，敞口，方唇，束頸，肩、腹圓鼓，圜底内凹。口徑14釐米，腹徑21.2釐米，底徑4釐米，高21釐米（圖一六一，8；圖一七二）。

甕　標本2011CSCJ575：20，僅存口、肩小部分。直口，方唇，斜肩。肩部拍印横向繩紋。殘寬9.2釐米，殘高8.4釐米（圖一六一，9；圖一七三）。

井圈　爲專門燒製的套接形陶井圈，單體呈弧形，一端有榫頭，一端有卯口。標本2011CSCJ575：4，長32.4釐米，高17.3釐米，厚5釐米（圖一六一，10；圖一七四）。

圖一七二　圜底罐（2011CSCJ575：16）

圖一七三　陶甕（2011CSCJ575：20）

圖一七四　陶井圈（2011CSCJ575：4）

4.木器

器形有木方塊及抹泥板。

木方塊　標本2011CSCJ575：21，長方體，四面切割製成，形制規整。長23.1釐米，寬4.4釐米，厚2.5釐米（圖一六一，11）。

抹泥板　標本2011CSCJ575：6，爲一整木削製而成，下部爲長方形木板，中部微凸，上部爲長方形實心把手。長22.1釐米，寬9.5釐米，高4.1釐米（圖一六一，12；圖一七五）。

圖一七五　抹泥板（2011CSCJ575：6）

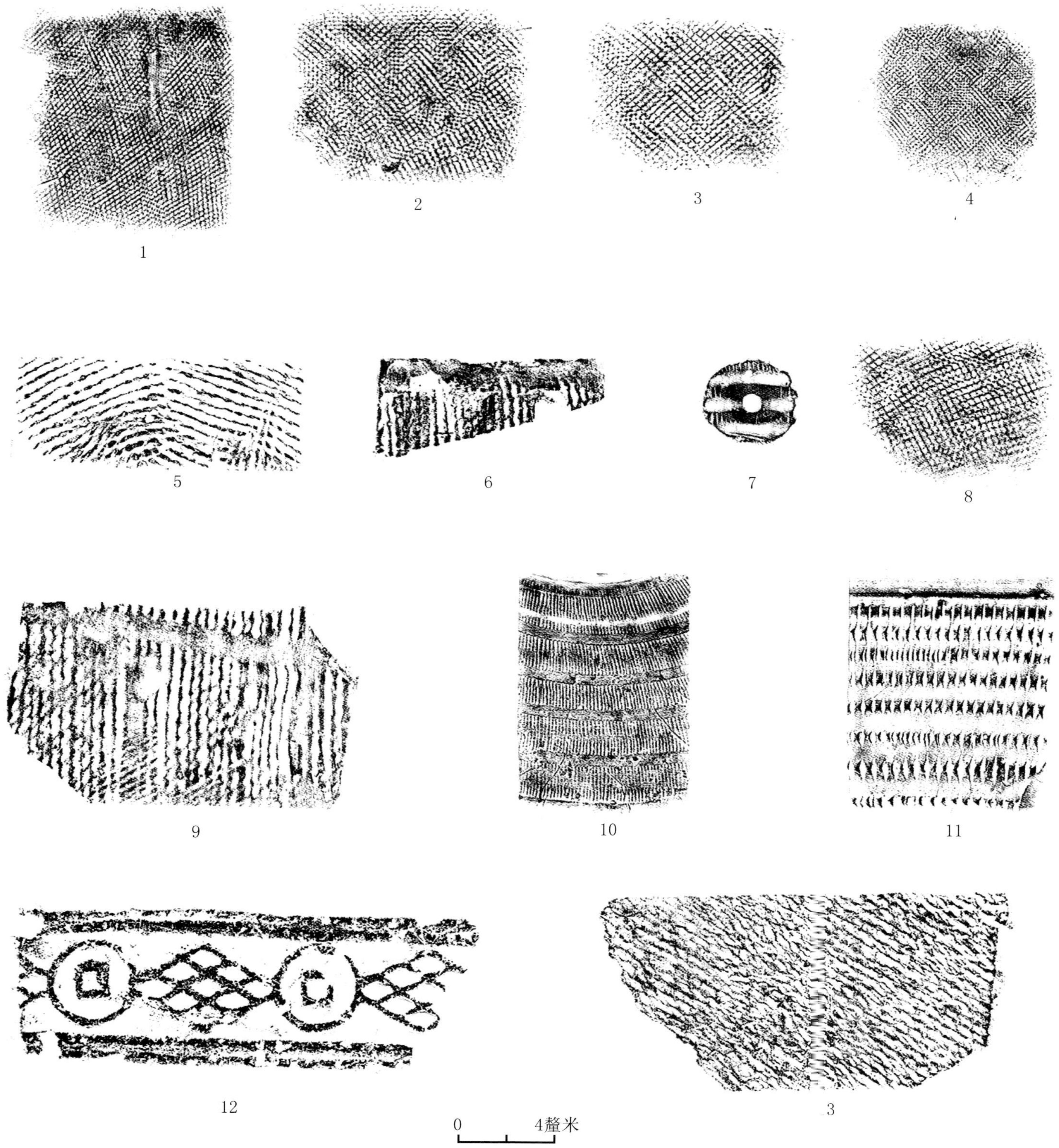

圖一七六　尚德街古井出土器物典型紋飾拓片

1.J436 出土 A 型硬陶罐紋飾拓片（局部）（2011CSCJ436②：1） 2.J531 出土 A 型硬陶罐紋飾拓片（局部）（2011CSCJ531：25） 3.J531 出土 A 型硬陶罐紋飾拓片（局部）（2011CSCJ531：23） 4.J575 出土 D 型硬陶罐紋飾拓片（局部）（2011CSCJ575：11） 5.J437 出土 B 型高領圜底罐紋飾拓片（局部）（2011CSCJ437：14） 6.J482 出土筒瓦紋飾拓片（局部）（2011CSCJ482①：12） 7.J482 出土紡輪紋飾拓片（局部）（2011CSCJ482②：15） 8.J531 出土 A 型硬陶罐紋飾拓片（局部）（2011CSCJ531：17） 9.J437 出土 B 型板瓦紋飾拓片（局部）（2011CSCJ437：19） 10.J482 出土雙耳罐紋飾拓片（局部）（2011CSCJ482③：[illegible]） 11.J531 出土陶盆紋飾拓片（局部）（2011CSCJ531：26） 12.J436 出土青磚紋飾拓片（局部）（2011CSCJ436②：8） 13.J437 出土 A 型板瓦紋飾拓片（局部）（2011CSCJ437：18）

圖一七七　尚德街古井出土器物刻劃符號（銘文）拓片

1.J437 出土 B 型硬陶罐肩部刻劃符號（2011CSCJ437：4）2.J437 出土 B 型硬陶罐肩部刻劃符號（2011CSCJ437：2）3.J531 出土 A 型硬陶罐肩部刻劃符號（2011CSCJ531：23）4.J437 出土 A 型硬陶罐肩部刻劃符號（2011CSCJ437：11）5.J437 出土 B 型硬陶罐肩部刻劃符號（2011CSCJ437：6）6.J482 出二陶盆盆沿刻劃銘文（2011CSCJ482②：21）7.J482 出土陶盆盆沿刻劃銘文（2011CSCJ482①：5）8.J482 出土陶盆盆沿刻劃符號（2011CSCJ482③：21）

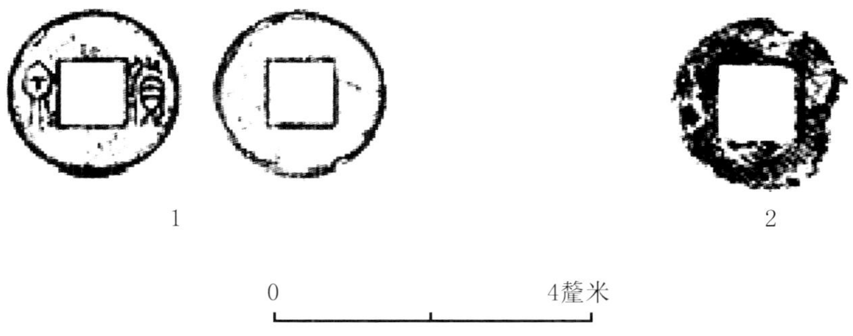

圖一七八　尚德街古井出土銅錢拓片

1.J465 出土銅錢拓片（2011CSCJ465：13）2.J436 出土銅錢拓片（2011CSCJ436①:29）

第五章　簡牘

一、簡牘出土概況

該工地出土簡牘的古井共9口，發掘編號分别爲2011CSCJ359、J436、J437、J446、J453、J465、J531、J482、J575。簡牘均出土於各古井近底部的灰黑色淤泥中。簡牘在井内大多堆積無序，顯係隨意丢棄所致。僅J575中3枚簡牘出土時是放置在一個硬陶雙沿罐中，外用麻布類絲織品包裹，顯係人爲放置，但麻布在出土時已腐朽殘碎。這批簡牘由於長期浸泡於古井中，處於飽水狀態，再加之井内廢棄有機物質的侵蝕，致使簡牘出土時，顔色大多呈暗黑色，僅有少量出土時墨迹明顯。

二、簡牘數量

經過初步清理統計，9口古井共出土簡牘257枚，其中有字簡及有墨迹簡牘171枚，無字簡86枚。各井出土簡牘數量分别如下：

J359：出土3枚簡牘，其中1枚爲有字簡，另2枚爲無字簡。

J436：出土22枚簡牘，其中5枚爲有字簡，另17枚爲無字簡。

J437：出土3枚簡牘，均爲有字簡。

J446：出土16枚簡牘，其中6枚爲有字簡，另10枚爲無字簡。

J453：出土2枚簡牘，其中1枚爲有字簡，另1枚爲無字簡。

J465：出土2枚簡牘，其中1枚爲有字簡，另1枚爲無字簡。

J482：出土174枚簡牘，其中134枚爲有字簡，另40枚爲無字簡。

J531：出土32枚簡牘，其中17枚爲有字簡，另15枚爲無字簡。

J575：出土3枚簡牘，均爲有字簡。

三、簡牘形制

經過整理可知，該批簡牘材質均爲木質。從形制方面可分爲木牘、小木簡、兩行簡、封檢、人形簡、簽牌（木楬）、封泥匣、名刺、異形簡及削衣等十大類，其中以小木簡居多。分别介紹如下：

第一類　木牘。寬度在3.5釐米以上或長度在25釐米以上，一般是書寫三行或三行以上的文字。標本084號，有字簡。殘長24釐米，寬7釐米，厚0.7釐米。標本212號，有字簡。長10.5釐米，寬2.6釐米，厚0.15釐米。

第二類　小木簡。數量最多，一般上書一行字。長23～29.9釐米，寬1～3釐米，厚0.2～0.4釐米。標本104號，有字簡。殘長16.5釐米，寬2釐米，厚0.6釐米。標本140號，有字簡。長21.7釐米，寬2.6釐米，厚0.2釐米。

第三類　兩行簡。一般書寫兩行字，長22～23.5釐米，寬3～4.5釐米，厚0.3～0.6釐米。標本114號，有字簡。長23.4釐米，寬3.2釐米，厚0.6釐米。此類簡部分上下各有1道編痕。標本139號，有字簡。長23釐米，寬4.4釐米，厚0.2釐米。標本251號，有字簡。長23.8釐米，寬3.8釐米，厚0.4釐米。

第四類　封檢。根據形制不同可分三種類型。

A型　F形封檢。形體較大，厚端設3道槽，槽中爲方形封泥槽。標本102號，有字簡，完整。長17.2釐米，寬7釐米，厚2.85釐米（圖一七九，1）。標本152號，有字簡。封泥槽處殘。長17.2釐米，寬4.5釐米，厚0.7釐米（圖一七九，5）。

B型　F形封檢。形體較小，厚端設3道槽。標本250號，有字簡，殘損。長9.6釐米，寬3.4釐米，厚1.6釐米（圖一七九，2）。標本123號，有字簡。長8.3釐米，寬3釐米，厚1.15釐米（圖一七九，3）。標本230號，有字簡，完整。長7.7釐米，寬2.2釐米，厚1.4釐米（圖一七九，4）。

C型　縱截面呈“┷”形，中間爲封泥槽，横向設3道槽，槽兩側爲斜坡狀。標本253號，有字簡。殘長6.9釐米，寬3.1釐米，厚1.8釐米（圖一七九，6）。

第五類　人形簡。2枚，形制相同，兩側爲梯形，中部爲長方形。標本262號，有字簡。長11.6釐米，寬3.8釐米，厚0.5釐米（圖一七九，7）。標本261號，有字簡。長12.2釐米，寬3.6釐米，厚0.5釐米（圖一七九，8）。

第六類　簽牌（木楬）。根據形制不同可分二型。

A型　寬板形，上部爲不規則半圓形，下部爲長方形。標本049號，有字簡。長12.7釐米，寬4.3釐米，厚0.5釐米（圖一七九，10）。

B型　長條形，上部爲長方形，下部爲匕首形。標本058號，無字簡。長10釐米，寬1.2釐米，厚0.4釐米（圖一七九，11）。

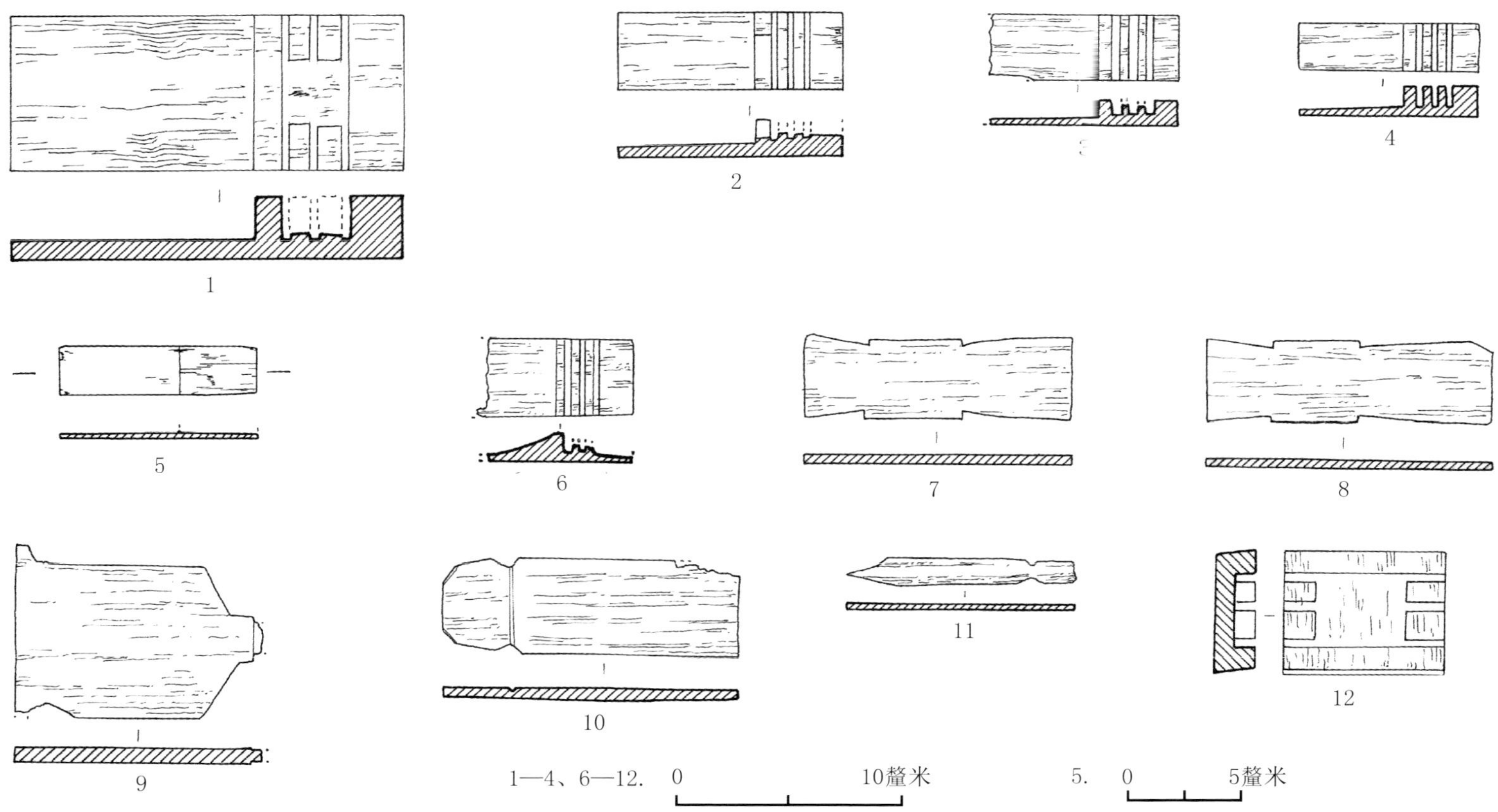

圖一七九　尚德街出土簡牘形制

1.A型封檢（2010CSCJ482②：7-2） 2.B型封檢（2010CSCJ482③：36-1） 3.B型封檢（2010CSCJ482②：8-14） 4.B型封檢（2010CSCJ482②：29-5） 5.A型封檢（2010CSCJ482②：17-1） 6.C型封檢（2010CSCJ482③：36-4） 7.人形簡（2010CSCJ575：5-2） 8.人形簡（2010CSCJ575：5-1） 9.異形簡（2010CSCJ482②：7-3） 10.A型簽牌（2010CSCJ531：3-1） 11.B型簽牌（2010CSCJ531：3-10） 12.封泥匣（2010CSCJ482②：8-13）

第七類　封泥匣。頂部設3道槽，中部爲方形封泥槽。標本122號，無字簡。長6.9釐米，寬5.4釐米，厚1.8釐米（圖一七九，12）。

第八類　名刺。長條形，寬度在3釐米以上。標本090號，有字簡。長24.6釐米，寬3釐米，厚0.55釐米。標本112號，有字簡。長24.15釐米，寬4.1釐米，厚0.7釐米。

第九類　異形簡。標本103號，有字簡。是在原木牘的基礎上削製而成。上部呈斜肩“凸”形，下部一側有三角形凹槽，一側凸出。長10.7釐米，寬7.4釐米，厚0.5釐米（圖一七九，9）。

第十類　削衣（柹）。從舊簡刮起的刨花或木片，較薄，不規則。標本170號，有字簡。長9.4釐米，寬1.95釐米，厚0.1釐米。標本176號，有字簡。長7釐米，寬2.1釐米，厚0.01釐米。

四、簡牘内容

根據内容，可以將這批簡牘分爲公文、雜文書、私信、習字、殘簡等五大類。需要説明的是，由於這批簡牘殘斷者居多，釋文多不完整，且有不少簡牘以草書寫成，難於識讀，給簡牘的界定和分類增加了難度，現分類如下：

1.公文。共計12枚，約占總數的十六分之一。其中有4枚簡牘記載了非常重要的内容：標本084、212及254號均以“詔曰”開頭，是東漢靈帝時期的成文法。標本152號中出現了“烏桓”。

2.雜文書。共計34枚，約占總數的五分之一。分爲雜賬、名刺、名簿、簽牌、藥方和其他。其中雜賬有18枚，可分爲兩類：一類是指明物品的名稱、數量和價格，一類衹記載了物品的名稱與數量。關於名刺，王素先生已經有所討論，兹不贅述[①]。至於藥方，我們將在下一章“簡牘出土的意義”中介紹。

3.私信。共計37枚，占總數的五分之一强。這部分簡牘的判定，主要依據内容和字體。由於文字大多殘損比較嚴重，有不少書信又是草書寫成，因此，界定起來並不容易，也不一定正確。

4.習字。共計4枚，約占總數的十七分之一。很多習字都是出現在已經使用過的簡牘上，而且大多都是摹寫簡牘上的已有文字。純粹的習字牘衹有4枚，衹占總數的四十四分之一。這4枚習字牘上，衹有1枚寫有干支。

5.殘簡。共計84枚，占總數的二分之一弱。歸入這部分的簡牘主要有殘斷過於嚴重的和文字漫漶不清的。有的尚能看到隻言片語，有的則衹能看到字迹、墨迹。

①王素：《長沙東牌樓東漢簡牘概述》，《長沙東牌樓東漢簡牘》第73頁，文物出版社，2006年。

第六章　結語

一、各古井出土遺物分析及年代推測

尚德街出土簡牘的古井時代，可從出土紀年簡牘及出土器物綜合判斷。

這批簡牘有明確紀年簡牘的衹有2枚，均屬於J482，其中一枚爲標本152號，形制爲封檢，書寫"熹平二年七月十七日"；另一枚爲標本084號，形制爲木牘，書寫"光和四年十一月廿八日"。"熹平"和"光和"，均爲東漢靈帝年號。所以判定J482的時代爲東漢靈帝時期。另從該井層位堆積及出土器物分析，首先分析層位堆積，該井自上至下共分3層，從出土器物種類及完整程度分析，第③層出土大多爲完整的青瓷四系罐及印紋硬陶罐，均爲汲水器，而從第②層開始出土較多的青瓷缽以及球腹罐、擂缽等非汲器及殘碎器，由此基本可以推斷出第③層爲使用時期的堆積，而第②層及第①層應爲廢棄堆積層。再分析出土器物，第③層出土的標本2011CSCJ482③：15青瓷四系罐與南昌市郊東漢墓出土青釉罐形制基本相同[1]，標本2011CSCJ482③：10硬陶罐與湖南臨武東漢墓A型陶罐（M1：1）形制相近[2]，標本2011CSCJ482③：1雙耳罐與1996年走馬樓J22出土A型Ⅰ式罐（三③：217）形制基本相同[3]。第②層出土的標本2011CSCJ482②：30及標本2011CSCJ482②：32分別與江西南昌東吴高榮墓出土Ⅱ式及Ⅲ式青瓷缽形制相近[4]。另簡牘主要出土於第①層及第②層，結合簡牘紀年可以判定J482的使用年代當在東漢中晚期靈帝之前，廢棄年代在東漢靈帝時期至東吴前期。

J446出土一枚有紀年無年號簡牘，爲標本037號，簡牘書寫"三年"，從簡牘書法風格分

①江西省文物管理委員會：《南昌市郊東漢墓清理》，《考古》1965年第11期。

②郴州市文物處、昆明市博物館：《湖南省臨武縣東漢墓清理簡報》，《草原文物》2014年第2期。

③長沙市文物工作隊、長沙市文物考古研究所：《長沙走馬樓J22發掘簡報》，《文物》1999年第5期。長沙市文物考古研究所、中國文物研究所、北京大學歷史系：《長沙走馬樓三國吴簡》，文物出版社，1999年。

④江西省歷史博物館：《江西南昌市東吴高榮墓的發掘》，《考古》1980年第3期。

析，部分簡牘爲隸書體，如標本040號。也有部分爲草書體，如標本041及042號，這與2004年長沙東牌樓東漢簡牘的風格接近[①]。另從出土器物分析，標本2011CSCJ446：1青瓷四系罐與2004年東牌樓J7出土A型Ⅰ式青瓷罐（J7⑤：42）及1996年走馬樓J22出土C型Ⅰ式青瓷四系罐（三③：190）形制接近[②③]。由此判定J446的時代爲東漢晚期至東吴早中期。

J531也出土一枚有紀年無年號簡牘，爲標本049號，簡牘書寫“十一年”，東漢和帝“永元”有“十一年”（99），獻帝“建安”也有“十一年”（206），從簡牘書法風格分析，該井出土簡牘大多爲草書體，如標本049及052號，這與2004年長沙東牌樓東漢簡牘的風格接近[④]。另從出土器物分析，標本2011CSCJ531：13硬陶釜及標本2011CSCJ531：12硬陶雙耳壺分別與湖南衡陽新安鄉出土Ⅰ式釜（M4：4）及陶壺（M2：2）形制相近[⑤]。標本2011CSCJ531：26陶盆及2011CSCJ531：38陶甕分別與1996年走馬樓J22出土A型陶盆（三①：48）及A型甕（三③：207）形制相近[⑥]。由此判定J531的時代爲東漢晚期至東吴早中期。

J359從出土器物分析，標本2011CSCJ359：1及標本2011CSCJ359：2印紋硬陶罐分別與湖南資興漢墓侈口罐（498：32）及Ⅱ式鍑（204：41）形制接近[⑦]，時代應爲東漢中晚期。

J436從出土器物分析，該井出土大部分器物與長沙走馬樓J22出土器物形制非常接近，如標本2011CSCJ436①：7青瓷水注、標本2011CSCJ436①：8 B型四系罐及標本2011CSCJ436：41陶甕分別與長沙走馬樓J22出土青瓷水注（三①：333）、A型Ⅰ式青瓷四系罐（三③：187）及A型甕（三③：207）形制相近[⑧]。由此判定J436的時代爲東漢中晚期至三國東吴早中期。

J437從出土器物分析，標本2011CSCJ437：3硬陶釜與廣東連州東漢墓出土標本M1：18同類型器形制接近[⑨]。標本2011CSCJ437：11硬陶罐與湖南耒陽城關東漢墓出土Ⅰ式陶罐（M2：8）形制基本相同[⑩]。但該井另出土數件高領圜底罐，這有東漢早中期及以前的特點。由此判定J437的時代爲東漢早中期。

J453從出土器物分析，該井出土大部分器物與長沙走馬樓J22出土器物形制非常接近，如標本

①②④長沙市文物考古研究所：《長沙東牌樓7號古井（J7）發掘簡報》，《文物》2005年第12期。長沙市文物考古研究所、中國文物研究所：《長沙東牌樓東漢簡牘》，文物出版社，2006年。

③⑥⑧長沙市文物工作隊、長沙市文物考古研究所：《長沙走馬樓J22發掘簡報》，《文物》1999年第5期。長沙市文物考古研究所、中國文物研究所、北京大學歷史系：《長沙走馬樓三國吴簡》，文物出版社，1999年。

⑤衡陽市文物工作隊：《湖南衡陽市郊新安鄉東漢墓》，《考古》1994年第3期。

⑦湖南省博物館：《湖南資興東漢墓》，《考古學報》1984年第1期。

⑨廣東省文物考古研究所：《廣東連州東漢墓發掘簡報》，《文物》2012年第2期。

⑩衡陽市文物工作隊：《湖南耒陽城關發現東漢墓》，《南方文物》1992年第2期。

2011CSCJ453：7青瓷四系罐與長沙走馬樓J22出土B型Ⅰ式青瓷四系罋（三③：189）形制相同。雙沿罐（標本2011CSCJ453：1）與長沙走馬樓J22出土B型硬陶雙口罋（三①：265）形制相同[①]。標本2011CSCJ453：4青瓷盆與安徽馬鞍山東吴朱然墓出土青瓷釜形罐（M1：23）形制類似[②]。由此判定J453的時代爲東漢中晚期至三國東吴早中期。

J465從出土器物分析，該井出土大部分器物與長沙走馬樓J22出土器物形制非常接近，如標本2011CSCJ465：18雙耳罐與長沙走馬樓J22出土A型Ⅰ式罐（三③：217）形制完全相同。標本2011CSCJ465：8青瓷四系罐與長沙走馬樓J22出土C型Ⅰ式青瓷四系罐（三③：190）形制相近[③]。由此判定J465的時代爲東漢中晚期至三國東吴早中期。

J575從出土器物分析，内裝簡牘的標本2011CSCJ575：5雙沿罐與江西南昌高榮墓出土Ⅴ式罐形制相似[④]。青瓷大口罐（標本J575：2）與湖北鄂城吴墓Ⅱ式陶雙耳罐（鋼M21：4）形制接近[⑤]。標本2011CSCJ575：10B型雙耳罐與江西南昌凱旋灣東漢墓出土原始瓷罐（M1：16）形制類似[⑥]，標本2011CSCJ575：16圜底罐與長沙走馬樓J22出土B型Ⅰ式罐（三③：203）形制接近[⑦]。標本2011CSCJ575：17雙耳壺與湖南衡陽新安鄉出土陶壺（M2：2）形制基本類似[⑧]。由此判定J575的時代爲東漢中晚期至三國東吴早中期。

通過以上綜合分析，該批古井的時代大多爲東漢中晚期至三國東吴早中期，其中以東漢中晚期爲主，所以出土簡牘的時代也可統稱爲東漢簡牘。

二、簡牘出土的意義

（一）内容方面的意義

這批簡牘雖然數量不多，但價值和意義卻很重要。從内容方面可分四類，分别介紹如下：

1.詔書

詔書牘共計3枚，分别爲標本084、212及254號。正面與背面都有行書文字，且分兩欄書寫，

---

①③⑦長沙市文物工作隊、長沙市文物考古研究所：《長沙走馬樓J22發掘簡報》，《文物》1999年第5期。長沙市文物考古研究所、中國文物研究所、北京大學歷史系：《長沙走馬樓三國吴簡》，文物出版社，1999年。

②安徽省文物考古研究所、馬鞍山市文化局：《安徽馬鞍山東吴朱然墓發掘簡報》，《文物》1986年第3期。

④江西省歷史博物館：《江西南昌市東吴高榮墓的發掘》，《考古》1980年第3期。

⑤鄂城縣博物館：《湖北鄂城四座吴墓發掘報告》，《考古》1982年第3期。

⑥江西省文物考古研究所、江西南昌市博物館：《江西南昌市灣里區凱旋灣社區東漢墓發掘簡報》，《南方文物》2014年第4期。

⑧衡陽市文物工作隊：《湖南衡陽市郊新安鄉東漢墓》，《考古》1994年第3期。

其内容是成文法，重要性不言而喻。詔書中的相關法律條文，有的見於傳世文獻，如標本212號正面："鬭刃傷人，完城巨。"《漢書·薛宣傳》："律曰'鬭以刃傷人，完爲城旦，其賊加罪一等，與謀者同罪'。"[①]有的不見於傳世文獻，卻見於張家山漢簡，如標本212號正面："棄書官印以上司寇。"《張家山漢墓竹簡·二年律令》作："盜書、棄書官印以上，耐（？）。"[②]標本254號正面："爲寫皇帝信爾，要斬。"《二年律令》作："僞寫皇帝信璽、皇帝行璽，要（腰）斬以匀（徇）。"[③]有的不見於漢代法律文獻，卻見於後世法律文獻，如標本212號反面："對悍使者無人臣禮，大不敬。"《北史·宋繇傳》："對捍詔使，無人臣之禮大不敬者死。"[④]《唐律·職制·指斥乘輿》："對捍制使，而無人臣之禮者，絞。"[⑤]

2.烏桓行事以郵行牘

此爲帶封泥槽的板牘，爲標本152號，正面存文兩行，背面無字，原檢已佚。

烏桓行事以郵行。

熹平二年七月十七日甲子起。

烏桓，古時北方少數民族名。《漢書·匈奴傳上》："漢復得匈奴降者，言烏桓嘗發先單于冢，匈奴怨之，方發二萬騎擊烏桓。"[⑥]熹平，東漢靈帝劉宏的第二個年號。熹平二年，即公元173年。這一枚牘的出現，引出一連串問題：1.從牘文來看，當時的烏桓顯然已經是東漢的一個組成部分了；2.烏桓與東漢朝廷是什麼樣的關係，歸順還是征服；3.牘文上的"烏桓"，是怎樣的機構，有些什麼設置；4.遠在北方草原的烏桓，爲什麼會發文到長沙地區等等。

3.雜賬

這批簡牘中，雜賬的數量比較多，根據有無書寫價格，可以分爲兩類，如標本085號正面："上事奏卅三束。㯋八束。"標本086號背面："出錢卅市鮀魚三斤。"這些物品名稱的出現，爲我們瞭解當時人們的物質生活提供了重要依據。而價格的出現，則能爲學界研究當時的經濟提供有力證據。

4.藥方

本件爲木牘，爲標本181號，正面存文三行，背面無字。

①班固撰，顔師古注：《漢書》第3395頁，中華書局，1964年。

②張家山二四七號漢墓竹簡整理小組：《張家山漢墓竹簡［二四七號墓］》第141頁，文物出版社，2001年。

③張家山二四七號漢墓竹簡整理小組：《張家山漢墓竹簡［二四七號墓］》第134頁，文物出版社，2001年。

④李延壽撰：《北史》第1273頁，中華書局，1974年。

⑤長孫無忌等撰，劉俊文點校：《唐律疏議》第207頁，中華書局，1983年。

⑥班固撰，顔師古注：《漢書》第3784頁，中華書局，1964年。

治百病通，明丸方，用甘草八分，弓窮四分，當歸三分，方□☑，乾地黄三分，黄芡三分，桂二分，前胡三分，五朱二分，乾薑四分，玄參三分，伏令二分。凡十八物，皆治，合和丸以白蜜。

木牘上記載了十二味中藥名，除了“方”殘損不識，“黄芡”没有找到相應記載外，其他名稱均見於傳世文獻，殊堪注目。根據牘文記載，該藥方本應由十八味中藥，加以白蜜煉製成丸，由於簡牘殘損，衹剩下十二味，甚爲可惜。

綜上所述，這批簡牘不僅數量不多，而且殘斷嚴重，但是其中的詔書牘、“烏桓”牘、雜賬牘以及藥方牘都頗具特色。牘文上的内容，上至朝廷頒布的法律法規，下到普通百姓的飲食物用，向世人展示出東漢時期的上層建築和物質生活，其價值和意義不可小覷。

（二）形制方面的意義

這批簡牘均爲木質，就簡牘的形制而言，大多爲木簡或木牘，J482出土簡牘形制較多，如封檢、封泥匣、簽牌（木）、人形簡、異形簡及削衣等，這些在2004年東牌樓東漢簡牘及2010年五一廣場東漢簡牘中均有出土[①]，僅C型封檢（標本253號）在此前長沙出土簡牘中未發現過，這種封泥槽居中，兩側爲斜坡狀形制，應是封檢的一種特殊形制，這種形制與新疆尼雅遺址出土的佉盧文中部縛繩處高起的楔形封檢相類似[②]。由於這批簡牘時代大多屬於東漢中晚期至東吴早中期，所以這就爲研究該時期漢文簡牘形制及封緘制度提供了新的材料。

（三）書法方面的意義

尚德街東漢簡牘雖然出土數量不多，但其書體卻包含隸書、行書、草書及楷書等幾大類，部分簡牘上使用多種書體混雜書寫，這係不同級别的官吏或不同機構先後書寫而成，這也代表了東漢中晚期至東吴早中期這一時段書法的時代特徵。隸書中有一枚爲裝飾性隸書，爲標本152號，這

①長沙市文物考古研究所：《長沙東牌樓7號古井（J7）發掘簡報》，《文物》2005年第12期。長沙市文物考古研究所、中國文物研究所：《長沙東牌樓東漢簡牘》，文物出版社，2006年。長沙市文物考古研究所：《湖南長沙五一廣場東漢簡牘發掘簡報》，《文物》2013年第6期。

②參見奥雷爾·斯坦因著，中國社會科學院考古研究所主持翻譯：《西域考古圖記》（廣西師範大學出版社，1999年）第一卷第六章第三節、第六節，圖版參見同書第四卷第21頁，XXI矩形雙面佉盧文木牘（IV. XXIV. Viii. 85）。“封牘”“底牘”係采用林梅村先生的譯法，參見林梅村著《沙海古卷：中國所出佉盧文書》（初集），文物出版社，1988年。

③長沙市文物考古研究所：《長沙東牌樓7號古井（J7）發掘簡報》，《文物》2005年第12期。長沙市文物考古研究所、中國文物研究所：《長沙東牌樓東漢簡牘》，文物出版社，2006年。

枚簡爲一封檢，右側書寫“烏桓行事以郵行”，字體較大，爲有意書寫的裝飾性隸書（由於簡牘右側部分殘失，所以致使右側字體不全）。這與2004年東牌樓東漢簡牘1003號書寫格式相類[③]，“這種醒目的隸書樣式，當有預先的設計，或者有其固定的程式，而作者用筆活潑爽利，波挑分明，一揮而就，其書寫水準在當地書吏中應屬上乘”[①]。其他大多爲標準隸書，但少量夾雜俗筆隸書的風格。其中簽牌及名刺大多使用標準隸書體，如標本006、049及112號，也有隸書帶行書書寫的，如標本090號。部分封檢也使用隸書，如標本152及162號。行書大多書寫較隨意，部分也帶有行草或行楷的意味，此類簡如020及026號。楷書較少，如名刺156號簡。另外還有行楷體的，如標本212及254號。其中草書體最多，以分體草書爲主，少量連體草書，如標本027、050及053號簡等。從整體而言，使用何體書寫，一方面是與簡牘的內容及簡牘所屬機構的級別有關，另一方面是與書寫簡牘的人員及書寫次序有關，尚德街東漢簡牘的各種書體，大部分與長沙東牌樓東漢簡牘的書體相類[②]，也有些新資料、新補充。綜合而言，這使“我們既可以系統地了解西漢簡牘書法的流變，也可以全面研究隸書時代日常書寫的狀態，更可以研究東漢書法與魏晉書法的關係”[③]。這些對於研究該時段的書法演變具有重要意義。

①③劉濤：《長沙東牌樓東漢簡牘所見書體及書法史料價值》，《文物》2005年第12期。

②長沙市文物考古研究所：《長沙東牌樓7號古井（J7）發掘簡報》，《文物》2005年第12期。長沙市文物考古研究所、中國文物研究所：《長沙東牌樓東漢簡牘》，文物出版社，2006年。

附表一

尚德街出土簡牘古井出土器物統計表

古井編號	形制	時代	出土器物	出土簡牘情況
J359	圓形土坑豎穴井	東漢中晚期	1~3. 簡牘 4. 硬陶罐 5. 硬陶罐	出土 3 枚簡牘，其中 1 枚爲有字簡，另 2 枚爲無字簡
J436	圓形土坑豎穴井	東漢中晚期至三國東吴早中期	①層：1. 青瓷鉢 2. 青瓷鉢 3. 青瓷擂鉢 4. 青瓷四系罐 5. 青瓷四系罐 6. 青瓷四系罐 7. 青瓷盂 8. 青瓷四系罐 9. 青瓷四系罐 10. 青瓷鉢 11. 青瓷四系罐 12. 青瓷四系罐 13. 青瓷四系罐 14. 青瓷四系罐 15. 簡牘 16. 青瓷四系罐 17. 青瓷鉢 18. 青瓷雙耳罐 19. 簡牘 20. 青瓷鉢 21. 青瓷四系罐 22. 青瓷四系罐 23. 青瓷四系罐 24. 青瓷四系罐 25. 硬陶雙沿罐 26. 簡牘 27. 青瓷四系罐 28. 青瓷四系罐 29. 銅錢 30. 簡牘 31. 青瓷四系罐 32. 青瓷四系罐 33. 銅錢 34. 鐵扒釘 ②層：1. 硬陶罐 2. 青瓷鉢 3~4. 青瓷四系罐 5. 硬陶罐 6. 陶盆 7. 陶甕 8. 青磚	出土 22 枚簡牘，其中 5 枚爲有字簡，另 17 枚爲無字簡
J437	圓形土坑豎穴井	東漢早中期	1. 簡牘 2. 硬陶罐 3. 硬陶釜 4. 硬陶罐 5. 硬陶罐 6. 硬陶罐 7. 高領圜底罐 8. 硬陶罐 9. 硬陶罐 10. 陶盆 11. 硬陶罐 12. 高領圜底罐 13. 高領圜底罐 14. 高領圜底罐 15. 硬陶罐 16. 高領圜底罐 17. 陶盆 18. 板瓦 19. 板瓦	出土 3 枚簡牘，均爲有字簡
J446	圓形土坑豎穴井	東漢晚期至東吴早中期	1. 青瓷四系罐 2. 簡牘 3. 青瓷四系罐 4. 簡牘	出土 16 枚簡牘，其中 6 枚爲有字簡，另 10 枚爲無字簡
J453	圓形土坑豎穴井	東漢中晚期至東吴早中期	1. 硬陶雙沿罐 2. 硬陶雙沿罐 3. 硬陶罐 4. 青瓷盆 5. 銅盆 6. 簡牘 7. 青瓷四系罐 8. 青瓷四系罐	出土 2 枚簡牘，其中 1 枚爲有字簡，另 1 枚爲無字簡
J465	圓形土坑豎穴井	東漢中晚期至東吴早中期	1. 青瓷四系罐 2. 簡牘 3. 青瓷四系罐 4. 青瓷四系罐 5. 青瓷四系罐 6. 硬陶罐 7. 青瓷四系罐 8. 青瓷四系罐 9. 硬陶雙沿罐 10. 簡牘 11. 硬陶罐 12. 硬陶雙沿罐 13. 銅錢 14. 硬陶罐 15. 木箭 16. 青瓷四系罐 17. 硬陶罐 18. 硬陶雙耳罐 19. 青瓷鉢 20. 青瓷四系罐 21. 青瓷大口罐 22. 青瓷四系罐 23. 青瓷四系罐 24. 青瓷四系罐 25. 硬陶大口罐 26. 青瓷盆 27. 陶甕 28. 陶甕 29. 陶甕 30. 硬陶罐	出土 2 枚簡牘，其中 1 枚爲有字簡，另 1 枚爲無字簡

续表

古井編號	形制	時代	出土器物	出土簡牘情況
J482	圓形土坑豎穴井	使用年代當在東漢中晚期靈帝之前，廢棄年代在東漢靈帝時期至東吴前期	①層：1. 硬陶罐 2. 硬陶罐 3. 青瓷鉢 4. 青瓷鉢 5. 陶盆 6. 陶盆 7. 陶盆 8. 陶甕 9. 陶甕 10. 高領罐 11. 陶豆 12. 筒瓦 13. 板瓦 ②層：1. 簡牘 2. 簡牘 3. 簡牘 4. 簡牘 5. 簡牘 6. 銅錢 7. 簡牘 8. 簡牘 9. 簡牘 10. 簡牘 11. 木器蓋 12. 簡牘 13. 簡牘 14. 簡牘 15. 陶紡輪 16. 鐵鉆頭 17. 簡牘 18. 漆盂 19. 簡牘 20. 簡牘 21. 陶盆 22. 青瓷鉢 23. 簡牘 24. 青瓷碗 25. 簡牘 26. 漆耳杯 27. 板瓦 28. 簡牘 29. 簡牘 30. 青瓷鉢 31. 青瓷鉢 32. 青瓷鉢 33. 硬陶罐 34. 球腹罐 35. 擂鉢 36. 擂鉢 37~39. 木構件 40. 耳杯 ③層：1. 陶雙耳罐 2. 簡牘 3. 簡牘 4. 硬陶罐 5. 青瓷四系罐 6. 硬陶罐 7. 簡牘 8. 木箭 9. 青瓷四系罐 10. 硬陶罐 11. 鐵刀 12. 硬陶罐 13. 硬陶罐 14. 硬陶罐 15. 青瓷四系罐 16. 硬陶罐 17. 硬陶罐 18. 硬陶罐 19. 青瓷鉢 20. 青瓷鉢 21. 陶盆 22. 陶盆 23. 硬陶罐 24. 青瓷四系罐	出土 174 枚簡牘，其中 134 枚爲有字簡，另 40 枚爲無字簡
J531	圓形土坑豎穴井	東漢晚期至東吴早中期	1. 折肩罐 2. 硬陶雙耳罐 3. 簡牘 4. 圜底罐 5. 器蓋 6. 折肩罐 7. 鐵環首刀 8. 鐵環首刀 9. 器蓋 10. 硬陶罐 11. 硬陶罐 12. 硬陶雙耳壺 13. 硬陶釜 14. 鐵環首刀 15. 砺石 16. 硬陶罐 17. 硬陶罐 18. 硬陶罐 19. 硬陶罐 20. 硬陶罐 21. 硬陶罐 22. 硬陶罐 23. 硬陶罐 24. 硬陶罐 25. 硬陶罐 26. 陶盒 27~28. 硬陶釜 29~30. 硬陶雙沿罐 31. 器蓋 32. 硬陶大口罐 33. 青瓷鉢 34. 圜底罐 35. 筒瓦	出土 32 枚簡牘，其中 17 枚爲有字簡，另 15 枚爲無字簡
J575	圓形土坑豎穴井	東漢中晚期至東吴早中期	1. 青瓷四系盤口壺 2. 青瓷大口罐 3. 青瓷大口罐 4. 陶井圈 5. 硬陶雙沿罐 6. 抹泥板 7. 硬陶罐 8. 硬陶罐 9. 硬陶雙耳罐 10. 硬陶雙耳罐 11. 硬陶罐 12. 硬陶罐 13. 硬陶罐 14. 硬陶罐 15. 陶井圈 16. 圜底罐 17. 硬陶雙耳壺 18. 硬陶罐 19. 青瓷小口罐 20. 陶甕 21. 木方塊	出土 3 枚簡牘，均爲有字簡

附表二

尚德街東漢簡牘統計表

整理號	出土編號	形制	保存現狀	尺寸（cm）	文字情況	備注
001	2011CSCJ359: 1	木牘	殘損	長 12.9，寬 1.2，厚 0.4	無字	
002	2011CSCJ359: 2	木牘	殘損	長 8.7，寬 2.3，厚 0.3	一面有字	
003	2011CSCJ359: 3	木牘	殘損	長 6.5，寬 1.4，厚 0.3	無字	
004	2011CSCJ436 ①：15–1	木牘	殘損	長 24.3，寬 4，厚 0.55	無字	
005	2011CSCJ436 ①：15–2	木牘	殘損	長 24.1，寬 2.1，厚 0.35	無字	
006	2011CSCJ436 ①：15–3	木牘	殘損	長 25.2，寬 2.3，厚 0.4	一面有字	
007	2011CSCJ436 ①：15–4	木牘	殘損	長 21.8，寬 1.1，厚 0.6	無字	
008	2011CSCJ436 ①：15–5	木牘	殘損	長 18.6，寬 2.2，厚 0.3	無字	
009	2011CSCJ436 ①：15–6	木牘	殘損	長 22.5，寬 1.1，厚 0.6	無字	
010	2011CSCJ436 ①：15–7	木牘	殘損	長 20.7，寬 1.95，厚 0.4	無字	
011	2011CSCJ436 ①：15–8	木牘	殘損	長 21.7，寬 1.3，厚 0.6	無字	
012	2011CSCJ436 ①：15–9	木牘	開裂	長 16.5，寬 2.1，厚 0.4	無字	
013	2011CSCJ436 ①：15–10	木牘	完整	長 25.6，寬 8.2，厚 0.6	無字	
014	2011CSCJ436 ①：15–11	木牘	殘損	長 16.2，寬 1.35，厚 0.5	無字	
015	2011CSCJ436 ①：15–12	木牘	殘損	長 10.7，寬 1，厚 0.2	一面有字	
016	2011CSCJ436 ①：15–13	木牘	殘損	長 8.9，寬 1.3，厚 0.6	無字	
017	2011CSCJ436 ①：15–14	木牘	殘損	長 9，寬 0.7，厚 0.1	無字	
018	2011CSCJ436 ①：15–19	木牘	殘損	長 8.45，寬 1.2，厚 0.2	無字	
019	2011CSCJ436 ①：26–1	木牘	殘損	長 23.1，寬 6.7，厚 0.35	一面有字迹	

续表

整理號	出土編號	形制	保存現狀	尺寸（cm）	文字情況	備注
020	2011CSCJ436 ①：26–2	木牘	開裂	長 24.3，寬 5.8，厚 0.5	两面有字	
021	2011CSCJ436 ①：26–3	木牘	殘損	長 11.5，寬 3.9，厚 0.6	無字	
022	2011CSCJ436 ①：26–4	木牘	殘損	長 23，寬 2.3，厚 0.4	無字	
023	2011CSCJ436 ①：30–1	木牘	殘損	長 14.2，寬 2.6，厚 0.6	無字	
024	2011CSCJ436 ①：30–2	木牘	殘損	長 24，寬 1.8，厚 0.4	一面有字，一面有字迹	
025	2011CSCJ436 ①：30–3	木牘	殘損	長 11.3，寬 4.3，厚 0.6	無字	
026	2011CSCJ437: 1–1	木牘	殘損	長 23.9，寬 4.1，厚 0.3	两面有字	
027	2011CSCJ437: 1–2	木牘	殘損	長 20.5，寬 3.9，厚 0.4	两面有字	
028	2011CSCJ437: 1–3	木牘	殘損	長 16.2，寬 3.6，厚 0.2	两面有字	
029	2011CSCJ446: 2	木牘	殘損	長 12.2，寬 1.5，厚 0.2	無字	
030	2011CSCJ446: 4–1	木牘	殘損	長 23.6，寬 1.1，厚 0.5	無字	
031	2011CSCJ446: 4–2	木牘	殘損	長 15，寬 0.8，厚 0.4	無字	
032	2011CSCJ446: 4–3	木牘	殘損	長 17，寬 0.9，厚 0.6	無字	
033	2011CSCJ446: 4–4	木牘	殘損	長 16，寬 1.35，厚 0.35	無字	
034	2011CSCJ446: 4–5	木牘	殘損	長 17.2，寬 1.1，厚 0.35	無字	
035	2011CSCJ446: 4–6	木牘	殘損	長 10.5，寬 1，厚 0.6	無字	
036	2011CSCJ446: 4–7	木牘	殘損	長 14.2，寬 1.8，厚 0.4	無字	
037	2011CSCJ446: 4–8	木牘	殘損	長 15.2，寬 2.5，厚 0.3	一面有字	
038	2011CSCJ446: 4–9	木牘	殘損	長 16.1，寬 2.9，厚 0.25	一面有字	
039	2011CSCJ446: 4–10	木牘	殘損	長 13.2，寬 0.8，厚 0.2	一面有字	

续表

整理號	出土編號	形制	保存現狀	尺寸（cm）	文字情況	備注
040	2011CSCJ446: 4–11	木牘	殘損	長 13.9，寬 1.7，厚 0.2	一面有字	
041	2011CSCJ446: 4–12	木牘	殘損	長 13.1，寬 1.25，厚 0.15	一面有字	
042	2011CSCJ446: 4–13	木牘	殘損	長 10.7，寬 1.1，厚 0.15	一面有字	
043	2011CSCJ446: 4–14	木牘	殘損	長 13.2，寬 4.4，厚 0.6	無字	
044	2011CSCJ453: 6–1	木牘	殘損	長 15.5，寬 7.4，厚 0.9	無字	
045	2011CSCJ453: 6–2	木牘	殘損	長 16.5，寬 4.75，厚 0.8	一面有字	
046	2011CSCJ465: 2	木牘	殘損	長 24，寬 1.35，厚 0.2	一面有字	
047	2011CSCJ465: 10	木牘	完整	長 23.7，寬 3.7，厚 0.5	無字	
048	2011CSCJ475: 1	木牘	完整	長 20.6，寬 4.4，厚 0.4	無字	該井未整理
049	2011CSCJ531: 3–1	簽牌	殘損	長 12.7，寬 4.3，厚 0.5	一面有字	
050	2011CSCJ531: 3–2	木牘	殘損	長 10.8，寬 2.8，厚 0.3	两面有字	
051	2011CSCJ531: 3–3	木牘	殘損	長 8.1，寬 3.2，厚 0.4	無字	
052	2011CSCJ531: 3–4	木牘	殘損	長 14.6，寬 1.9，厚 0.4	两面有字	
053	2011CSCJ531: 3–5	木牘	殘損	長 15.1，寬 2.4，厚 0.4	两面有字	
054	2011CSCJ531: 3–6	木牘	殘損	長 20.7，寬 1.9，厚 0.2	無字	
055	2011CSCJ531: 3–7	木牘	殘損	長 13.5，寬 2.4，厚 0.4	两面有字	
056	2011CSCJ531: 3–8	木牘	殘損	長 8.1，寬 1.9，厚 0.2	無字	
057	2011CSCJ531: 3–9	木牘	殘損	長 10，寬 0.7，厚 0.3	两面有字迹	
058	2011CSCJ531: 3–10	簽牌	完整	長 10，寬 1.2，厚 0.4	無字	
059	2011CSCJ531: 3–11	木牘	殘損	長 13.5，寬 2.8，厚 0.3	两面有字迹	

续表

整理號	出土編號	形制	保存現狀	尺寸（cm）	文字情況	備注
060	2011CSCJ531: 3-12	木牘	殘損	長 10.3，寬 2.8，厚 0.3	两面有字	
061	2011CSCJ531: 3-13	木牘	殘損	長 14.4，寬 2.2，厚 0.3	無字	
062	2011CSCJ531: 3-14	木牘	殘損	長 7.9，寬 1.8，厚 0.2	無字	
063	2011CSCJ531: 3-15	木牘	殘損	長 10.1，寬 1.2，厚 0.3	两面有字	
064	2011CSCJ531: 3-16	鏟形器	殘損	長 5.2，寬 2，厚 0.3	無字	不屬簡牘
065	2011CSCJ531: 3-17	木牘	殘損	長 11.7，寬 2.3，厚 0.15	無字	
066	2011CSCJ531: 3-18	木牘	殘損	長 7，寬 1.6，厚 0.4	無字	
067	2011CSCJ531: 3-19	木牘	殘損	長 23.7，寬 2.1，厚 0.4	一面有字迹	
068	2011CSCJ531: 3-20	木牘	殘損	長 26.6，寬 2，厚 0.6	一面有字	
069	2011CSCJ531: 3-21	木牘	殘損	長 29.9，寬 2.15，厚 0.5	一面有字	
070	2011CSCJ531: 3-22	竹簡	殘損	長 16.4，寬 2.6，厚 0.1	两面有字	
071	2011CSCJ531: 3-23	木牘	殘損	長 16，1.75 寬，厚 0.4	無字	
072	2011CSCJ531: 3-24	木牘	殘損	長 22.1，寬 1.8，厚 0.5	無字	
073	2011CSCJ531: 3-25	木牘	殘損	長 12.3，寬 0.8，厚 0.2	一面有字，一面有字迹	
074	2011CSCJ531: 3-26	木牘	殘損	長 20.3，寬 2.6，厚 0.3	一面有字	
075	2011CSCJ531: 3-27	木牘	殘損	長 17.1，寬 1.4，厚 0.4	两面有字迹	
076	2011CSCJ531: 3-28	木牘	殘損	長 9.5，寬 0.9，厚 0.4	無字	
077	2011CSCJ531: 3-29	木牘	殘損	長 7.5，寬 2.5，厚 0.2	無字	
078	2011CSCJ531: 3-30	木牘	殘損	長 16.5，寬 1.9，厚 0.4	無字	
079	2011CSCJ531: 3-31	木牘	殘損	長 7.8，寬 4.2，厚 0.4	無字	

续表

整理號	出土編號	形制	保存現狀	尺寸（cm）	文字情況	備注
080	2011CSCJ543: 1–1	木牘	殘損	長 17.2，寬 1.2，厚 0.4	無字	該井未整理
081	2011CSCJ543: 1–2	木牘	殘損	長 13.7，寬 4.4，厚 0.15	無字	該井未整理
082	2011CSCJ543: 1–3	木牘	殘損	長 8.3，寬 3.4，厚 0.5	無字	該井未整理
083	2011CSCJ446: 4–15	木牘	殘損	長 12，寬 1.9，厚 0.9	無字	
084	2011CSCJ482 ②：1–1	木牘	開裂	長 24，寬 7，厚 0.7	两面有字	
085	2011CSCJ482 ②：1–2	木牘	殘損	長 23.5，寬 4.5，厚 0.85	一面有字	
086	2011CSCJ482 ②：2–1	木牘	殘損	長 24.5，寬 4.3，厚 0.45	两面有字	
087	2011CSCJ482 ②：2–2	木牘	殘損	長 14.3，寬 4.5，厚 0.5	一面有字	
088	2011CSCJ482 ②：2–3	木牘	殘損	長 24.3，寬 2.7，厚 0.5	两面有字	
089	2011CSCJ482 ②:2–4	木牘	殘損	長 6.3，寬 3.45，厚 0.45	一面有字	
090	2011CSCJ482 ②:2–5	木牘	開裂	長 24.6，寬 3，厚 0.55	一面有字	
091	2011CSCJ482 ②：2–6	木牘	殘損	長 25.85，寬 3.1，厚 0.55	一面有字	
092	2011CSCJ482 ②：2–7	削衣片	殘損	長 11.1，寬 2.5，厚 0.2	一面有字	
093	2011CSCJ482 ②：2–8	木牘	殘損	長 5.6，寬 2.3，厚 0.5	一面有字	
094	2011CSCJ482 ②：2–9	木牘	開裂	長 25.3，寬 5.1，厚 0.25	無字	
095	2011CSCJ482 ②：3–1	木牘	殘損	長 8.8，寬 0.8，厚 0.45	一面有字，一面有字迹	
096	2011CSCJ482 ②：3–2	木牘	殘損	長 11.6，寬 1.7，厚 0.2	無字	
097	2011CSCJ482 ②：4–1	木牘	殘損	長 4.7，寬 1.45，厚 0.5	一面有字	
098	2011CSCJ482 ②：4–2	木牘	殘損	長 24.3，寬 0.8，厚 0.55	两面有字	
099	2011CSCJ482 ②：4–3	木牘	殘損	長 9.7，寬 0.65，厚 0.6	一面有字	

续表

整理號	出土編號	形制	保存現狀	尺寸（cm）	文字情況	備注
100	2011CSCJ482 ②:4–4	木牘	殘損	長 16，寬 0.65，厚 0.6	一面有字迹	
101	2011CSCJ482 ②:7–1	木牘	殘損	長 20.6，寬 8.9，厚 0.75	两面有字	
102	2011CSCJ482 ②:7–2	封檢	殘損	長 17.2，寬 7，厚 2.85	無字	
103	2011CSCJ482 ②:7–3	木牘	殘損	長 10.7，寬 7.4，厚 0.5	两面有字	
104	2011CSCJ482 ②：7–4	木牘	殘損	長 16.5，寬 2，厚 0.6	一面有字	
105	2011CSCJ482 ②：7–5	木牘	殘損	長 23.2，寬 0.6，厚 0.5	两面有字迹	
106	2011CSCJ482 ②：7–6	木牘	殘損	長 5.6，寬 2.2，厚 0.3	一面有字	
107	2011CSCJ482 ②：7–7	木牘	殘損	長 5.5，寬 2.15，厚 0.3	一面有字	
108	2011CSCJ482 ②：7–8	木牘	殘損	長 5.8，寬 1.4，厚 0.3	一面有字	
109	2011CSCJ482 ②：7–9	木牘	殘損	長 10.1，寬 1.8，厚 0.25	無字	
110	2011CSCJ482 ②：8–1	木牘	殘損	長 20.8，寬 3.8，厚 0.6	一面有字	
111	2011CSCJ482 ②：8–2	木牘	殘損	長 23.7，寬 3.1，厚 0.6	一面有字	
112	2011CSCJ482 ②：8–3	木牘	完整	長 24.15，寬 4.1，厚 0.7	一面有字	
113	2011CSCJ482 ②：8–4	木牘	殘損	長 24.1，寬 3.5，厚 0.7	两面有字	
114	2011CSCJ482 ②：8–5	木牘	殘損	長 23.4，寬 3.2，厚 0.6	两面有字	
115	2011CSCJ482 ②：8–6	木牘	殘損	長 12.7，寬 3.3，厚 0.4	两面有字	
116	2011CSCJ482 ②：8–7	木牘	殘損	長 12.2，寬 2.1，厚 0.5	一面有字、一面有字迹	
117	2011CSCJ482 ②：8–8	木牘	殘損	長 11，寬 2.2，厚 0.25	一面有字	
118	2011CSCJ482 ②：8–9	木牘	殘損	長 17，寬 1.8，厚 0.2	一面有字	
119	2011CSCJ482 ②：8–10	木牘	殘損	長 10.7，寬 1.6，厚 0.6	一面有字	

续表

整理號	出土編號	形制	保存現狀	尺寸（cm）	文字情况	備注
120	2011CSCJ482②：8–11	木牘	殘損	長 8.3，寬 1.9，厚 0.05	一面有字	
121	2011CSCJ482②：8–12	木牘	殘損	長 5.5，寬 1.75，厚 0.35	一面有字迹	
122	2011CSCJ482②：8–13	封檢	殘損	長 6.9，寬 5.4，厚 1.8	無字	
123	2011CSCJ482②：8–14	封檢	殘損	長 8.3，寬 3，厚 1.15	無字	
124	2011CSCJ482②：8–15	封檢	殘損	長 7.2，寬 3.4，厚 1.3	無字	
125	2011CSCJ482②：8–16	木牘	殘損	長 18.3，寬 1.4，厚 0.35	無字	
126	2011CSCJ482②：9	木牘	完整	長 23.5，寬 4.1，厚 0.4	一面有字	
127	2011CSCJ482②：10–1	木牘	殘損	長 8.1，寬 3.5，厚 0.4	兩面有字	
128	2011CSCJ482②：10–2	木牘	殘損	長 17.5，寬 0.8，厚 0.3	兩面有字	
129	2011CSCJ482②：10–3	木牘	殘損	長 8.6，寬 1，厚 0.2	一面有字	
130	2011CSCJ482②：10–4	木牘	殘損	長 15.7，寬 2.1，厚 0.3	兩面有字迹	
131	2011CSCJ482②：10–5	木牘	殘損	長 21.8，寬 1.45，厚 0.3	一面有字，一面有字迹	
132	2011CSCJ482②：10–6	木牘	殘損	長 19，寬 0.9，厚 0.3	兩面有字迹	
133	2011CSCJ482②：10–7	木板	殘損	長 9.7，寬 5.7，厚 0.8	無字	不屬簡牘
134	2011CSCJ482②：10–8	木牘	殘損	長 23.65，寬 2.9，厚 0.7	兩面有字	
135	2011CSCJ482②：10–9	木牘	殘損	長 8.5，寬 1.6，厚 0.5	無字	
136	2011CSCJ482②：10–10	木牘	殘損	長 9.9，寬 1.2，厚 0.3	一面有字迹	
137	2011CSCJ482②：10–11	木牘	殘損	長 15.1，寬 1.8，厚 0.6	一面有字	
138	2011CSCJ482②：12–1	木牘	殘損	長 5.8，寬 3.4，厚 0.3	兩面有字	
139	2011CSCJ482②：12–2	木牘	殘損	長 23，寬 4.4，厚 0.2	兩面有字	

续表

整理號	出土編號	形制	保存現狀	尺寸（cm）	文字情况	備注
140	2011CSCJ482②:13–1	木牘	殘損	長 21.7，寬 2.6，厚 0.2	一面有字	
141	2011CSCJ482②:13–2	木牘	殘損	長 23.4，寬 4，厚 0.3	两面有字	
142	2011CSCJ482②:13–3	木牘	殘損	長 20.5，寬 2.7，厚 0.3	一面有字	
143	2011CSCJ482②:13–4	木牘	殘損	長 13，寬 0.7，厚 0.25	两面有字迹	
144	2011CSCJ482②:13–5	木牘	殘損	長 8.8，寬 0.65，厚 0.65	两面有字迹	
145	2011CSCJ482②:13–6	木牘	殘損	長 13.5，寬 0.9，厚 0.4	两面有字迹	
146	2011CSCJ482②:13–7	木牘	殘損	長 13，寬 0.35，厚 0.4	两面有字迹	
147	2011CSCJ482②:13–8	木牘	殘損	長 7.6，寬 2.6，厚 0.1	一面有字	
148	2011CSCJ482②:13–9	木牘	殘損		無字	共有 4 枚殘片
149	2011CSCJ482②:13–10	木牘	殘損	長 9.3，寬 1.7，厚 0.4	無字	
150	2011CSCJ482②:14–1	木牘	殘損	長 8.6，寬 1.9，厚 0.5	两面有字迹	
151	2011CSCJ482②:14–2	木牘	完整	長 7.7，寬 1.1，厚 0.35	無字	
152	2011CSCJ482②：17–1	封檢	完整	長 17.2，寬 4.5，厚 0.7	一面有字	
153	2011CSCJ482②:17–2	木牘	殘損	長 4.8，寬 2，厚 0.3	两面有字	
154	2011CSCJ482②:17–3	木牘	殘損	長 15.25，寬 3.3，厚 0.6	两面有字	
155	2011CSCJ482②:17–4	木牘	殘損	長 13.9，寬 1.4，厚 0.4	一面有字，一面有字迹	
156	2011CSCJ482②：17–5	木牘	殘損	長 9.7，寬 2.2，厚 0.4	两面有字	
157	2011CSCJ482②:17–6	木牘	殘損	長 9.7，寬 1.8，厚 0.3	無字	
158	2011CSCJ482②:17–7	木牘	殘損	長 17，寬 1.75，厚 0.35	無字	
159	2011CSCJ482②:17–8	木牘	殘損	長 17.3，寬 3，厚 0.3	無字	

续表

整理號	出土編號	形制	保存現狀	尺寸（cm）	文字情況	備注
160	2011CSCJ482②:19–1	木牘	殘損	長 9.85，寬 2.5，厚 0.3	一面有字	
161	2011CSCJ482②:19–2	木牘	殘損	長 21.4，寬 2.8，厚 0.4	两面有字迹	
162	2011CSCJ482②:19–3	封檢	殘損	長 6.3，寬 2.85，厚 1.2	一面有字	
163	2011CSCJ482②:19–4	木牘	殘損	長 9.6，寬 2.6，厚 0.2	两面有字	
164	2011CSCJ482②:19–5	木牘	殘損	長 7.6，寬 1，厚 0.2	一面有字，一面有字迹	
165	2011CSCJ482②:19–6	木牘	殘損	長 14，寬 0.85，厚 0.25	無字	
166	2011CSCJ482②:19–7	木牘	殘損	長 5.7，寬 1.4，厚 0.3	两面有字	
167	2011CSCJ482②:19–8	木牘	殘損	長 8.3，寬 1.8，厚 0.4	無字	
168	2011CSCJ482②:19–9	木牘	殘損	長 8.3，寬 0.85，厚 0.35	無字	
169	2011CSCJ482②:19–10	木牘	殘損	長 16.25，寬 0.7，厚 0.35	無字	
170	2011CSCJ482②:19–11	削衣片	殘損	長 9.4，寬 1.95，厚 0.1	一面有字	
171	2011CSCJ482②:19–12	削衣片	殘損	長 5.7，寬 2.2，厚 0.05	一面有字	
172	2011CSCJ482②:19–13	木牘	殘損	長 9.1，寬 1.1，厚 0.55	無字	
173	2011CSCJ482②:19–14	削衣片	殘損	長 4.7，寬 1.9，厚 0.05	一面有字，一面有字迹	
174	2011CSCJ482②:19–15	削衣片	殘損	長 4.75，寬 1.7，厚 0.15	一面有字	
175	2011CSCJ482②:19–16	削衣片	殘損	長 5.3，寬 1.95，厚 0.1	两面有字	
176	2011CSCJ482②:19–17	削衣片	殘損	長 7，寬 2.1，厚 0.01	一面有字	
177	2011CSCJ482②:19–18	木牘	殘損	長 9.9，寬 0.5，厚 0.25	無字	
178	2011CSCJ482②:19–19	木牘	殘損	長 7.3，寬 0.75，厚 0.3	無字	
179	2011CSCJ482②:20–1	木牘	殘損	長 22.2，寬 3.45，厚 0.4	两面有字	

续表

整理號	出土編號	形制	保存現狀	尺寸（cm）	文字情況	備注
180	2011CSCJ482②：20–2	木牘	殘損	長 8.9，寬 0.9，厚 0.2	無字	
181	2011CSCJ482②：20–3	木牘	殘損	長 25.2，寬 4，厚 0.6	一面有字	
182	2011CSCJ482②：20–4	木牘	殘損	長 14.5，寬 3.3，厚 0.3	一面有字	
183	2011CSCJ482②：20–5	木牘	殘損	長 13.3，寬 2.5，厚 0.2	两面有字	
184	2011CSCJ482②：20–6	削衣片	殘損	長 8.9，寬 3.1，厚 0.1	一面有字	
185	2011CSCJ482②：20–7	削衣片	殘損		一面有字迹	共有 4 枚殘片
186	2011CSCJ482②：20–8	木牘	殘損	長 7，寬 0.8，厚 0.2	两面有字迹	
187	2011CSCJ482②：20–9	木牘	殘損	長 6，寬 1，厚 0.3	一面有字	
188	2011CSCJ482②：20–10	木牘	殘損	長 3.3，寬 2.3，厚 0.3	一面有字迹	
189	2011CSCJ482②：20–11	木牘	殘損	長 8.9，寬 1.1，厚 0.3	無字	
190	2011CSCJ482②：20–12	木牘	殘損	長 10.4，寬 2.15，厚 0.4	無字	
191	2011CSCJ482②：20–13	木牘	殘損	長 14.5，寬 1.5，厚 0.4	無字	
192	2011CSCJ482②：20–14	木牘	殘損	長 18.4，寬 1.05，厚 0.3	無字	
193	2011CSCJ482②：20–15	木牘	殘損	長 1.5，寬 2.4，厚 0.25	两面有字	
194	2011CSCJ482②：20–16	木牘	殘損	長 15.4，寬 2.15，厚 0.5	無字	
195	2011CSCJ482②：20–17	木牘	殘損	長 17.4，寬 0.85，厚 0.25	無字	
196	2011CSCJ482②：23–1	木牘	殘損	長 6.1，寬 1.5，厚 0.3	两面有字	
197	2011CSCJ482②：23–2	封檢	殘損	長 8.4，寬 4，厚 1.4	無字	
198	2011CSCJ482②：23–3	木牘	殘損	長 23.5，寬 3.5，厚 0.6	两面有字	
199	2011CSCJ482②：23–4	木牘	殘損	長 23.4，寬 1.3，厚 0.3	两面有字	

续表

整理號	出土編號	形制	保存現狀	尺寸（cm）	文字情況	備注
200	2011CSCJ482②:23-5	木牘	殘損	長 19.7，寬 1.55，厚 0.2	兩面有字	
201	2011CSCJ482②:23-6	木牘	殘損	長 23.9，寬 1.5，厚 0.3	一面有字，一面有字迹	
202	2011CSCJ482②:23-7	木牘	殘損	長 15.6，寬 1.1，厚 0.3	兩面有字迹	
203	2011CSCJ482②:23-8	木牘	殘損	長 23.6，寬 1.1，厚 0.4	兩面有字	
204	2011CSCJ482②:23-9	木牘	殘損	長 8.7，寬 2.6，厚 0.2	一面有字	
205	2011CSCJ482②:23-10	木牘	殘損	長 9.8，寬 2.6，厚 0.3	一面有字	
206	2011CSCJ482②:23-11	木牘	殘損	長 6.1，寬 2.5，厚 0.3	兩面有字迹	
207	2011CSCJ482②:23-12	木牘	殘損	長 9.3，寬 1.3，厚 0.25	兩面有字	
208	2011CSCJ482②:23-13	木牘	殘損	長 5.4，寬 2.2，厚 0.3	兩面有字	
209	2011CSCJ482②:23-14	木牘	殘損	長 5.2，寬 0.8，厚 0.3	一面有字迹	
210	2011CSCJ482②:23-15	封檢	殘損	長 17.4，寬 2.8，厚 1	無字	
211	2011CSCJ482②:25-1	木牘	殘損	長 14.5，寬 1.9，厚 0.4	兩面有字	
212	2011CSCJ482②:25-2	木牘	殘損	長 10.5，寬 2.6，厚 0.15	兩面有字	
213	2011CSCJ482②:25-3	木牘	殘損	長 23.3，寬 1.5，厚 0.4	兩面有字	
214	2011CSCJ482②:25-4	削衣片	殘損	長 7.5，寬 2，厚 0.1	一面有字	
215	2011CSCJ482②:25-5	木牘	殘損	長 14.2，寬 0.9，厚 0.3	兩面有字迹	
216	2011CSCJ482②:25-6	削衣片	殘損	長 4，寬 1.6，厚 0.05	一面有字	
217	2011CSCJ482②:25-7	木牘	殘損	長 21.6，寬 1，厚 0.4	無字	
218	2011CSCJ482②:25-8	木牘	殘損	長 3.8，寬 1.6，厚 0.05	無字	
219	2011CSCJ482②:25-9	木牘	殘損	長 8.6，寬 0.95，厚 0.45	一面有字	

续表

整理號	出土編號	形制	保存現狀	尺寸（cm）	文字情況	備注
220	2011CSCJ482 ②：25–10	木牘	殘損	長 14.7，寬 0.6，厚 0.5	無字	
221	2011CSCJ482 ②：28–1	木牘	開裂	長 23.7，寬 2.7，厚 0.7	無字	
222	2011CSCJ482 ②：28–2	木牘	殘損	長 23.35，寬 1.2，厚 0.4	两面有字	
223	2011CSCJ482 ②：28–3	木牘	殘損	長 7.2，寬 2.95，厚 0.65	两面有字	
224	2011CSCJ482 ②：28–4	木牘	殘損	長 12.6，寬 0.6，厚 0.4	無字	
225	2011CSCJ482 ②：28–5	削衣片	殘損	長 10.7，寬 2.6，厚 0.1	一面有字	
226	2011CSCJ482 ②：29–1	木牘	殘損	長 23.7，寬 1.2，厚 0.3	两面有字	
227	2011CSCJ482 ②：29–2	木牘	殘損	長 11.1，寬 1.1，厚 0.4	一面有字	
228	2011CSCJ482 ②：29–3	木牘	殘損	長 11.9，寬 2.3，厚 0.2	一面有字	
229	2011CSCJ482 ②：29–4	木牘	殘損	長 14.2，寬 1.9，厚 0.6	一面有字迹	
230	2011CSCJ482 ②：29–5	封檢	殘損	長 7.7，寬 2.2，厚 1.4	無字	
231	2011CSCJ482 ②：29–6	削衣片	殘損	長 7.95，寬 2.3，厚 0.1	一面有字	
232	2011CSCJ482 ②：29–7	木牘	殘損	長 7.7，寬 1.9，厚 0.2	一面有字	
233	2011CSCJ482 ③：2–1	木牘	殘損	長 23.55，寬 2.15，厚 0.5	一面有字	
234	2011CSCJ482 ③：2–2	削衣片	殘損	長 8.6，寬 2.2，厚 0.01	一面有字	
235	2011CSCJ482 ③：2–3	木牘	殘損	長 4.1，寬 1，厚 0.3	两面有字迹	
236	2011CSCJ482 ③：2–4	木牘	完整	長 23.75，寬 3.2，厚 0.5	無字	
237	2011CSCJ482 ③：2–5	削衣片	殘損	長 9.7，寬 2.2，厚 0.1	一面有字迹	
238	2011CSCJ482 ③：2–6	木牘	殘損	長 18.9，寬 1.3，厚 0.3	两面有字	
239	2011CSCJ482 ③：2–7	削衣片	殘損	長 11.4，寬 2.2，厚 0.2	一面有字	

续表

整理號	出土編號	形制	保存現狀	尺寸（cm）	文字情况	備注
240	2011CSCJ482③:2-8	木牘	殘損	長 23.2，寬 0.9，厚 0.3	兩面有字迹	
241	2011CSCJ482③:2-9	削衣片	殘損	長 2.3，寬 1.6，厚 0.05	一面有字迹	
242	2011CSCJ482③:2-10	削衣片	殘損	長 1.4，寬 1.7，厚 0.05	一面有字迹	
243	2011CSCJ482③:2-11	削衣片	殘損	長 1.5，寬 2.5，厚 0.05	一面有字迹	
244	2011CSCJ482③:2-12	削衣片	殘損	長 1.4，寬 2.3，厚 0.05	一面有字迹	
245	2011CSCJ482③:2-13	削衣片	殘損	長 1，寬 1.3，厚 0.05	一面有字迹	
246	2011CSCJ482③:2-14	削衣片	殘損	長 1.2，寬 2，厚 0.05	一面有字迹	
247	2011CSCJ482③:2-15	木牘	殘損	長 9.6，寬 0.6，厚 0.2	一面有字，一面有字迹	
248	2011CSCJ482③:2-16	木牘	殘損	長 13.3，寬 0.9，厚 0.3	兩面有字	
249	2011CSCJ482③:2-17	木牘	殘損	長 23.6，寬 0.8，厚 0.3	無字	
250	2011CSCJ482③:3-1	封檢	殘損	長 9.6，寬 3.4，厚 1.6	兩面有字	
251	2011CSCJ482③:3-2	木牘	殘損	長 23.8，寬 3.8，厚 0.4	兩面有字	
252	2011CSCJ482③:3-3	木牘	殘損	長 23.4，寬 3.45，厚 0.3	兩面有字	
253	2011CSCJ482③:3-4	封檢	殘損	長 6.9，寬 3.1，厚 1.8	一面有字	
254	2011CSCJ482③:3-5	木牘	殘損	長 5.8，寬 2，厚 0.1	兩面有字	
255	2011CSCJ482③:3-6	削衣片	殘損	長 13.4，寬 1.1，厚 0.2	兩面有字迹	
256	2011CSCJ482③:3-7	木牘	開裂	長 9.7，寬 1.7，厚 0.2	一面有字	
257	2011CSCJ482③:3-8	削衣片	殘損	長 23.6，寬 3.1，厚 0.4	一面有字	
258	2011CSCJ482③:7	木牘	殘損	長 12，寬 8.2，厚 2.2	無字	
259	2011CSCJ531: 3-33	木牘	殘損	長 24.4，寬 1.5，厚 0.7	一面有字	

续表

整理號	出土編號	形制	保存現狀	尺寸（cm）	文字情況	備注
260	2011CSCJ531: 3–34	木牘	開裂	長 24.1，寬 3.4，厚 0.4	無字	
261	2011CSCJ575: 5–1	木牘	完整	長 12.2，寬 3.6，厚 0.5	一面有字	
262	2011CSCJ575: 5–2	木牘	完整	長 11.6，寬 3.8，厚 0.5	一面有字	
263	2011CSCJ575: 5–3	木牘	殘損	長 11.4，寬 4.2，厚 0.4	两面有字	

注：该統計表中，含2011CSCJ475及2011CSCJ543出土4枚無字簡，整理號分别爲048、080、081、082號，由于均爲無字簡，所以這两口井未整理。另2011CSCJ531：3–16爲鏟形器，整理號爲064號；2011 CSCJ482②：10–7爲木板，整理號爲133號，以上两件均不是簡牘，特此説明。

下編　長沙尚德街出土東漢簡牘及釋文

彩色圖版

015 正面

⧄一二⧄

015 背面

006 正面

□再拜，問起居。下邳食成字孝良。

006 背面

J436

002 正面

⧄布計受……⧄

002 背面

J359

024 正面

□□□□之原也□□寒□□□能

020 正面

講疎，前別，不悉，愴悴有務相念，須道

□□□政阿□悒悒又□□縣周史來

019 正面

⧄

024 背面

⧄

020 背面

送□君内□□□意云用□人車借人用之

□□□云□大丈夫□□書□□故不門□

□□□□□車縣□□□道□□□□

019 背面

J437

027 正面

佰□□□□

當爲奉常祠食金☑

節日月未備不昭如願唯☑

方藥比當□不以書□言□□□☑

取係者愁□□狗甚□☑

026 正面

丹君……夏……

□拜叩頭言

☑等□□典職□□□平善，别不相見。

027 背面

去反得疾脅下一如……

少□自□□數……

别知當□□□□……

026 背面

☑來，乃知，以詣縣，□辭曹甚善少□

無宜給伮□不教相聞，想□其勞不相非，今身衰□

病日加困，功□，不爲知悉，恐不自完，以餘日□列亭

☑爲屬……

038 正面

☒南鄉……

037 正面

三年□陵邑☒

笥□

□

J446

028 正面

永□大□□□☒

038 背面

037 背面

028 背面

☒言叩……王忠言叩

042 正面

☐則□□□□□□☐

041 正面

□白，昨日分送別（？）念☐

040 正面

☐都鄉肆計受臨湘都☐

039 正面

大女一人……

042 背面

041 背面

040 背面

039 背面

049 正面

049 背面

十一年，倉□□入簿。

J531

046 正面

046 背面

□封一等一千六百枚。三月廿六日，□至材用□□大子石□□□□☐

J465

045 正面

045 背面

孤子子白作白書□

貧窶□□

J453

053 正面

河君□武私使在☒

052 正面

□□遂平仲之洫爲座（？）勑主☒

☒

050 正面

八月，故留事成□多以□□□☒

見佐未嘗知行也爰無□□☒

□爰窮小所印不能食□☒

053 背面

☒

☒□内□有□民□□□☒

052 背面

心白……意不衰光（先？）之

050 背面

□□足比數以別☒

□每事得蒙恩它□☒

059 正面

☒

057 正面

☒

055 正面

☒

☒知多事□以。是爲趨迫□志此□

座（？）准爲也迫事理無若□□

☒但反成也□。唯=煢□小□事高再拜

059 背面

☒

057 背面

☒

055 背面

□可□□□以邑座同耳

☒

067 正面

☒

063 正面

☒……司☒

060 正面

☒□又廿人縣且

067 背面

063 背面

☒

☒傳……白☒

060 背面

☒□□□還仍

☒□上不□

070 正面

〼……亥□去

〼

070 背面

〼來□□當在也又有□□

〼

069 背面

069 正面

〼里庀士伍□□□□□□□□子復子士伍官年一

〼大女姜年十八……復

068 正面

□已復。得二千六百

甲□□

068 背面

259 正面

月□日□□□，再拜言。三十八日□書，再拜言。

075 正面

⧄

074 正面

何□仲藏……

073 正面

⧄

259 背面

⧄

075 背面

⧄

074 背面

073 背面

八月廿一日

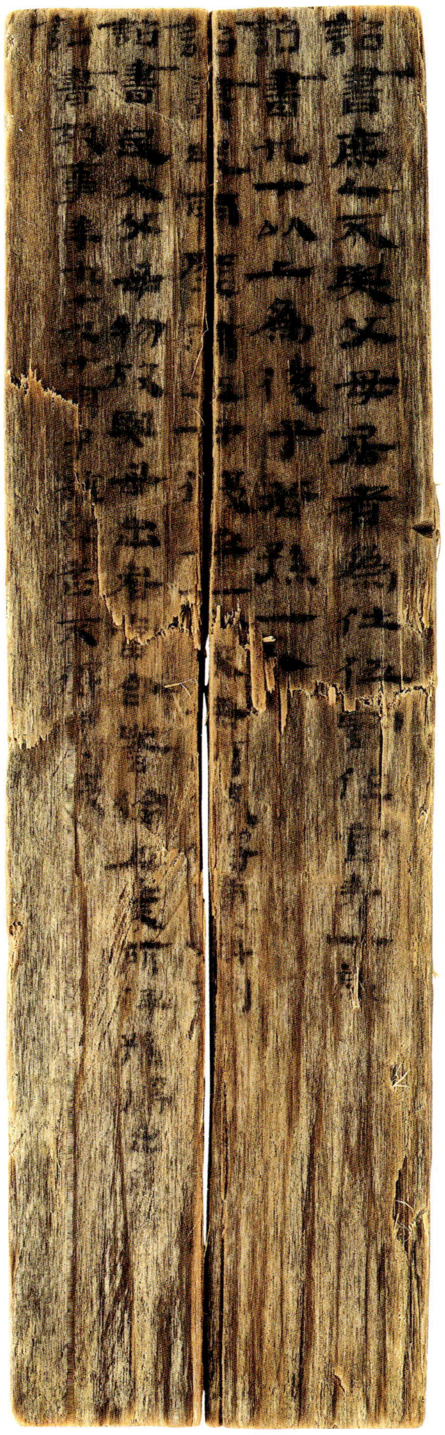

084 正面

詔書：庶人不與父母居者，爲仕伍，罰作官寺一年。

詔書：九十以上，爲復子若孫一人。

詔書：民□産滿五，毋復卒一人，□無所復得□□。

詔書：民大父母物故，與母出居，當合訾□上從（？）所俾孫得（？）出。

詔書：故事年九十，九十有子，雖勉老不得□復。

084 背面

詔書：清河孫昌受父母出人七歲，欲賣不可許和（？）别。

詔書：百户置一正，貧富不得容姦証。

詔書：□得與增□□貲罰（？）被□。

光和四年十一月廿八日，於酃傳作大吉善。

奴妻有子二，爲庶人强禄助者長（？）

女。

212 正面

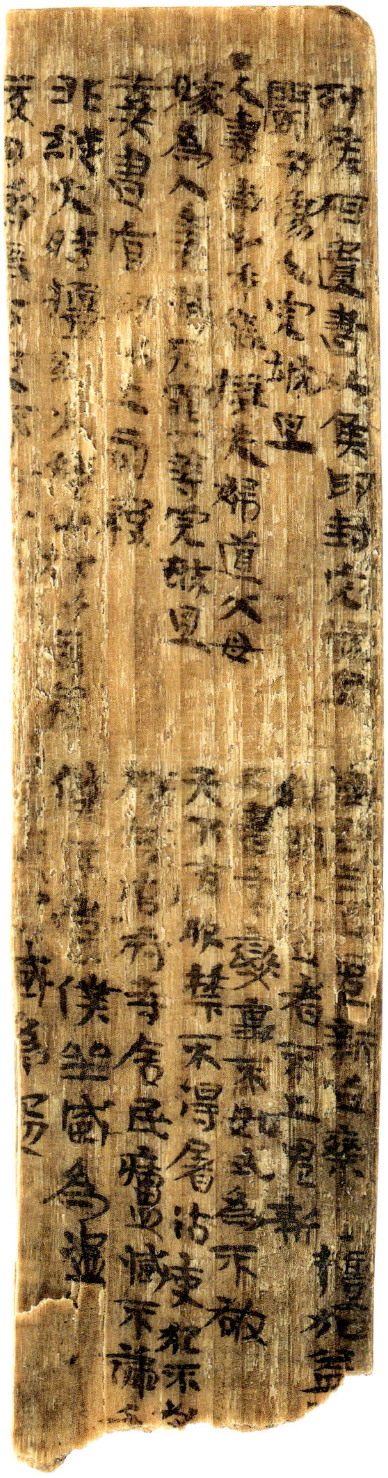

列侯相遺書以侯印封，完城旦。

鬭刃傷人，完城旦。

人妻事□禾□接夫婦道父母。

嫁爲人妻減死罪一等，完城旦。

棄書官印以上，司寇。

非縱火時擅縱火，燒山林□司寇。

□□節□□吏不□□☐

臧錢三百，鬼新、白粲。擅加益☐

□闕上百者不上鬼新。

上書言變事不如式，爲不敬。

天下有服禁不得屠沽，吏犯，不敬☐

□□官府寺舍民廬臧不滿千☐

僕□當僕，坐臧爲盜。

□□坐臧爲盜。

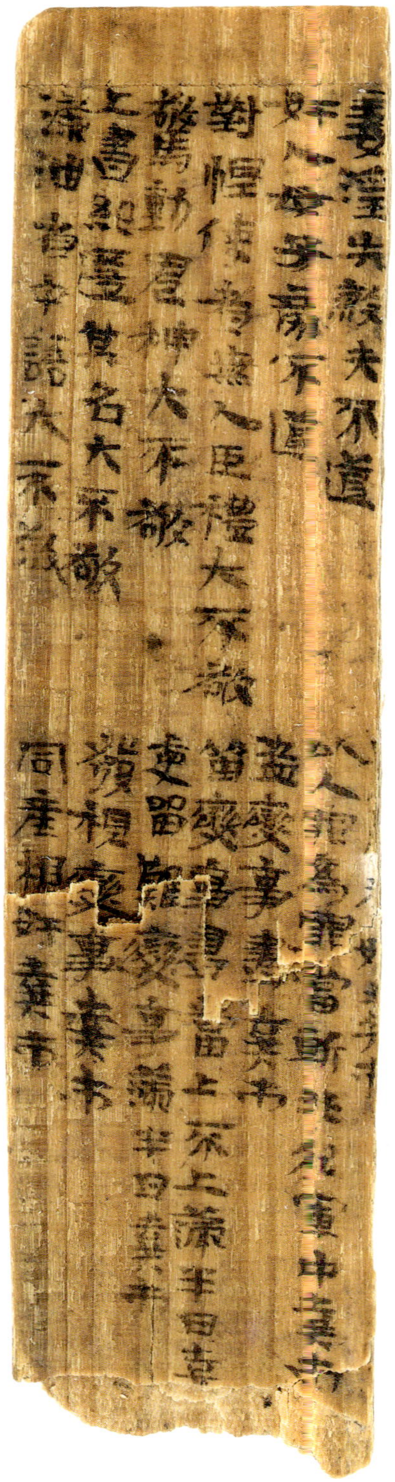

212背面

妻淫失煞夫，不道。

奸人母子旁，不道。

對悍使者無人臣禮，大不敬。

驚動鬼神，大不敬。

上書紀匿其名，大不敬。

漏泄省中語，大不敬。

□□□□□棄市。

以人罪爲罪，當斬。非犯軍中，棄市。

盜變事書，棄市。

留變事書當上不上滿半日，棄☑

吏留難變事滿半日，棄市。

發視變事，棄市。

同產相奸，棄市。

254 背面

受□□□書而亡之，髡鉗。

詐命□所及詐復，免死，髡鉗。

謀盜復，完城旦。

臧四百，完城旦。

254 正面

以賦還臧，畀主。

爲寫皇帝信爾，要斬。

謀反者，要斬。

大逆無道□□□□□□

與伯𠦑父子奸，右止。

發還衛士不得令相冒代，棄市。

傷兄姊，加罪二等。

253 正面

☒封完

☒侯□署

162 正面

宜子孫。

152 正面

烏桓行事以郵行。

熹平二年七月十七日甲子起。

253 背面

162 背面

152 背面

118 正面

☐三尺，深四尺五寸，廣四尺，直錢二千四百，約合二［百］☐
☐錢。曾四他如券書，民有私約，時往者龍☐☐☐

111 正面

☐守監臨湘市掾印。
☐

110 正面

府用轉行
☐主二☐

118 背面

111 背面

110 背面

205 正面

⧄大守令官主

139 正面

傳白：勞冒無勢央=不可悉知，⧄
四角，人知汝無飲酒。

128 正面

⧄老自上爲當時争封□⧄

205 背面

139 背面

人何知汝無飲酒四□？

128 背面

⧄事來考實府君實教⧄

086 正面

出錢卌市卵。
出錢六十市胡梁。
出錢九百市竹。

086 背面

六月九日取（？）錢一千二百。
出錢五十市生魚。

出錢卅市鮀魚三斤。
出錢廿八市鯩四斤。
出錢六十市粟。
出錢十六市粟。

085 正面

上事奏卅五束。　粟八束。
殼奏廿九束。　上事繩未……
□絜五枚。　▨
上事囊二枚。

085 背面

089 正面

☐出錢六十☐

☐錢。出錢卅市☐

088 正面

（出）☐

出錢八市梅子。　出錢廿一市鮀魚。

出錢十市粟。　出錢廿與卒。

087 正面

☐縑錢良糊錢

089 背面

088 背面

取六百。

五月廿五日。　出錢二百五十市肉一百廿六口。

取錢二千一百市臘字□卅斤。

出錢四百市連漢繩錢。

087 背面

098 背面

取錢二千。☐

098 正面

出錢廿市☐☐斤。出錢卅市☐五斤。

091 正面

出錢廿一市☐

……取錢☐☐。出錢☐

091 背面

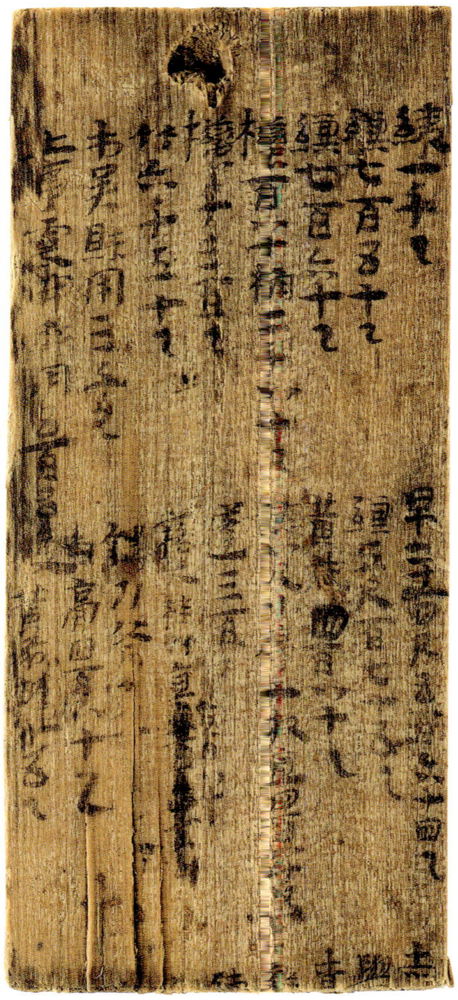

101 正面

續一千乙。
縑七百五十乙。
縑七百六十乙。
欃百八十。楠二千八十乙。
欃千三百乙。
竹六千五十乙。
市吴財用三千乙。
上事囊弗財用五百五錢。

早二丈四尺五百六十四乙。
縑五尺百七十五乙。
黄☐四百八十乙。
德八尺。小席十枚。直四百十五。
蓬三百。
蓆尺、桂、竹直六百八十。
☐、刀、斧，直百五十錢。
白膏四百八十乙。
黄布☐（襦）卅五乙。

赤
與
☒
☒
☒
☒
☒

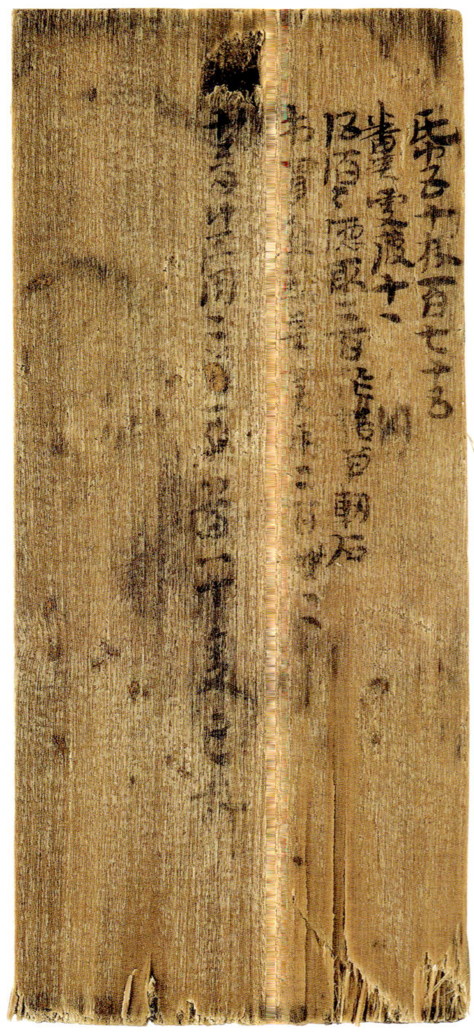

101 背面

昏五十枚，百七十五。
糞處菠十一。
伍佰☐☐取二百作諸筭軔石。
市買魚鮓二千☐筭用二百卌二。
廿六日計所用二萬一千八百八十錢已計。

113 正面

出錢市張文水□□□□直□六百已入錢還

子□市張文水□□□□□八十未雇（？）錢

市張文□事繩□，直錢二百……

☑

113 背面

☑

市縑一匹，直錢八百廿□錢。

六月十九日，市縑一束直錢四千二百□□□錢。

☑

106 正面

出錢□□□

☑

☑

106 背面

105 正面

☑

105 背面

☑

171 正面

……細坭各十五⍁

117 正面

出錢廿五，市生魚。
出錢廿，市□。
一千。　出錢廿四市□。

116 正面

⍁廿二（？）半雇錢□⍁
⍁縑□□錢……

171 背面

117 背面

116 背面

□

231 正面

魚三頭。

228 正面

☐

☐六兩。肉松容六……

☐

198 正面

十二月六日□□蔡……

□□□錢七千一百……

□□□五百……

231 背面

228 背面

198 背面

蔡□□□千六百六十

十二月六日共計……

126 正面

弟子李世再拜。問起居。

安成字□□

112 正面

豫酒具。掾胡盖、嗇夫顔馴、賤子陽桓再拜。利道。

090 正面

☑弟子張郎再拜。問起居。

南郡郎□□

126 背面

112 背面

090 背面

184 正面

漢昌待史王淮再⧄
王□王□

156 正面

弟子臨湘丞陸再拜⧄

155 正面

⧄問起居……
□□

184 背面

156 背面

⧄
弟弟子□陸再拜。問起居。

155 背面

⧄

256 正面

賤子醴陵區□。……起居

232 正面

弟子豫章☑

211 正面

☑詣門下。弟。弟子鄧

□□字□

256 背面

232 背面

211 背面

弟子長沙鄧□再拜。弟子

104 正面

十一月廿四日，翁陵禧報誦師，前☒

103 正面

☒□□等□人然
☒□□誠訪迫有
☒□□□願□

三、私信

181 正面

治百病通，明丸方，用甘草八分，弓窮四分，當歸三分，方□☒
乾地黄三分，黄芡三分，桂二分，前胡三分，五末二分，乾薑
四分，玄參三分，伏令二分。凡十八物，皆治，合和丸以白蜜。

104 背面

103 背面

☒先□□□□□
☒□□白

181 背面

127 正面

⧄去不知行部當來
⧄典皆見在與許部
⧄□足耳大小委情

115 正面

⧄□□□走
⧄乎□女□

114 正面

別後安善，到縣，與五從事夫人相見，告以禧箕。

127 背面

⧄□□□□□二與□
⧄□僕爲□□

115 背面

⧄□爲孝長輩乎⧄
⧄有□如有隱下不得⧄

114 背面

箬、裱、衪寄師，悉在箕中。前月過，何不以相付？今遣黃唐寄下，必以付，
來二小大□冀（？）告區。禧惶恐白。

142 正面

到爲録取買・前已□□□蔡必□當□□☑

師☑

141 正面

□白昨不悉，醉□□□□□□

丸自暘□再拜白

□無適□不采微者耳明

140 正面

傳以白樂者□□□中欣然□□☑

142 背面

141 背面

……時……

……乃復……

140 背面

179 正面

☐虞君□□□不致善文馬絞□□□□
支聞言幸甚
欲數有書□□□禁□也白□□君□□

160 正面

……直□世張☐。
……心之永澤□忍。

154 正面

門生將再拜，朝不□卒☐
☐

179 背面

☐□頃不語言得書知意府君□□
☐甚訴□畢光祚待甚……

160 背面

154 背面

疎往願忍☐
山朱將再拜☐

203 正面

何罪乃不平江（仁？）君捐之去是也何君□□□□之民何四後

201 正面

□頓首言。……

久奉□□□□漢龍頓……

☐

200 正面

☐□□□□□何須暴人□

199 正面

☐京貰在，今恩=不悉，□再拜，材見□

203 背面

□檄書□□□□□□□小□□心□□盡（？）□□□□□

201 背面

……言言……

……旨……

200 背面

☐人易久敢留，陳福白

199 背面

欲

☐再拜□□□言負□□□□□□□□□

226 正面

欲□詣綦毋子遠害郭□會今日別□合□禾

222 正面

□之未平，今其事已諾，□明日□關府□

213 正面

再拜□□□□□書見悉知□□□書□

☑

207 正面

□□□□□☑

226 背面

□兄易不□分其憂，□□□其爲方便如相移急都

222 背面

□知所□，又府卿明問，言素不下其□

213 背面

☑

☑自當別其檢，非特付督郵□勿憂且忍。

207 背面

急乎宋君僕☑

248 正面

☒☐願聞☐☐不得衾☐☒

239 正面

泣涕寫有忘☐然☐☐☒

238 正面

情☐☐用言是伯☐區＝光☒

233 正面

賤子張☐☐徹意

248 背面

☒☐今公☐☐像功造☐☒

239 背面

238 背面

☐☐鄧種化處孝☐天從争四时☒

233 背面

252 正面

沙教君治尚書言□。

公教。　月十六日。

251 正面

昔日少曉念以久也，今宜相還，故□

表意言不□却叩頭再拜。

250 正面

程從事家書。

252 背面

大□□□

251 背面

殷處□省還承告。

□□丘不

復相見，其不常相念及。

250 背面

此君止南　責□□

市門非□　責□

成□君更　責責

□可得▨

182 正面

☐寅丁卯戊辰己巳庚午辛未☐

163 正面

☐☐☐白☐

☐☐☐高高

138 正面

☐屬☐☐

☐數數告告

四、習字

182 背面

大☐☐☐

163 背面

☐日☐☐

☐☐☐

☐☐日日

138 背面

☐遺具

☐都口

095 正面

☑□□

093 正面

☑□□☑

092 正面

☑□□遣□言

五、殘簡

223 正面

另另另
另子子

095 背面

☑

093 背面

092 背面

223 背面

子不

107 正面

起（？）

107 背面

100 正面

⍁

099 正面

臨湘□□□□□□□□□

097 正面

□□□

108 正面

⍁□□⍁

108 背面

100 背面

099 背面

097 背面

131 正面

☑

☑☐☐日☐☐☐☐☐☐☐同産母弟智☐☑

131 背面

☑

130 正面

☑

130 背面

☑

121 正面

☑

121 背面

129 正面

☑七月九日，掾益義中（？）☑

129 背面

119 正面

☑年列長。

119 背面

120 正面

……女……

120 背面

137 正面

……蒙□……

136 正面

☒

134 正面

☒□□□□□□□□□□

132 正面

☒

137 背面

136 背面

134 背面

☒□□遺□☒

132 背面

☒

143 正面
□

144 正面
□

145 正面
□

146 正面
□

143 背面
□

144 背面
□

145 背面
□

146 背面
□

161 正面

☒

153 正面

☒□□☒

……

150 正面

☒

147 正面

☒□□□□

☒□□□

161 背面

☒

153 背面

☒□

150 背面

☒

147 背面

173 正面

☐完☐

173 背面

☐

170 正面

力□天（白？）修长煩☐

166 正面

束……

164 正面

☐并□□☐

174 正面

□云……

174 背面

170 背面

166 背面

軍令功

164 背面

☐

186 正面

☐

185 正面

☐

183 正面

……功……

175 正面

☐第一庭☐

175 背面

☐四☐

186 背面

☐

185 背面

183 背面

……白……

176 正面

☐史位

176 背面

202 正面

☒

196 正面

□也□

196 背面

☒

188 正面

☒

188 背面

187 正面

☒已□

202 背面

☒

193 正面

□☒

□☒

193 背面

□☒

□☒

187 背面

215 正面

☐

215 背面

☐

214 正面

☐消息傾側☐

214 背面

208 正面

余□☐

208 背面

欲……

209 正面

☐

209 背面

204 正面

大叩

☐

204 背面

206 正面

☐

206 背面

☐

227 正面

□郵言字

225 正面

☒□小有□☒

219 正面

府白：□欠□☒

216 正面

知☒

227 背面

225 背面

219 背面

216 背面

237 正面

☒

235 正面

☒□□□☒

234 正面

☒□自別□☒

229 正面

……

237 背面

235 背面

☒二☒

234 背面

229 背面

243 正面

243 背面

⧄

244 正面

244 背面

⧄

241 正面

241 背面

⧄

242 正面

242 背面

⧄

240 背面

⧄

240 正面

⧄

257 正面

☐□□□□□☐

257 背面

255 正面

☐

255 背面

☐

247 正面

入四……

247 背面

☐

245 正面

☐

245 背面

246 正面

☐

246 背面

263 正面

□□建□□□子

……建

□車□□□□□

262 正面

……祟。

勇求當死何。

……急取。

261 正面

汝爲平陽反受

勇五終，字叔度。

其夾當死報。

J575

263 背面

言何……

262 背面

261 背面

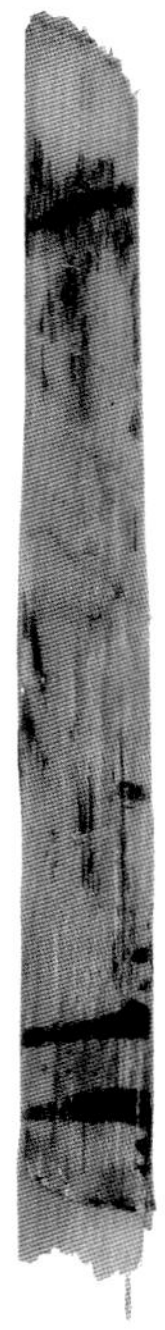

015 正面

☐一二☐

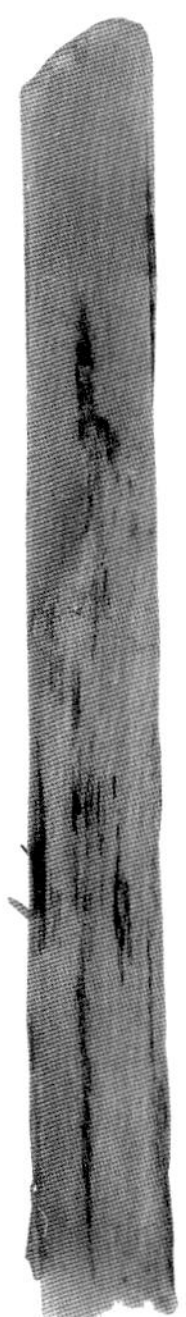

015 背面

006 正面

□再拜，問起居。下邳食成字孝良。

006 背面

J436

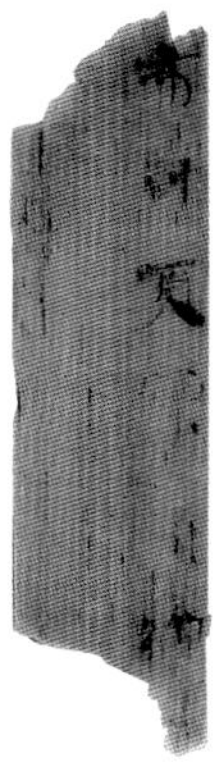

002 正面

☐布計受……☐

002 背面

J359

黑白圖版

024 正面

□□□□之原也□□寒□□□能

020 正面

講疎，前別，不悉，愴悴有務相念，須道
□□□政阿□悒悒又□□縣周史來

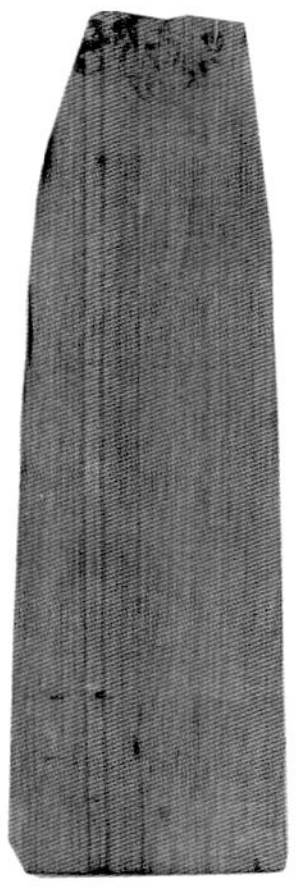

019 正面

〼

024 背面

〼

020 背面

送□君内□□意云用□人車借人用之
□□□云□大丈夫□□書□□故不門□
□□□□□車縣□□□道□□□□

019 背面

027 正面

佑□□□
當爲奉常祠食金☑
節日月未備不昭如願唯☑
方藥比當□不以書□言□□□☑
取係者愁□□狗甚□☑

026 正面

丹君……夏……
□拜叩頭言
☑等□□典職□□□平善，別不相見。

J437

027 背面

去反得疾脅下一如……
少□自□□數……
別知當□□□□……

026 背面

☑來，乃知，以詣縣，□辭曹甚善少□
無宜給伋□不教相聞，想□其勞不相非，今身衰□
病日加困，功□，不爲知悉，恐不自完，以餘日□列亭
☑爲屬……

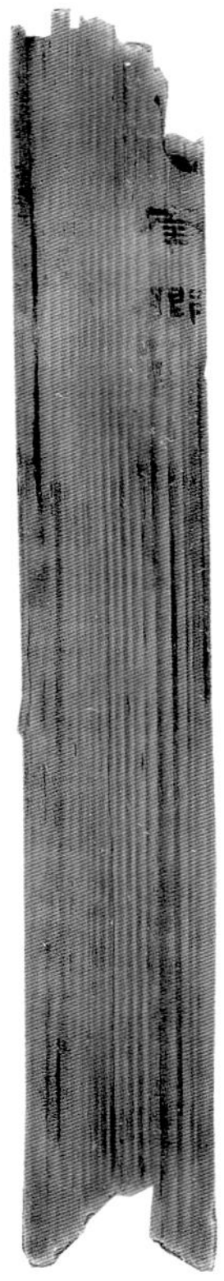

038 正面

☒南鄉……

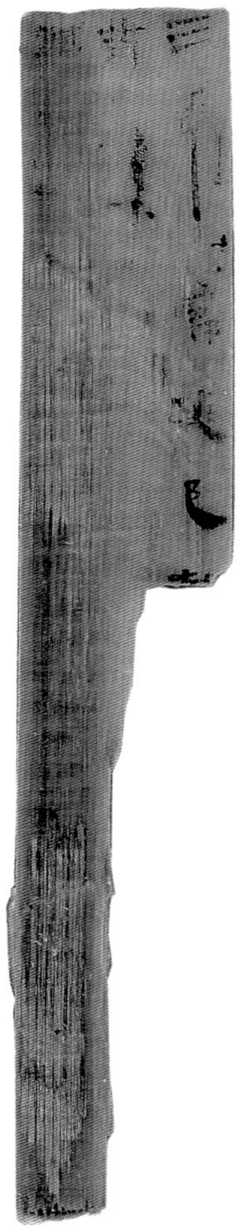

037 正面

三年□陵邑☒

笴□

□

J446

028 正面

永□大□□□☒

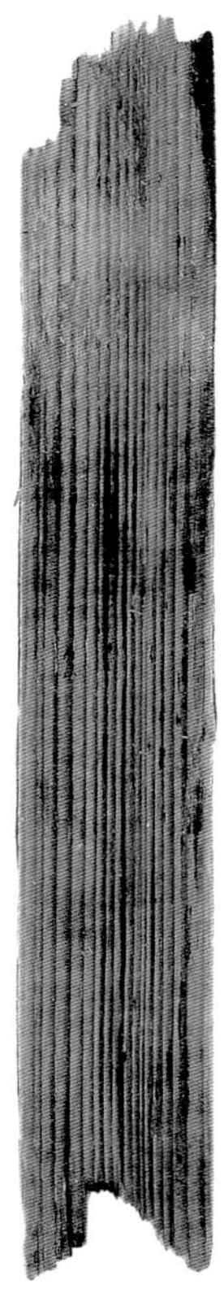

038 背面

037 背面

028 背面

☒言叩……王忠言叩

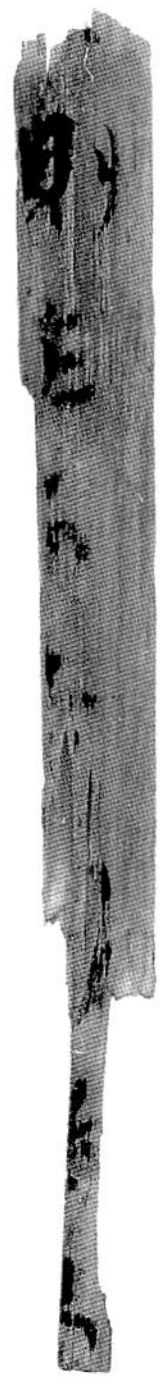

042 正面

〼則□□□□□□〼

041 正面

□白，昨日分送別（？）念〼

040 正面

〼都鄉肆計受臨湘都〼

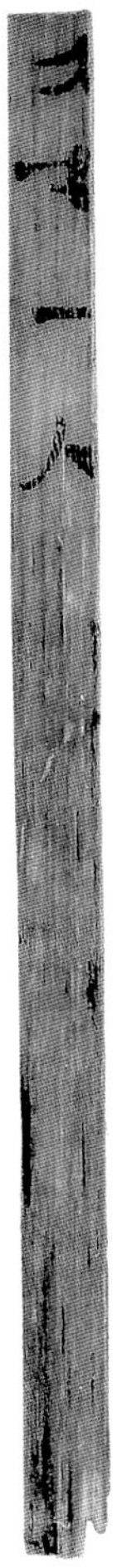

039 正面

大女一人……

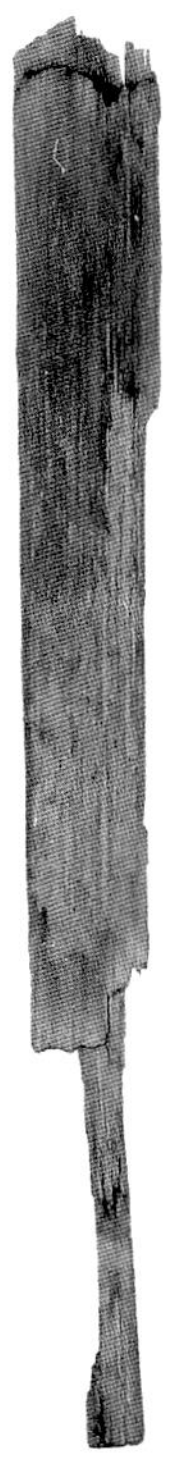

042 背面

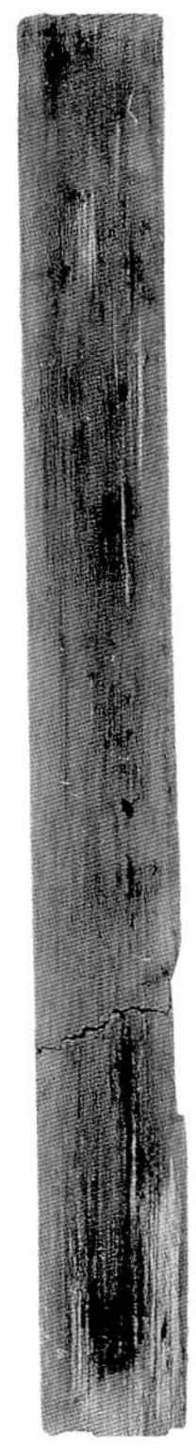

041 背面

040 背面

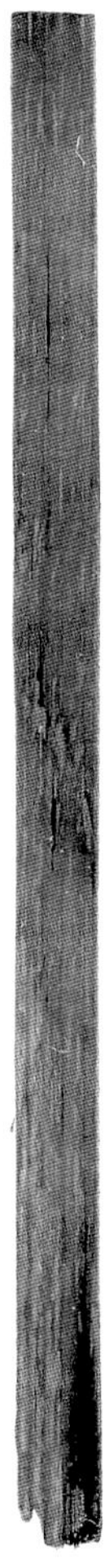

039 背面

049 正面

十一年，倉□□入簿。

J531

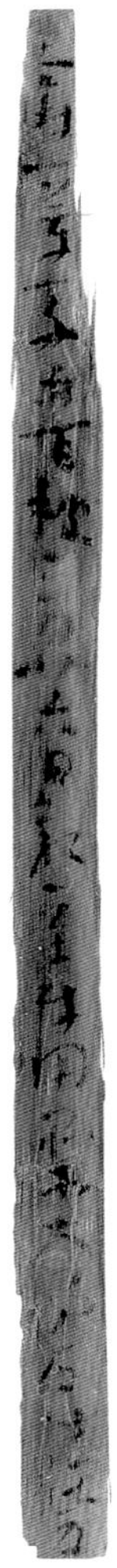

046 正面

□封一等一千六百枚。三月廿六日，□至材用□□大予石□□□☒

J465

045 正面

孤子子白作白書□
貧窶□□

J453

049 背面

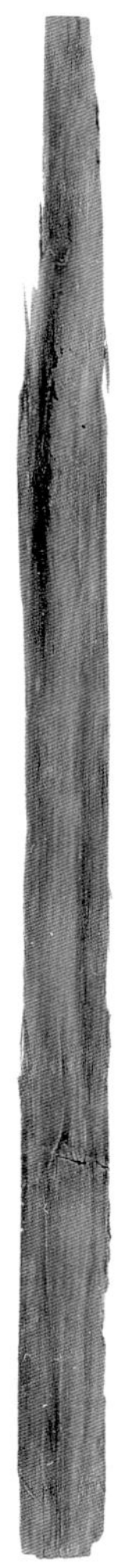

046 背面

045 背面

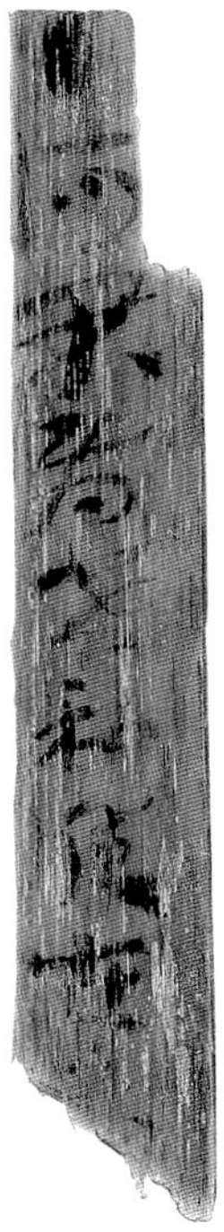

053 正面

河君□武私使在☒

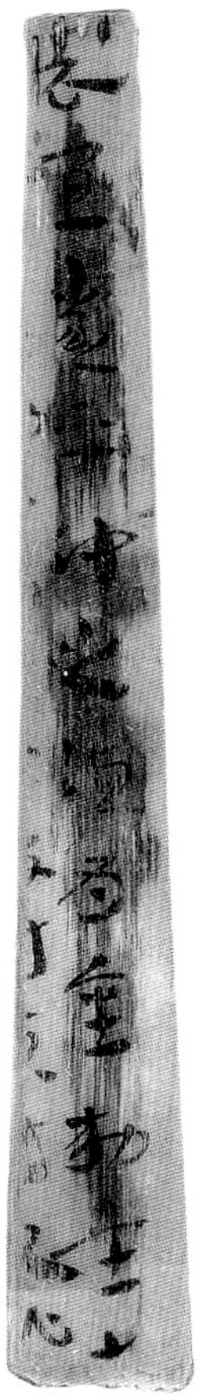

052 正面

□□遂平仲之洫爲座（？）勑主☒

☒

050 正面

八月，故留事成□多以□□□☒

見佐未嘗知行也爰無□□☒

□爰窮小所印不能食□☒

053 背面

☒

☒□内□有□民□□□☒

052 背面

心白……意不衰光（先？）之

050 背面

□□足比數以別☒

□每事得蒙恩它□☒

059 正面

⧄

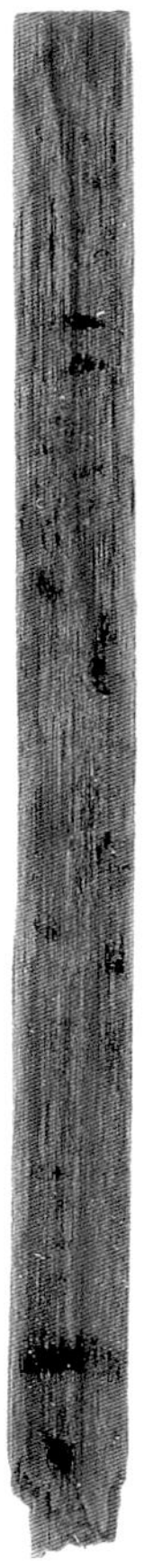

057 正面

⧄

055 正面

⧄

⧄知多事□以。是爲趨迫□志此□

座（？）准爲也迫事理無若□□

⧄但反成也□。唯＝焭□小□事高再拜

059 背面

⧄

057 背面

⧄

055 背面

□可□□□以邑座同耳

⧄

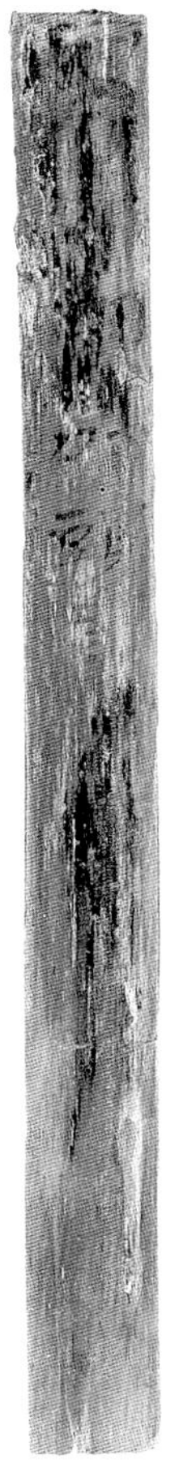

067 正面

⧄

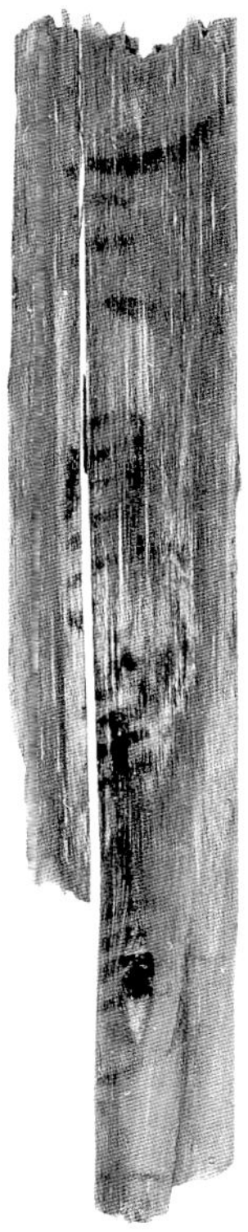

063 正面

⧄……司⧄

060 正面

⧄□又廿人縣且

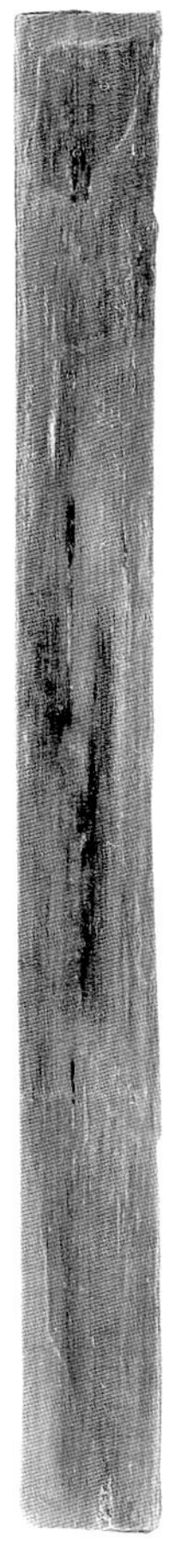

067 背面

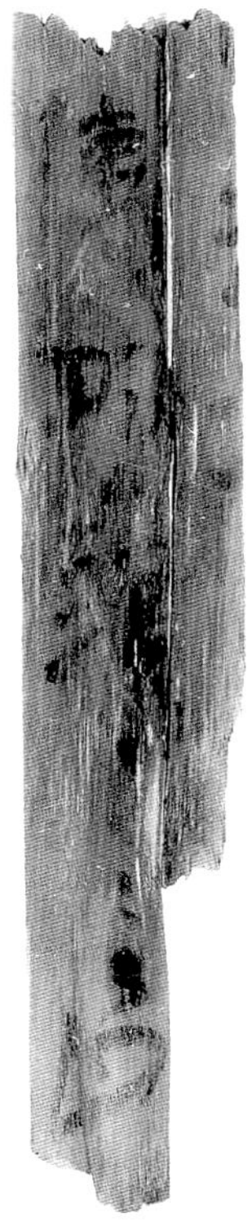

063 背面

⧄

⧄傳……白⧄

060 背面

⧄□□□還仍

⧄□上不□

070 正面

☑……亥□去

☑

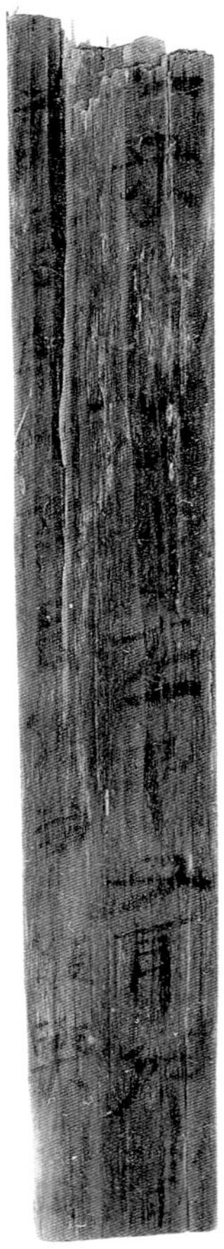

070 背面

☑來□□當在也又有□□

☑

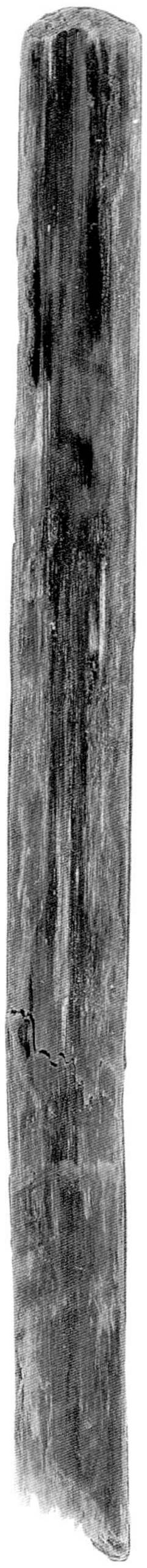

069 背面

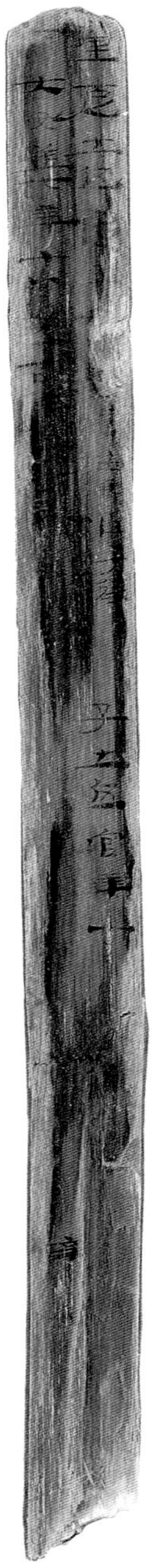

069 正面

☑里庀士伍□□□□□□□□□子復子士伍官年一

☑大女姜年十八……復

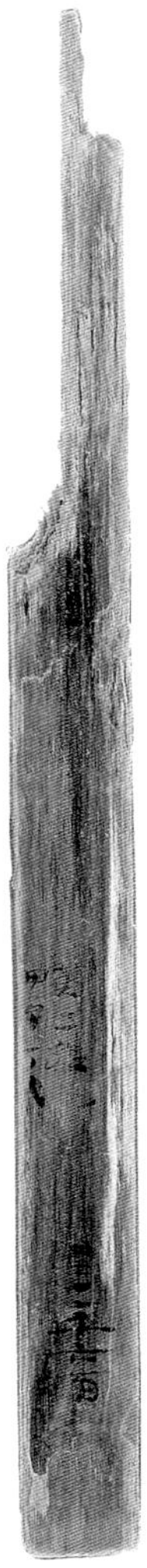

068 正面

□已復。得二千六百

甲□□

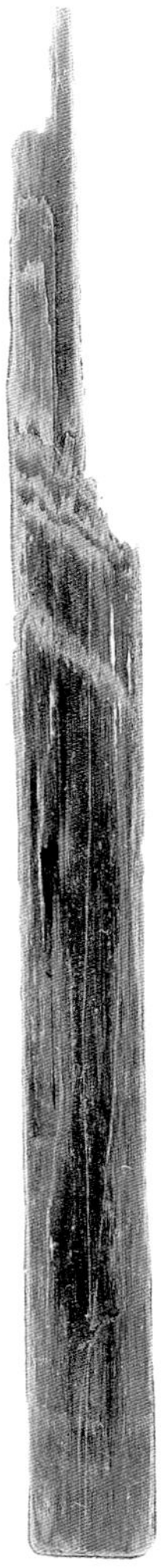

068 背面

259 正面

月□日□□□，再拜言。三十八日□書，再拜言。

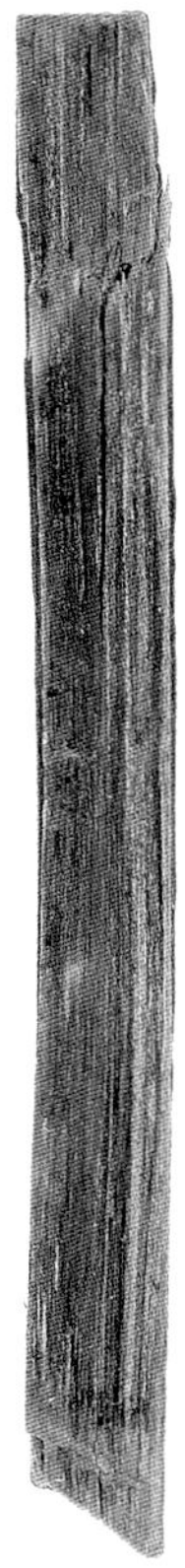

075 正面

☐

074 正面

何□仲藏……

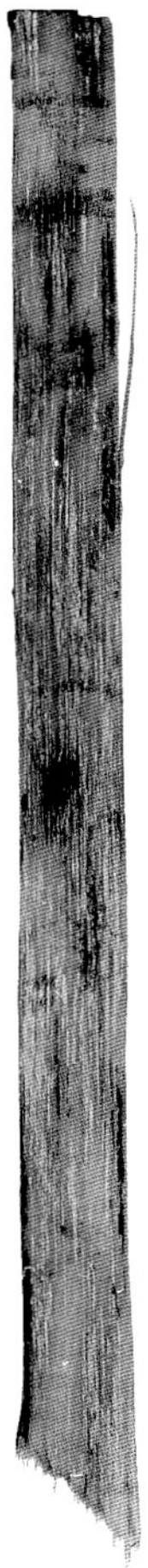

073 正面

☐

259 背面

☐

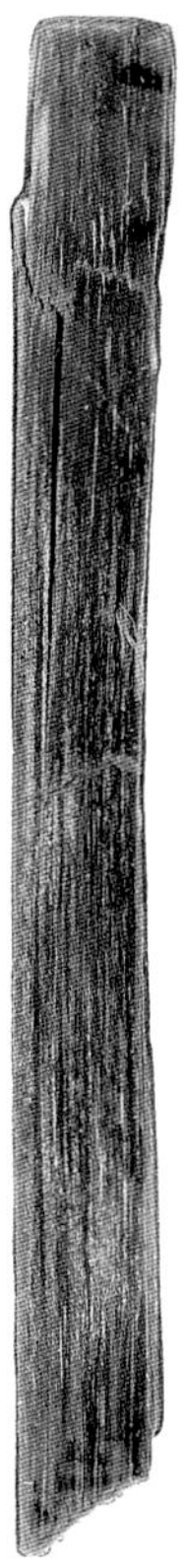

075 背面

☐

074 背面

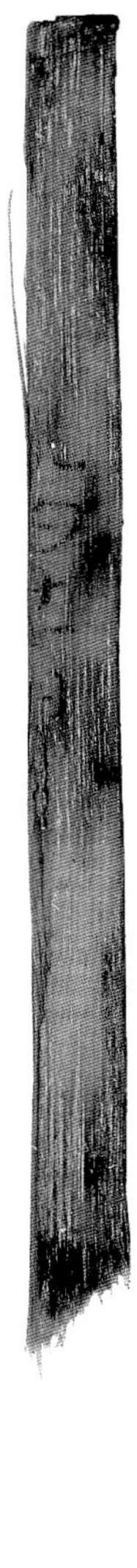

073 背面

八月廿一日

084 正面

詔書：庶人不與父母居者，爲仕伍，罰作官寺一年。

詔書：九十以上，爲復子若孫一人。

詔書：民□産滿五，毋復卒一人，□無所復得□□□。

詔書：民大父母物故，與母出居，當合訾□上從（？）所俾孫得（？）出。

詔書：故事年九十，九十有子，雖勉老不得□復。

084 背面

詔書：清河孫昌受父母出人七歲，欲賣不可許和（？）別。

詔書：百户置一正，貧富不得容姦証。

詔書：□得與增□□貲罰（？）被□。

光和四年十一月廿八日，於鄗傳作大吉善。

奴妻有子二，爲庶人强禄助者長（？）女。

212 正面

列侯相遺書以侯印封，完城旦。

闘刃傷人，完城旦。

人妻事□禾□接夫婦道父母。

嫁爲人妻減死罪一等，完城旦。

棄書官印以上，司寇。

非縱火時擅縱火，燒山林□司寇。

□□節□□吏不□□▨

臧錢三百，鬼新、白粲。擅加益▨

□闕上百者不上鬼新。

上書言變事不如式，爲不敬。

天下有服禁不得屠沽，吏犯，不敬▨

□□官府寺舍民廬臧不滿千▨

僕□當僕，坐臧爲盜。

□□坐臧爲盜。

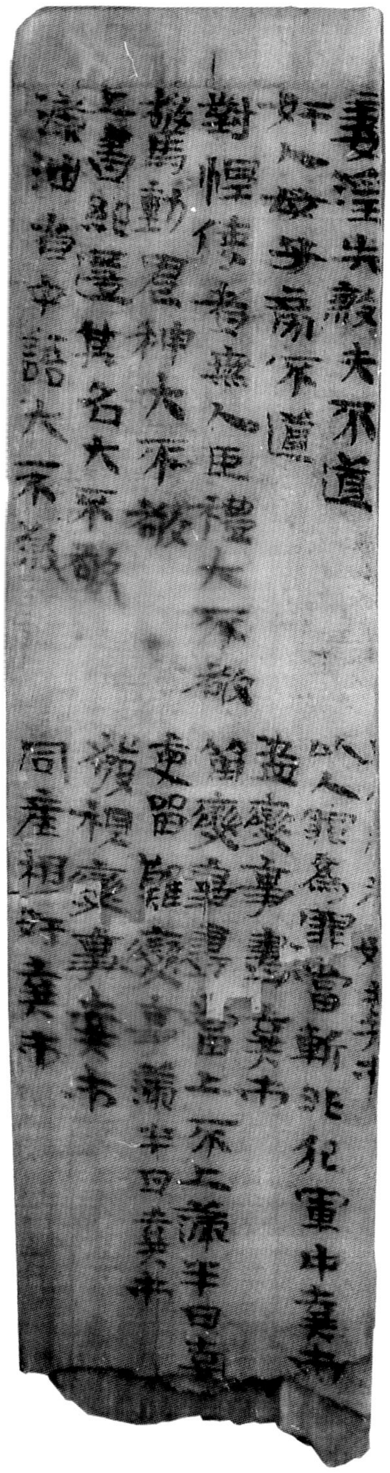

212背面

妻淫失煞夫，不道。
奸人母子旁，不道。
對悍使者無人臣禮，大不敬。
驚動鬼神，大不敬。
上書紀匿其名，大不敬。
漏泄省中語，大不敬。

□□□□□棄市。
以人罪爲罪，當斬。非犯軍中，棄市。
盗變事書，棄市。
留變事書當上不上滿半日，棄☑
吏留難變事滿半日，棄市。
發視變事，棄市。
同産相奸，棄市。

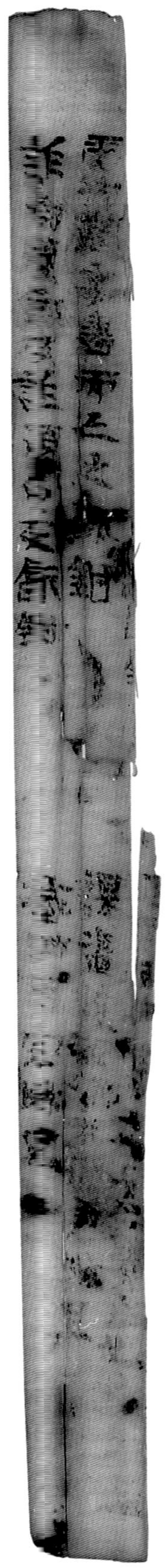

254 背面

受□□□書而亡之，髡鉗。

詐命□所及詐復，免死，髡鉗。

謀盜復，完城旦。

臧四百，完城旦。

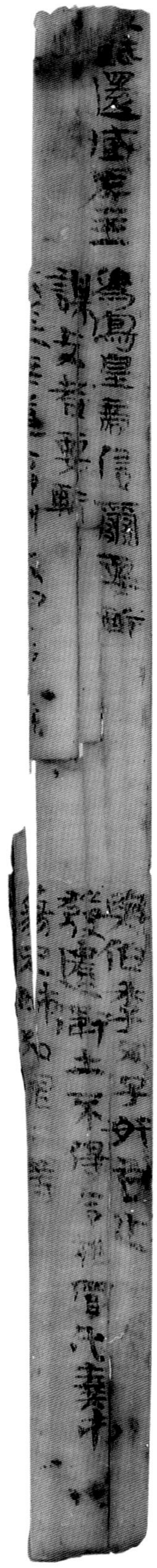

254 正面

以賦還臧，臯主。

爲寫皇帝信爾，要斬。

謀反者，要斬。

大逆無道□□□□□□

與伯季父子奸，右止。

發還衛士不得令相冒代，棄市。

傷兄姊，加罪二等。

253 正面

⧄封完

⧄侯□署

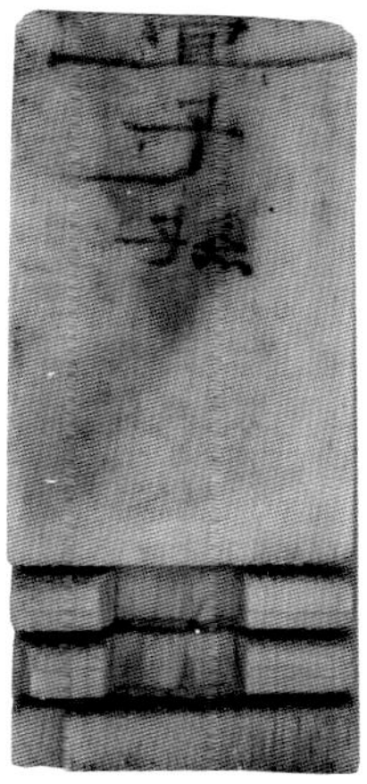

162 正面

宜子孫。

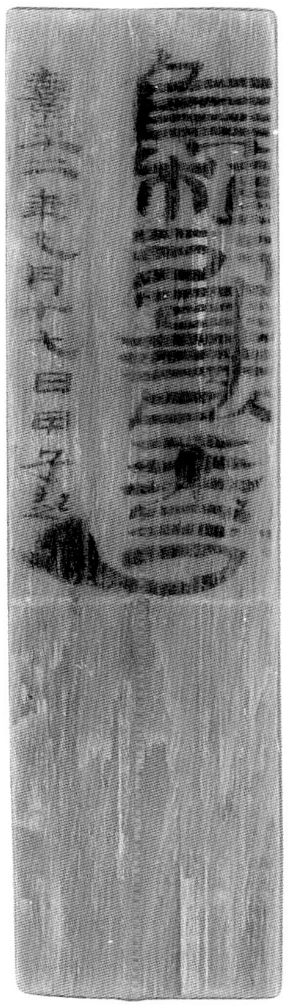

152 正面

烏桓行事以郵行。

熹平二年七月十七日甲子起。

253 背面

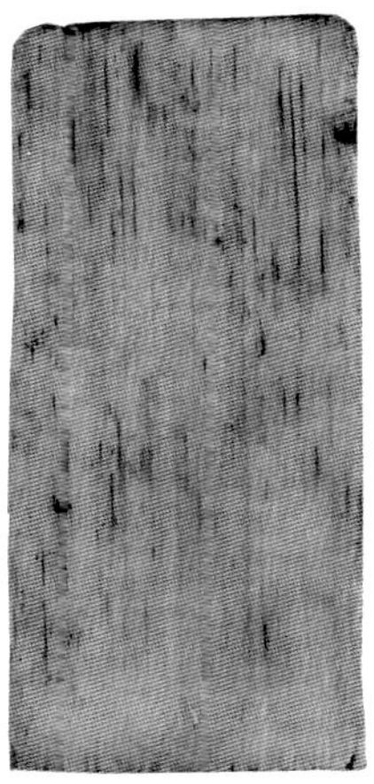

162 背面

152 背面

118正面

☒三尺，深四尺五寸，廣四尺，直錢二千四百，約合二［百］☒
☒錢。曾四他如券書，民有私約，時往者龍□□☒

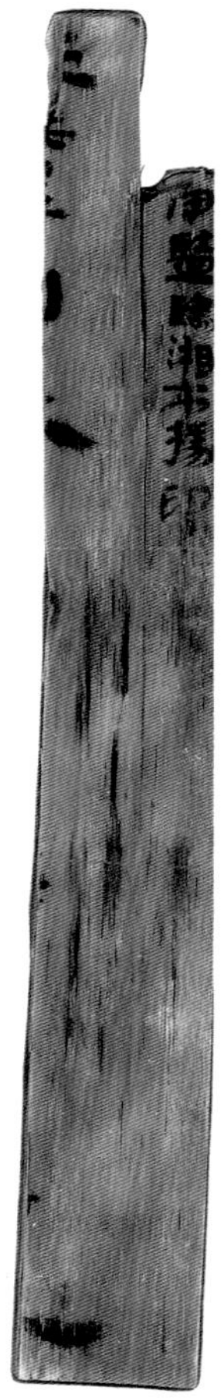

111正面

☒守監臨湘市掾印。
☒

110正面

府用轉行
☒主二☒

118背面

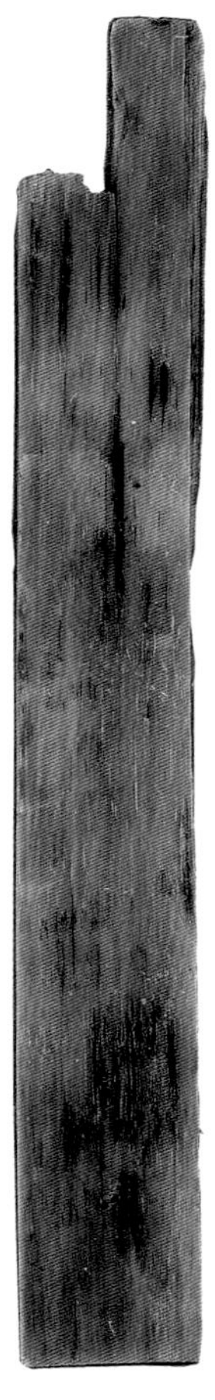

111背面

110背面

205 正面

⧄大守令官往

139 正面

傳白：勞冒無勢央＝不可悉知，⧄
四角，人知汝無飲酒。

128 正面

⧄老自上爲當時争封□⧄

205 背面

139 背面

人何知汝無飲酒四□？

128 背面

⧄事來考實府君實教⧄

086 正面

出錢卌市卵。

出錢六十市胡粱。

出錢九百市竹。

085 正面

上事奏卅五束。　麋八束。

穀奏廿九束。　上事繩末……

□絮五枚。　☒

上事囊二枚。

086 背面

六日凡三取（？）錢一千二百。

出錢五十市生魚。

出錢卅市鮀魚三斤。

出錢廿八市鯰四斤。

出錢六十市粟。

出錢十六市粟。

085 背面

089 正面

☐出錢六十☐

☐錢。出錢卅市☐

088 正面

（出）☐

出錢八市梅子。　出錢廿一市鮀魚。

出錢十市粟。　出錢廿與卒。

087 正面

☐縑錢良糊錢

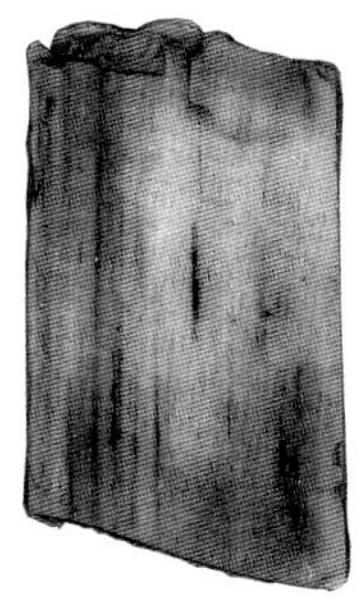

089 背面

088 背面

取六百。

五月廿五日。

取錢二千一百市臘字□卅斤。

出錢二百五十市肉一百廿六口。

出錢四百市連漢繩錢。

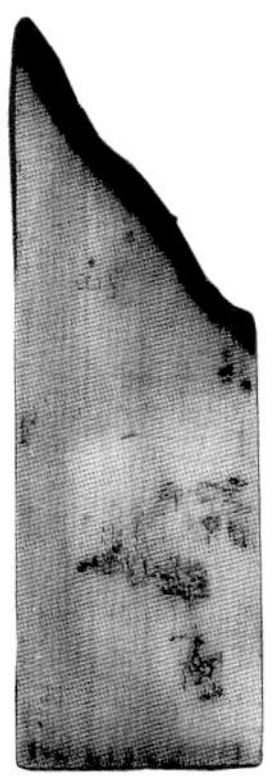

087 背面

098 背面

取錢二千。☐

098 正面

出錢廿市☐☐斤。出錢卅市☐五斤。

091 正面

出錢廿一市☐

……取錢☐☐。出錢☐

091 背面

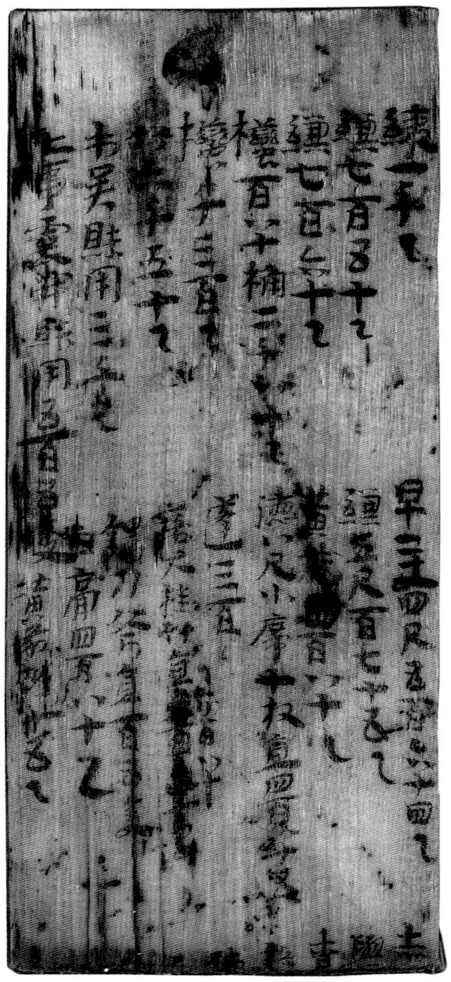

101 正面

練一千乙。
縑七百五十乙。
縑七百六十乙。
㯤百八十。桷二千八十乙。
㯤千三百乙。
竹六千五十乙。
市吴財用三千乙。
上事囊弗財用五百五錢。

早二丈四尺五百六十四乙。
縑五尺百七十五乙。
黄□四百八十乙。
德八尺。小席十枚。直四百十五。
蓬三百。
落尺、桂、竹直六百八十。
□、刀、斧，直百五十錢。
白膏四百八十乙。
黄布□（襦）卅五乙。

赤
與
☒
☒
☒
☒
☒

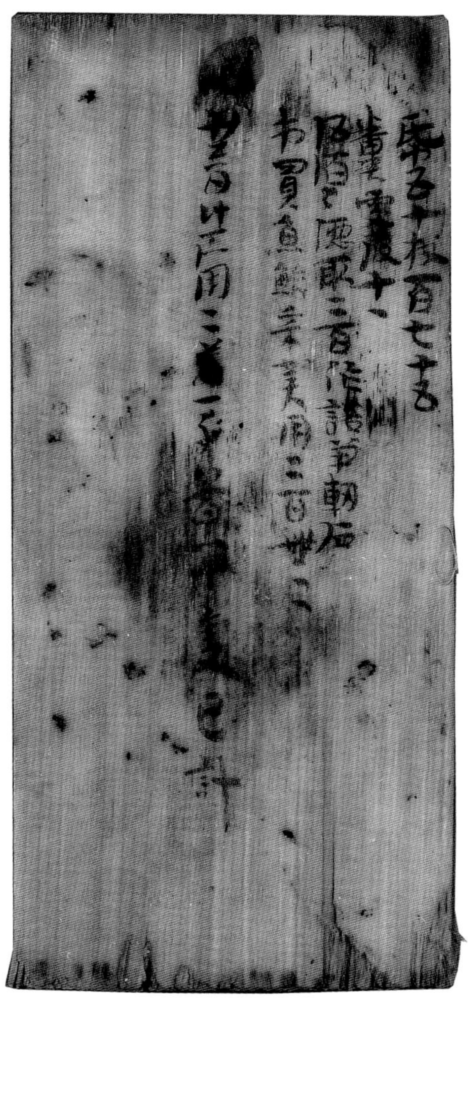

101 背面

畚五十枚，百七十五。
糞處溲十一。
伍佰□□取二百作諸笄軔石。
市買魚鮓二千□箄用二百卌二。
廿六日計所用二萬一千八百八十錢已計。

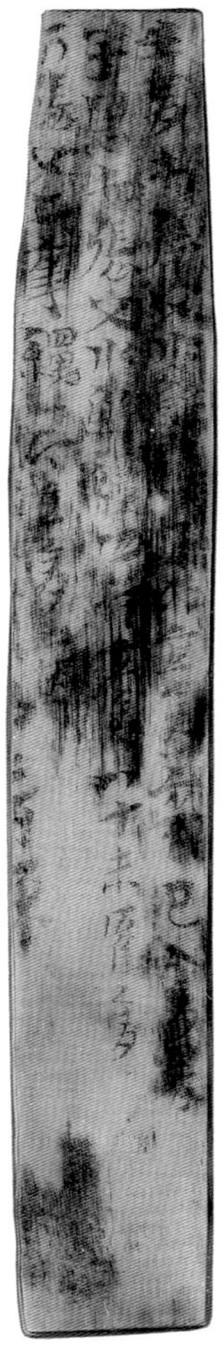

113 正面

出錢市張文水□□□□直□六百已入錢還

子□市張文六□□□□□人一石肩（三）錢

市張文□事繩□，直錢二百……

☑

106 正面

出錢□□□

☑

☑

105 正面

☑

113 背面

☑

市縑一匹，直錢八百廿□錢。

六月十九日，市縑一束直錢四千二百□□□錢。

☑

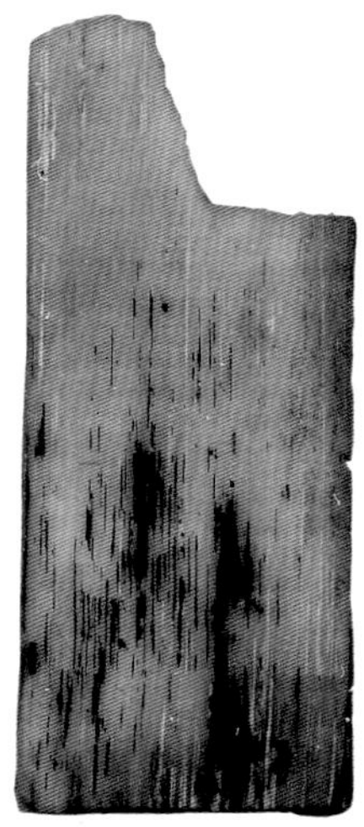

106 背面

105 背面

☑

171 正面

……細坭各十五〼

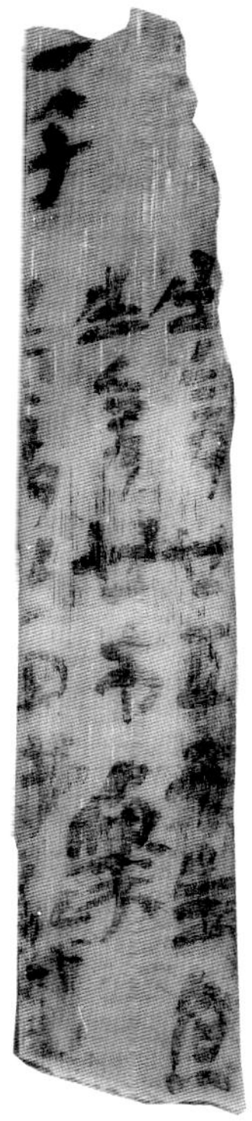

117 正面

出錢廿五，市生魚。

出錢廿，市□

一千。　出錢廿四市□

116 正面

〼廿二（？）半雇錢□〼

〼綀□□錢……

171 背面

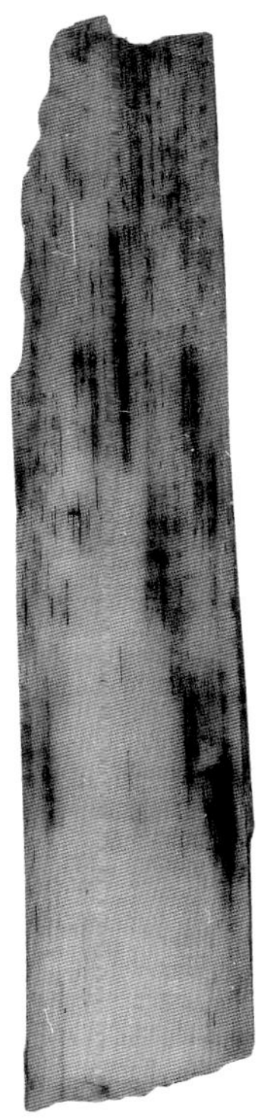

117 背面

116 背面

□

231 正面

魚三頭。

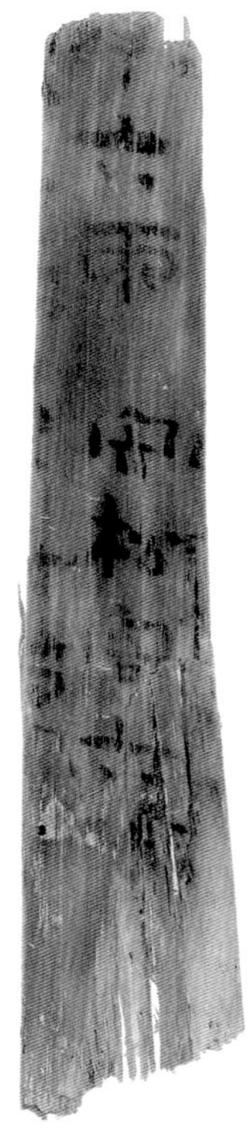

228 正面

⧄

⧄六兩。肉松容六……

⧄

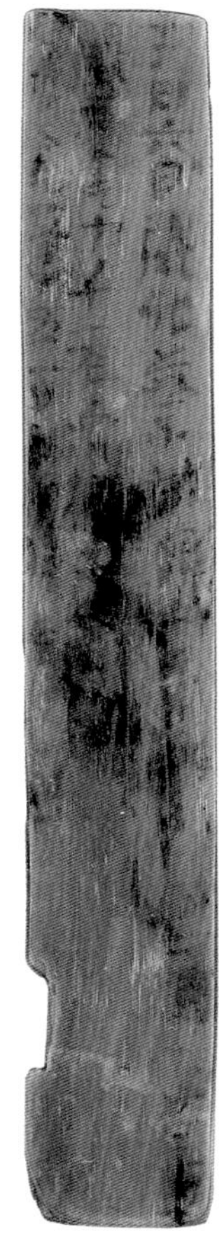

198 正面

十二月六日□□蔡……

□□□錢七千一百……

□□□五百……

231 背面

228 背面

198 背面

蔡□□□千六百六十

十二月六日共計……

126 正面

弟子李世再拜。問起居。

安成字□□

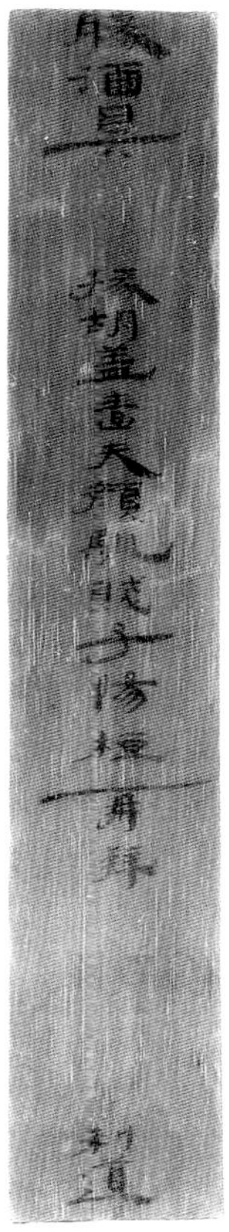

112 正面

滕酒具。掾胡盖、啬夫顔馴、賤子陽桓再拜。利道。

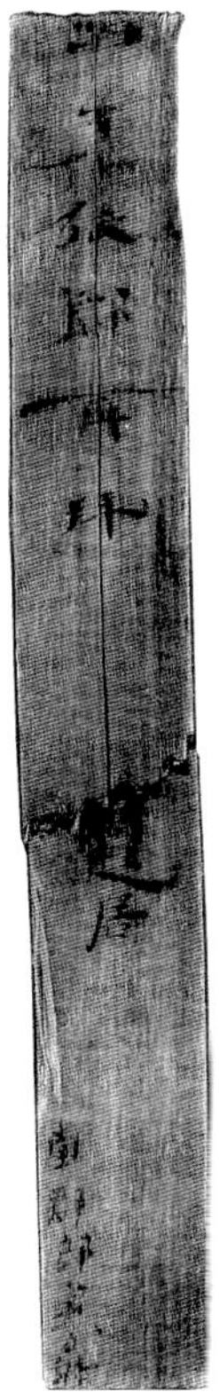

090 正面

☑弟子張郎再拜。問起居。

南郡郎□□

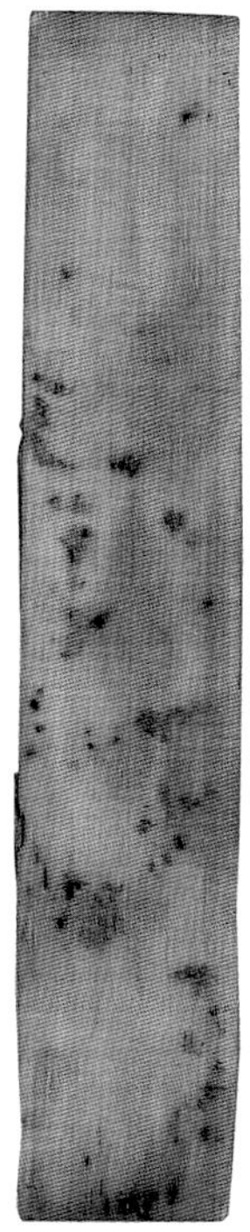

126 背面

112 背面

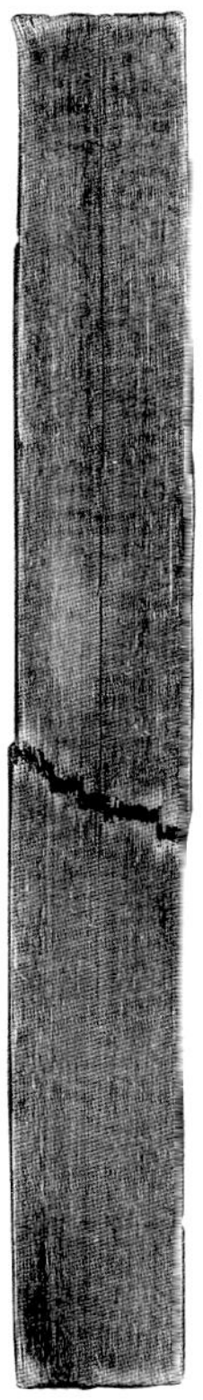

090 背面

184 正面

漢昌待史王淮再⧄

王☐王☐

156 正面

弟子臨湘丞陸再拜⧄

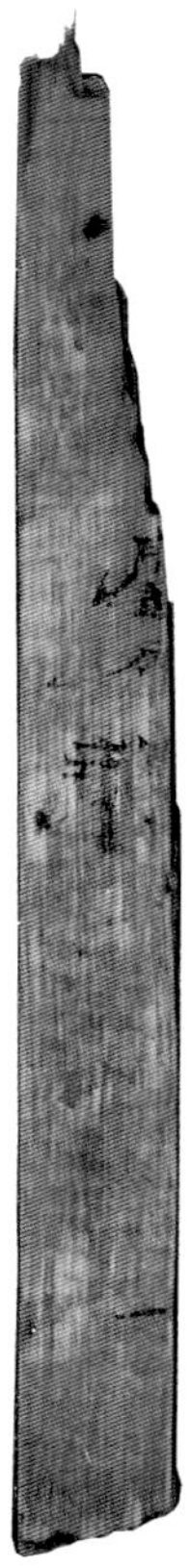

155 正面

⧄問起居……

☐☐

184 背面

156 背面

……

弟弟子☐陸再拜。問起居。

155 背面

⧄

256 正面

賤子醴陵區□。……起居

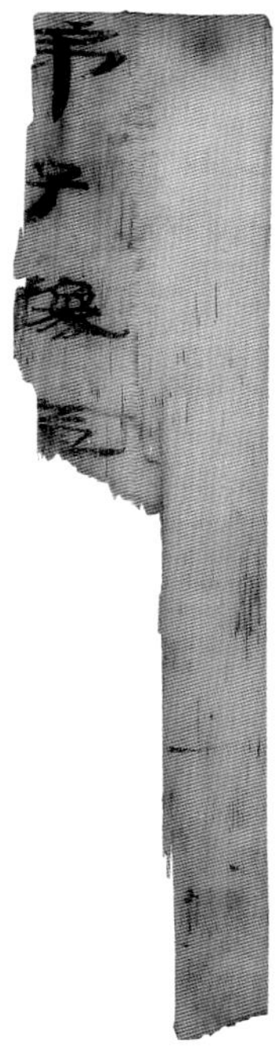

232 正面

弟子豫章▨

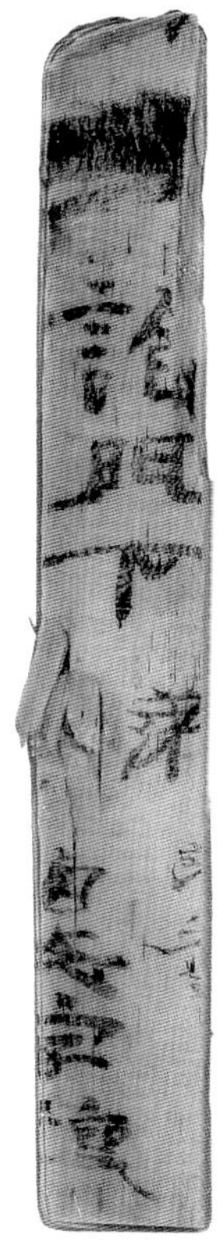

211 正面

▨詣門下。弟。弟子鄧

□□字□

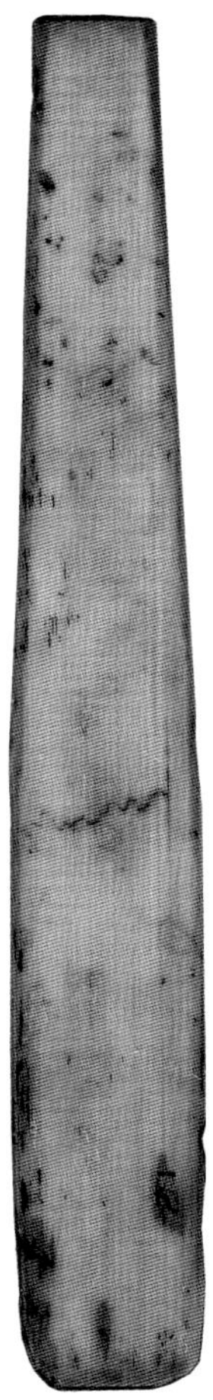

256 背面

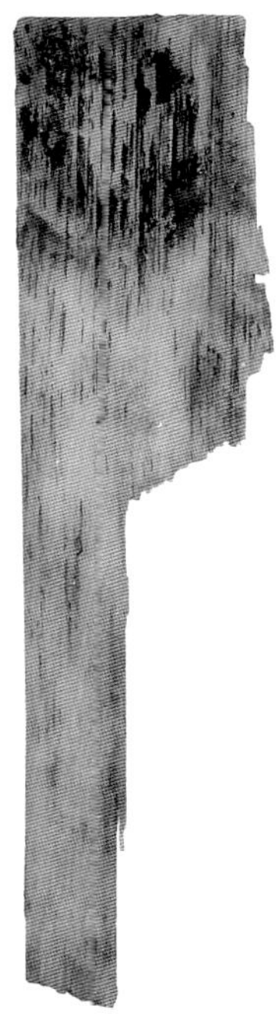

232 背面

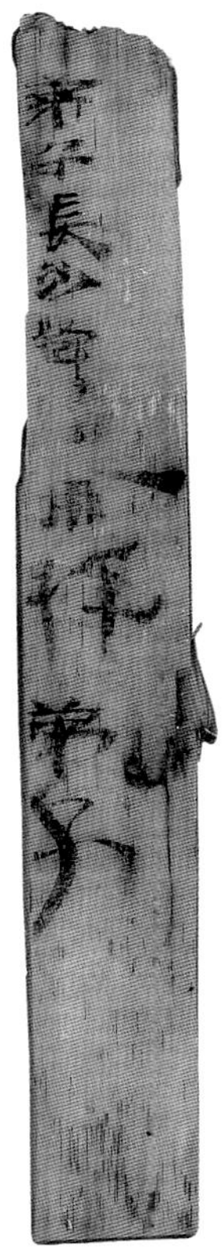

211 背面

弟子長沙鄧□再拜。弟子

104 正面

十一月廿四日，翁陵禧報誦師，前▨

103 正面

▨☐☐等☐人然
▨☐☐誠訪迫有
▨☐☐☐☐願☐

三、私信

181 正面

治百病通，明丸方，用甘草八分，弓窮四分，當歸三分，方☐▨
乾地黄三分，黄芡三分，桂二分，前胡三分，五末二分，乾薑
四分，玄參三分，伏令二分。凡十八物，皆治，合和丸以白蜜。

104 背面

103 背面

▨先☐☐☐☐
▨☐☐白

181 背面

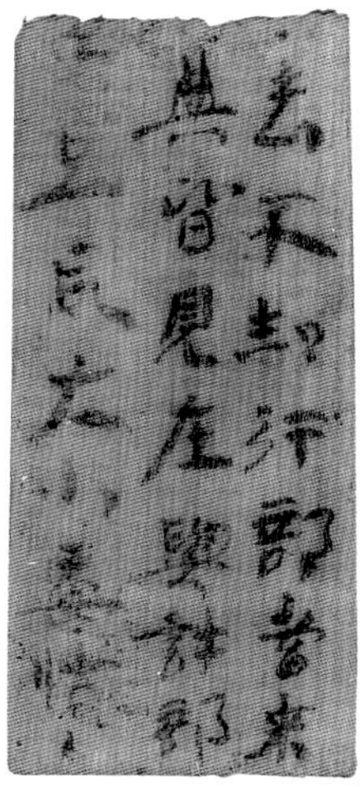

127 正面

〼去不知行部當來
〼典皆見在與許部
〼□足耳大小委情

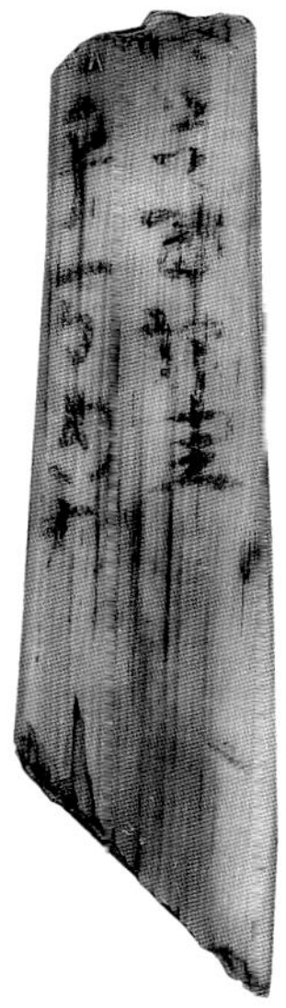

115 正面

〼□□□走
〼乎□女□

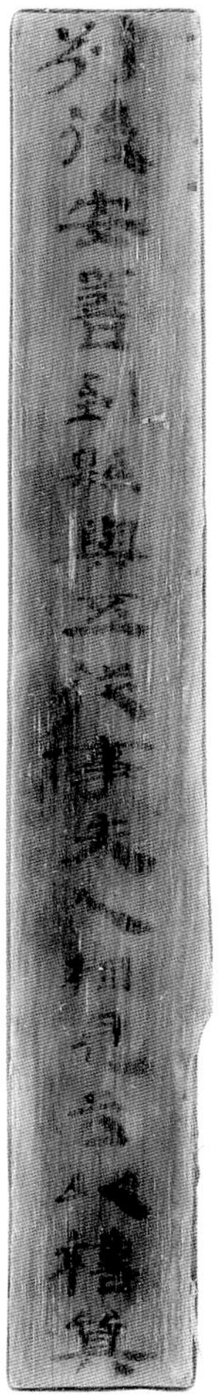

114 正面

別後安善，到縣，與五從事夫人相見，告以禧箕。

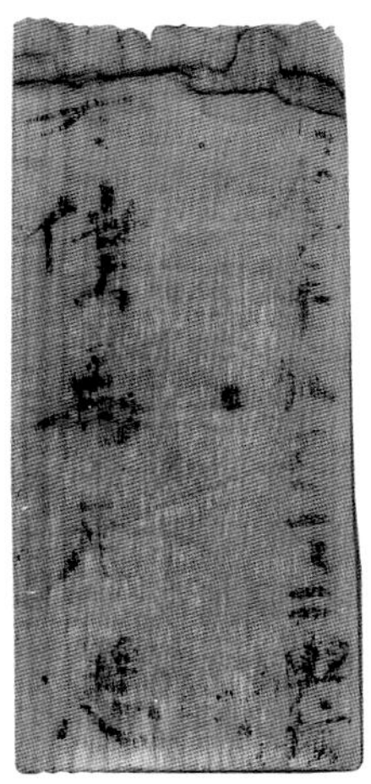

127 背面

〼□□□□□二與□
〼□僕爲□□

115 背面

〼□爲孝長輩乎〼
〼有□如有隱下不得〼

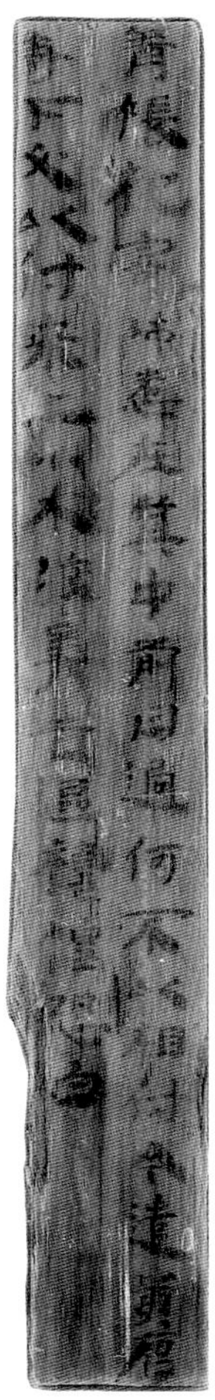

114 背面

箐、裋、袘寄師，悉在箕中。前月過，何不以相付？今遣黄唐寄下，必以付，
來二小大□冀（？）告區。禧惶恐白。

142 正面

到爲録取買・前已□□□蔡必□當□□☒

師☒

141 正面

□白昨不悉，醉□□□□□□

丸自晹□再拜白

□無適□不采微者耳明

140 正面

傳以白樂者□□□中欣然□□☒

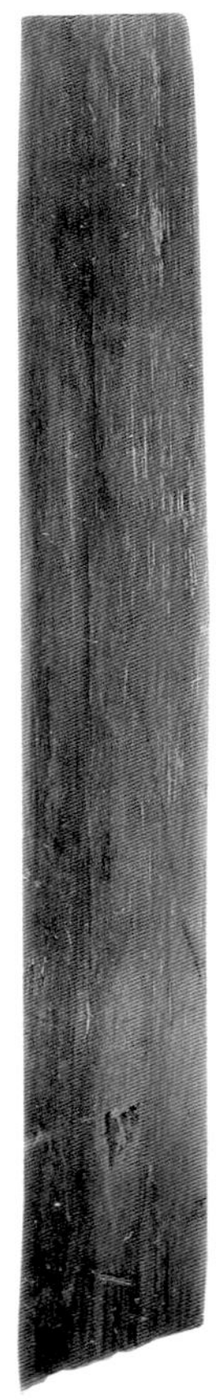

142 背面

141 背面

……時……

……乃復……

140 背面

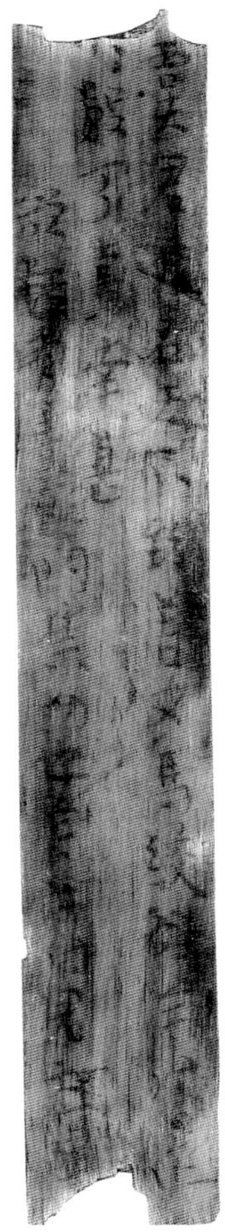

179 正面

☒虞君□□□不致善文馬絞□□□□

數聞熹幸甚

欲數有書□□□禁□也白□□君□□

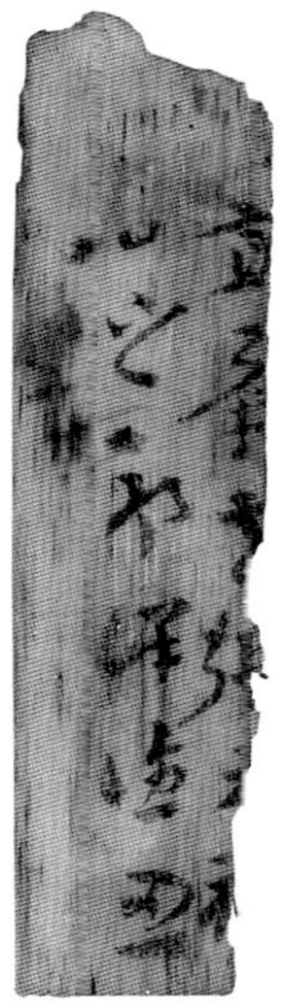

160 正面

……直□世張☒。

……心之永澤□忍。

154 正面

門生將再拜，朝不□卒☒

☒

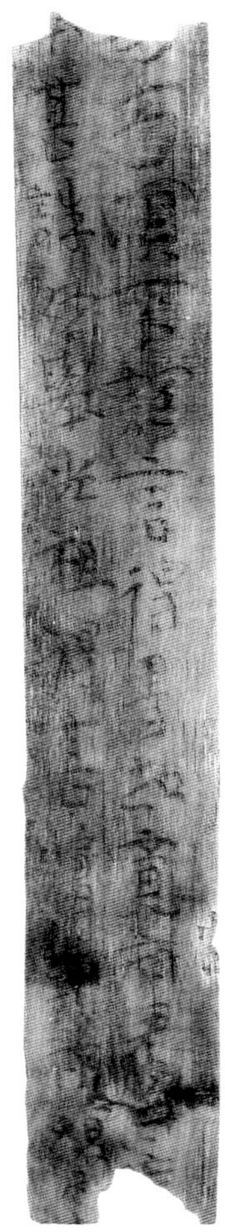

179 背面

☒□頃不語言得書知意府君□□

☒甚誠□舉光祖得甚……

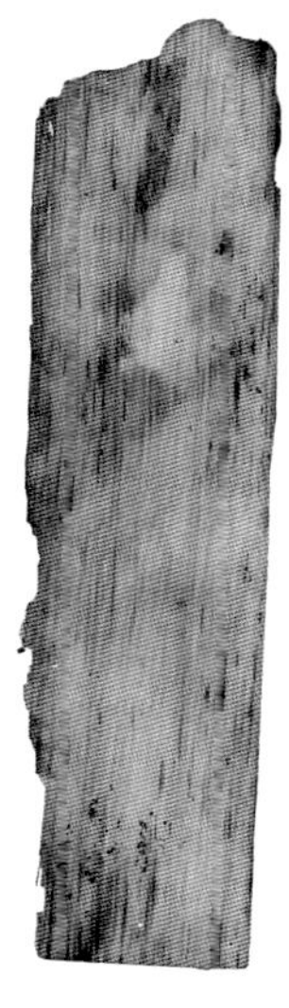

160 背面

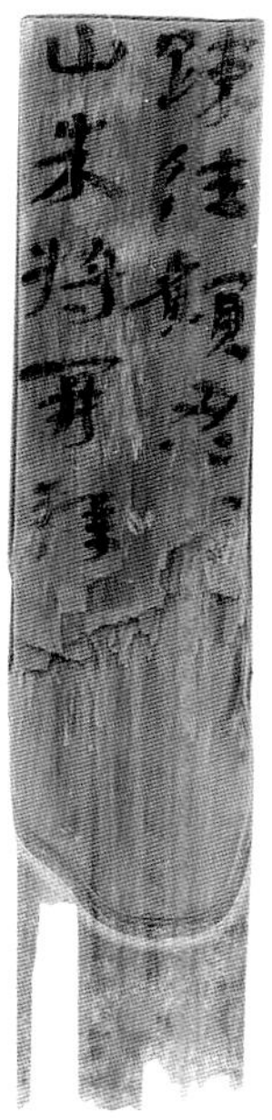

154 背面

踈往願忍☒

山朱將再拜☒

203 正面

何罪乃不平江（仁？）君捐之去是也何君□□□□之民何四後

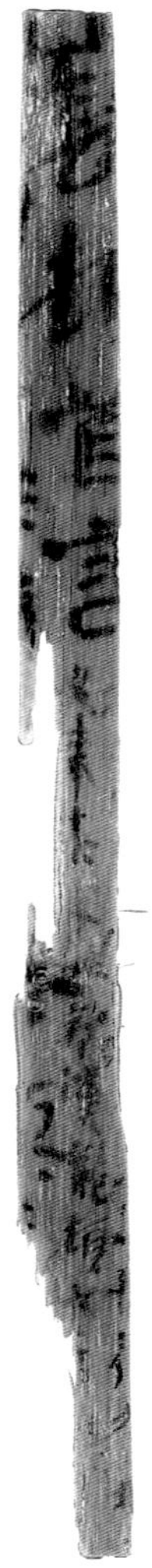

201 正面

□頓首言。……

久奉□□□□漢龍頓……

☐

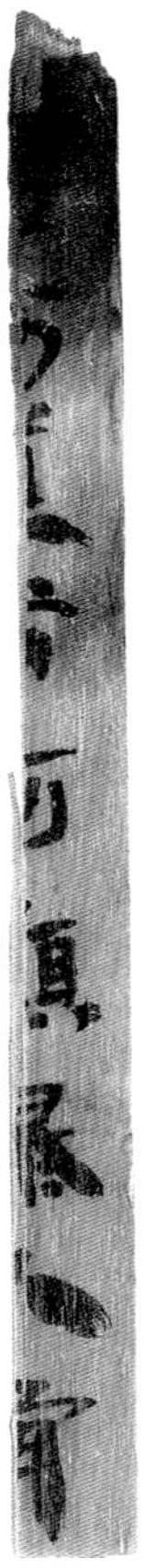

200 正面

☐□□□□□何須暴人□

199 正面

☐京貫在，今恖＝不悉，□再拜，材見□

203 背面

□檄書□□□□□□小□□心□□盡（？）□□□□□

201 背面

……言言……

……旨……

200 背面

☐人易久敢留，陳福白

199 背面

欲

☐再拜□□□言負□□□□□□□□

226 正面

欲□詣綦毋子遠害郭□會今日别□合□禾

222 正面

□之未平，今其事已諾，□明日□闕府□

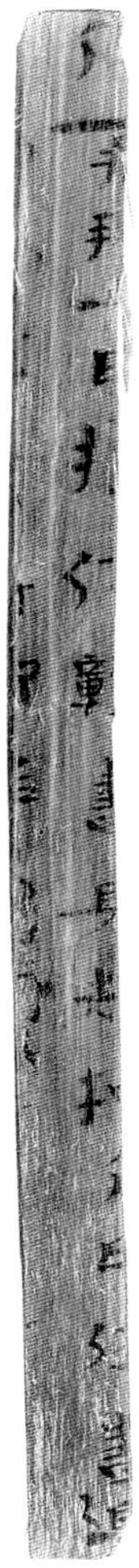

213 正面

再拜□□□□□書見悉知□□□書□

☐

207 正面

□□□□□☐

226 背面

□兄易不□分其憂，□□□其爲方便如相移急都

222 背面

□知所□，又府卿明問，言素不下其□

213 背面

☐

☐自當别其檢，非特付督郵□勿憂且忍。

207 背面

急乎床君僕☐

248 正面

⧄□願聞□□不得衾□⧄

239 正面

泣涕寫有忘□然□□⧄

238 正面

情□□用言是伯□區＝光⧄

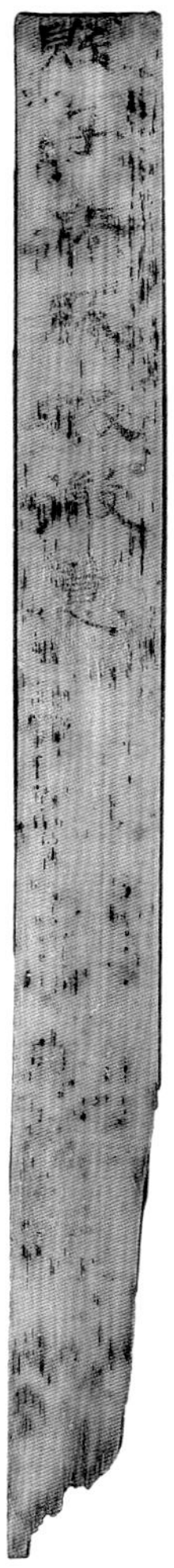

233 正面

賤子張□□徹意

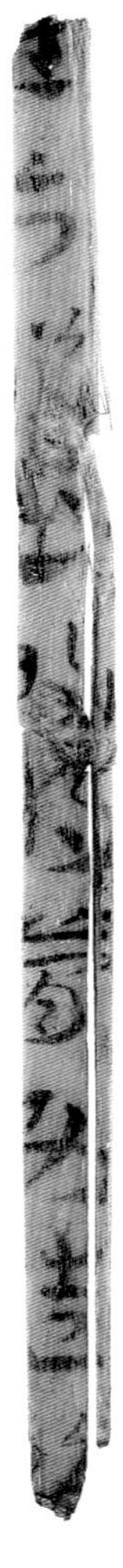

248 背面

⧄□今公□□像功造□⧄

239 背面

238 背面

□□鄧種化處孝□天從争四时⧄

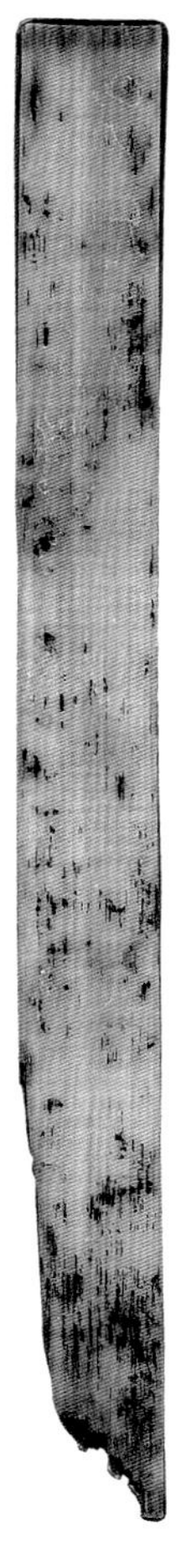

233 背面

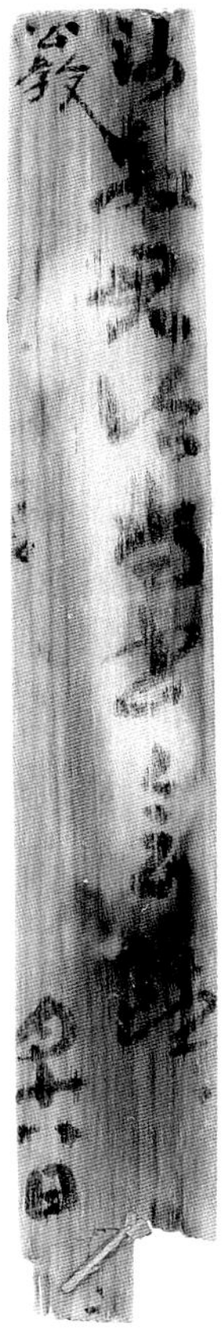

252 正面

沙教君治尚書言□。

公教。　月十六日。

251 正面

昔日少曉念以久也，今宜相還，故□

表意言不□却叩頭再拜。

250 正面

程從事家書。

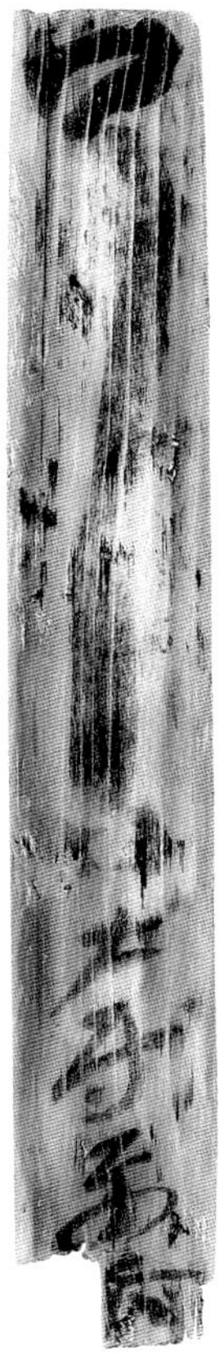

252 背面

大□□□

251 背面

殷處□省還承告。

□□丘不

復相見，其不常相念及。

250 背面

此君止南　責□□

市門非□　責□

成□君更　責責

□可得▨

182 正面

⧄寅丁卯戊辰己巳庚午辛未⧄

163 正面

⧄□□白□

⧄□□高高

138 正面

⧄屬□□

⧄數數告告

四、習字

182 背面

大□□□

163 背面

⧄日□□

□□□

⧄□日日

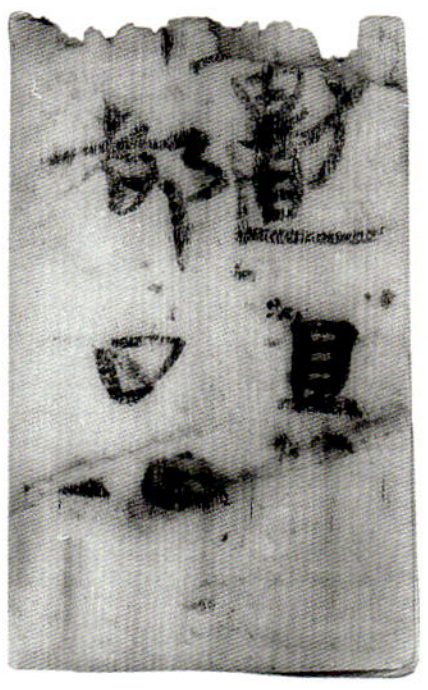

138 背面

⧄遺具

⧄都口

095 正面

〼□□

093 正面

〼□□〼

092 正面

〼□□遣□言

五、殘簡

223 正面

另另另

另子子

095 背面

〼……〼

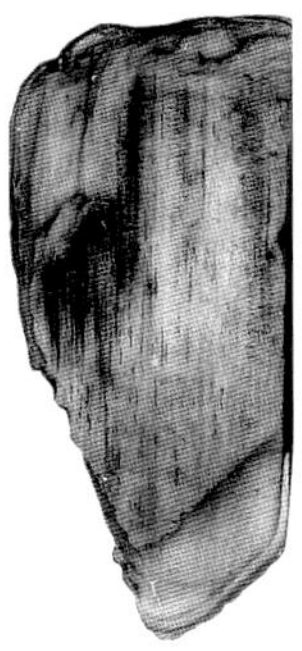

093 背面

092 背面

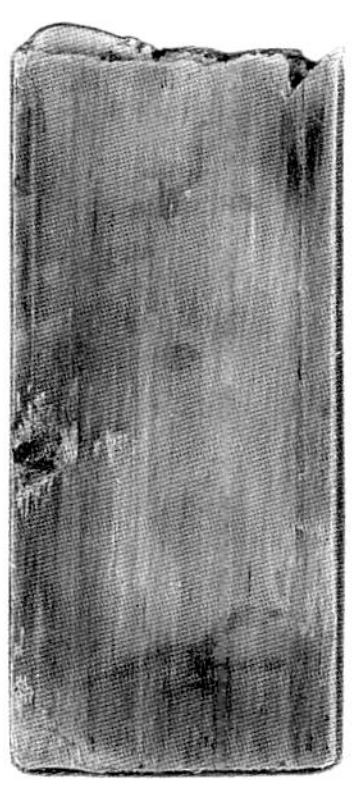

223 背面

子不

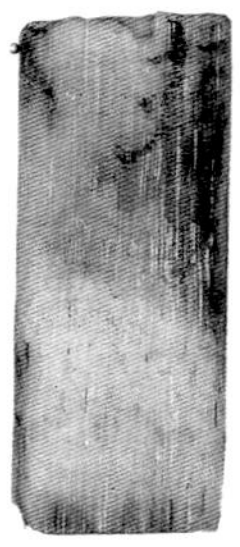

107 正面

起（？）

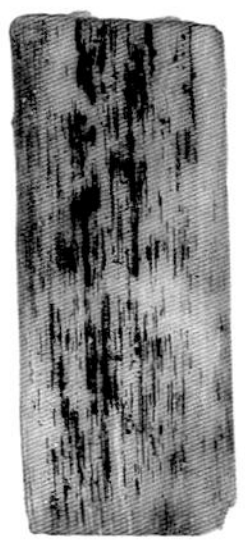

107 背面

108 正面

〼□□〼

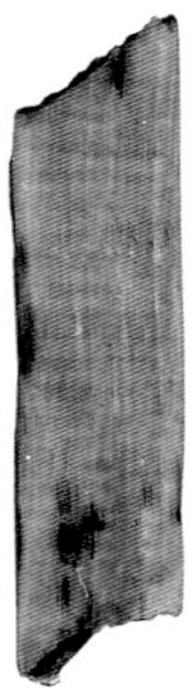

108 背面

100 正面

〼

100 背面

099 正面

臨湘□□□□□□□□□

099 背面

097 正面

□□□

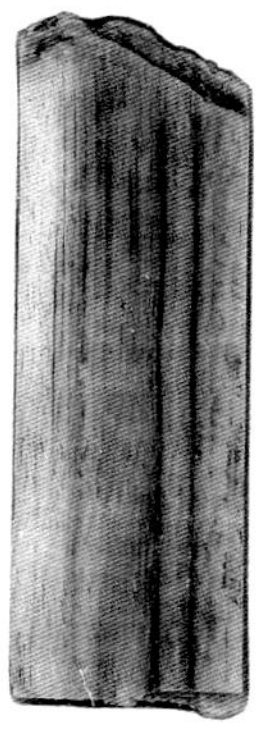

097 背面

131 正面

☐

☐□□曰□□□□□□□同產母弟智□☐

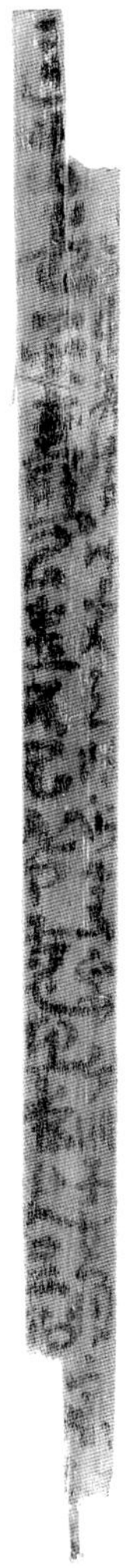

131 背面

☐

130 正面

☐

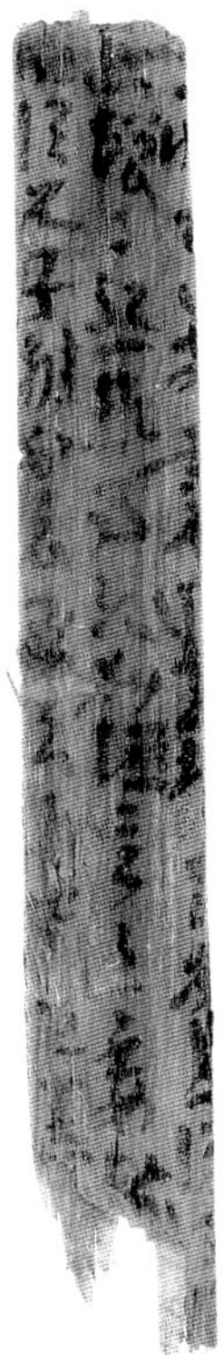

130 背面

☐

121 正面

☐

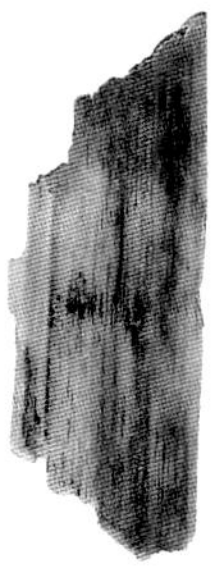

121 背面

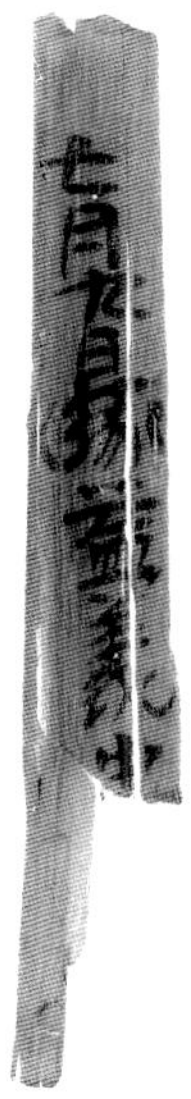

129 正面

☐七月九日，掾益義中（？）☐

129 背面

119 正面

☐年列長。

119 背面

120 正面

……女……

120 背面

137 正面

……蒙□……

136 正面

⧄

134 正面

⧄□□□□□□□□□□

132 正面

⧄

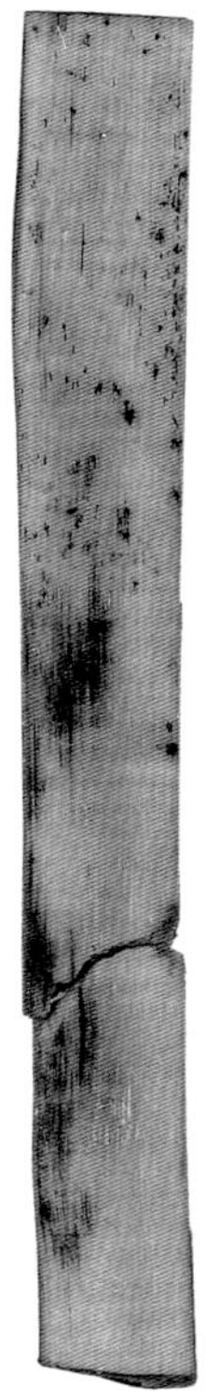

137 背面

136 背面

134 背面

⧄□□遣□⧄

132 背面

⧄

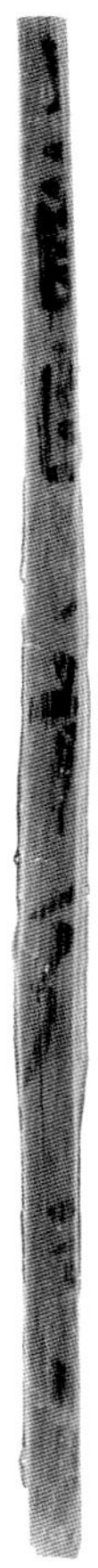

146 正面

145 正面

144 正面

143 正面

146 背面

145 背面

144 背面

143 背面

161 正面

☒

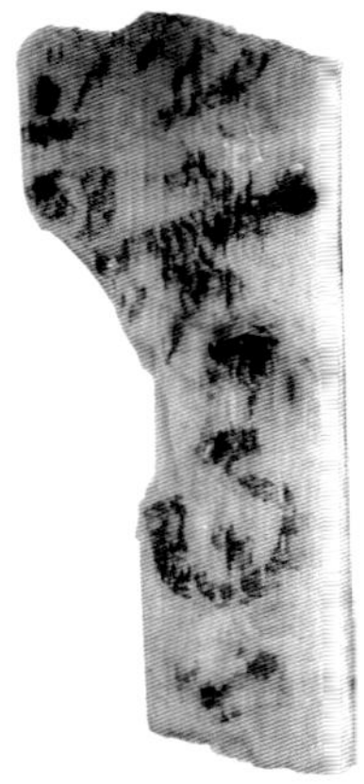

153 正面

☒□□☒

☒

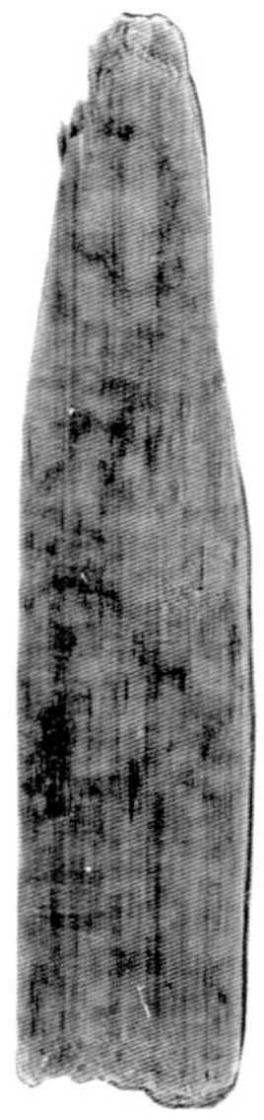

150 正面

☒

147 正面

☒□□□□

☒□□□

161 背面

☒

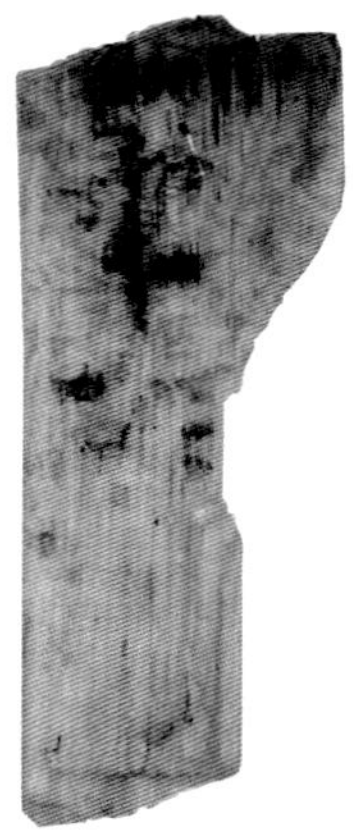

153 背面

☒□

150 背面

☒

147 背面

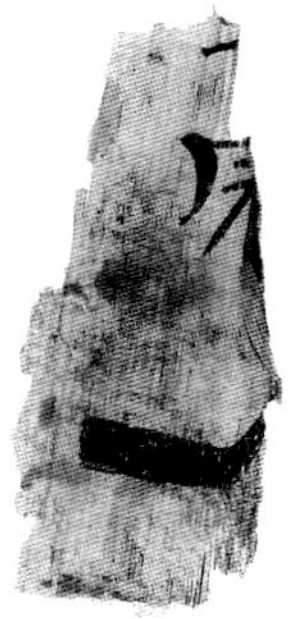

173 正面

⧄完⧄

173 背面

⧄

170 正面

力□天（白？）修长烦⧄

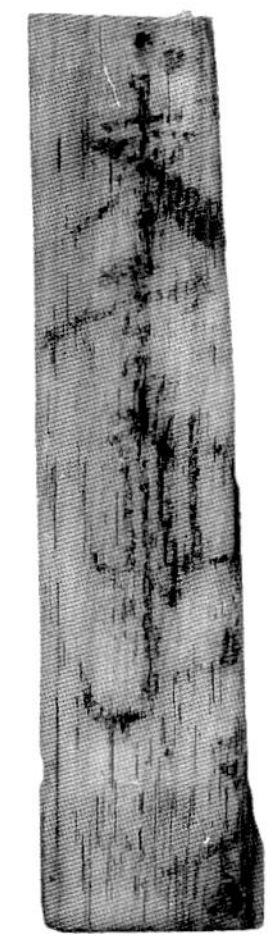

166 正面

東……

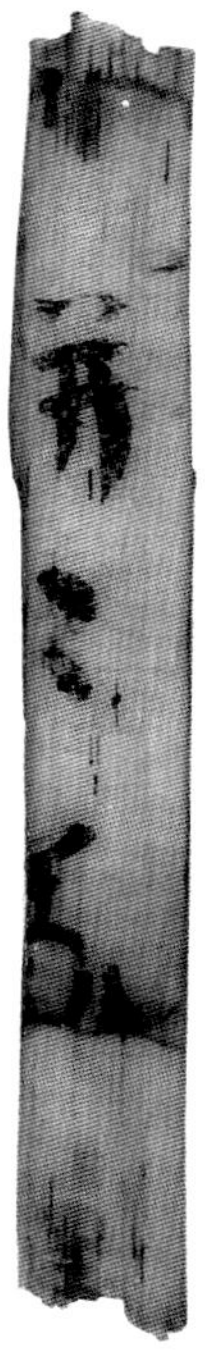

164 正面

⧄并□□⧄

174 正面

□云……

174 背面

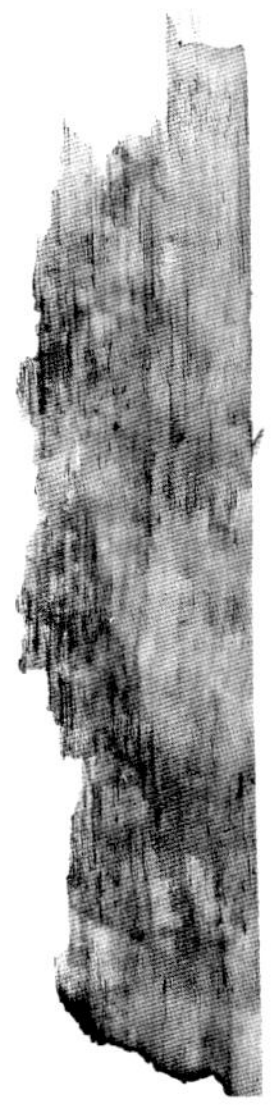

170 背面

166 背面

軍令功

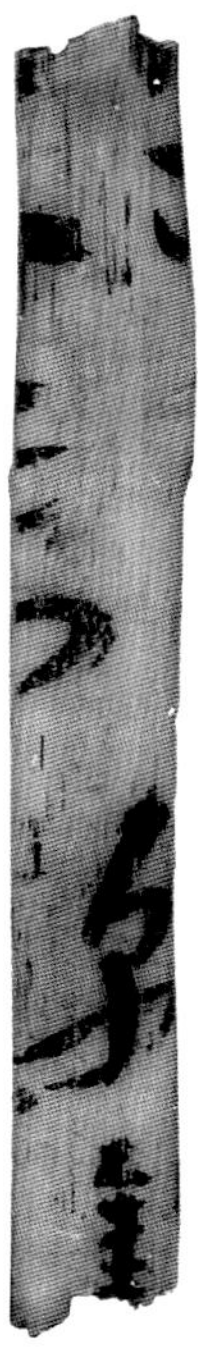

164 背面

⧄

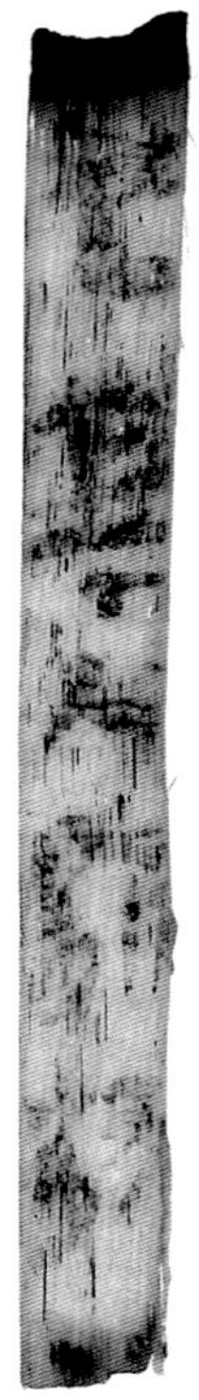

186正面

⧄

185正面

⧄

183正面

……功……

175正面

⧄第一庭⧄

175背面

⧄四⧄

186背面

⧄

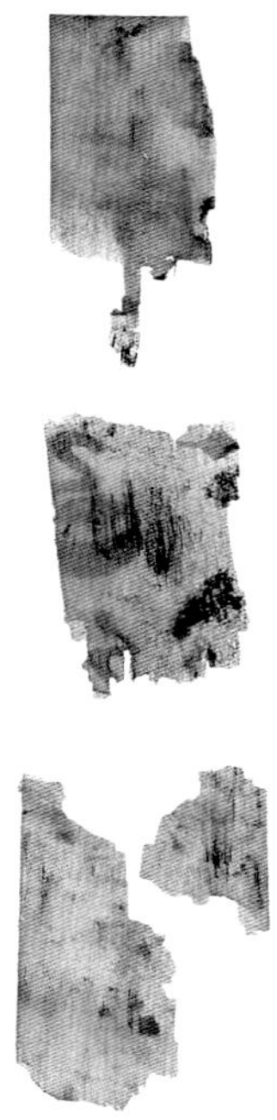

185背面

183背面

……白……

176正面

⧄史位

176背面

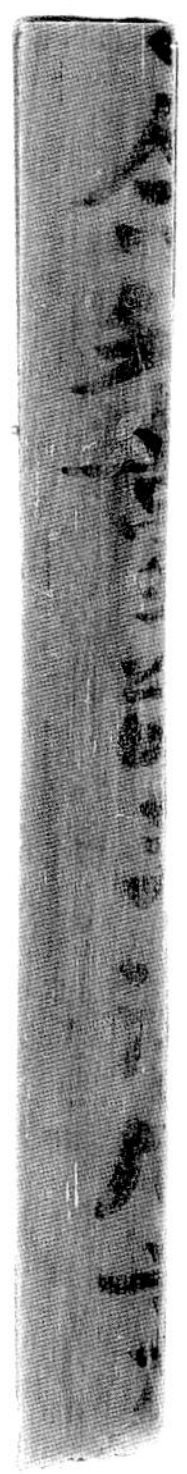

202 正面

⍁

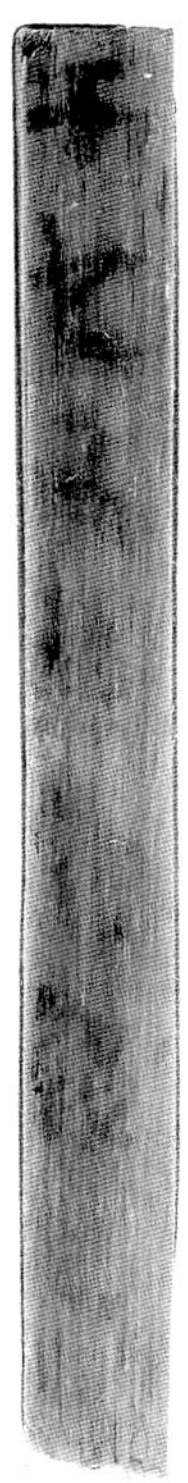

202 背面

⍁

196 正面

□也□

196 背面

⍁

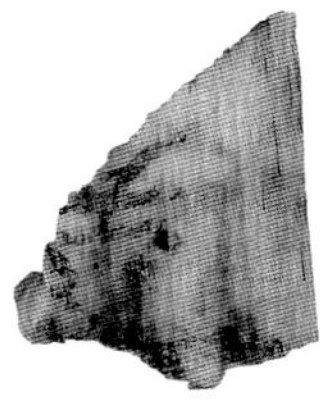

188 正面

⍁

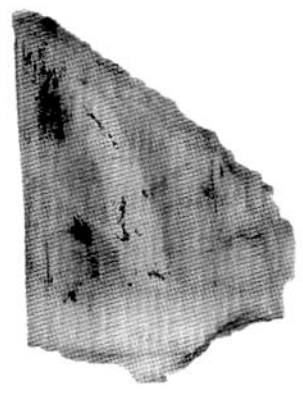

188 背面

193 正面

□⍁

□⍁

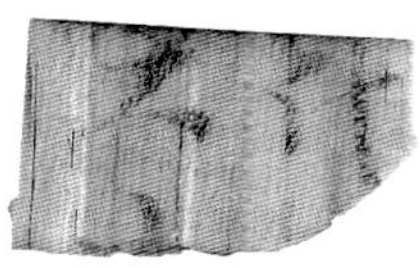

193 背面

□⍁

□⍁

187 正面

⍁已□

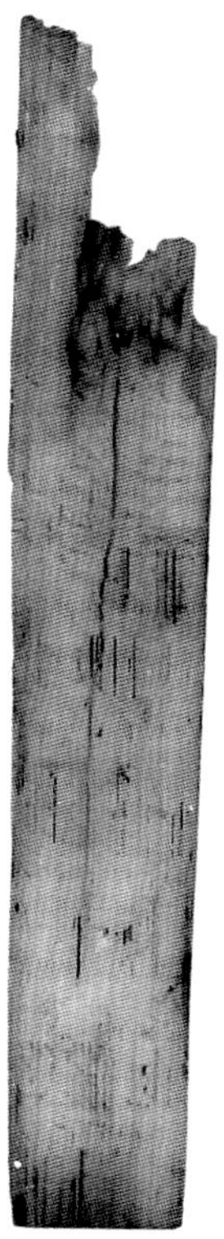

187 背面

215 正面

☐

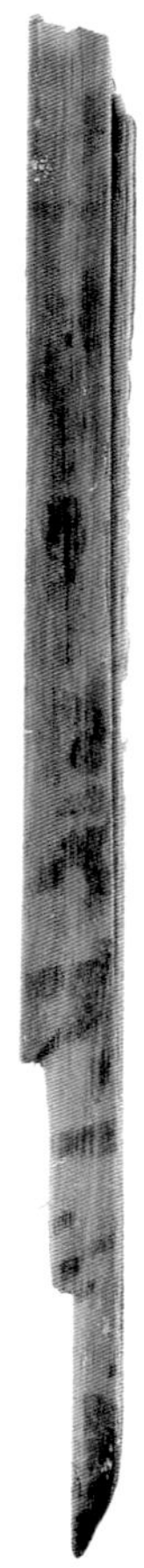
215 背面

☐

214 正面

☐消息傾側☐

214 背面

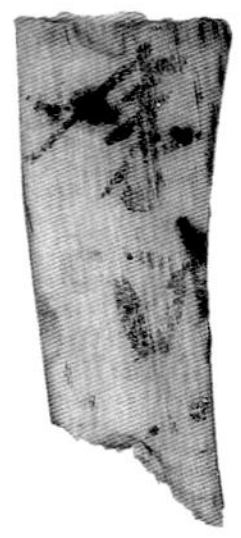
208 正面

余□☐

208 背面

欲……

209 正面

☐

209 背面

204 正面

大叩

☐

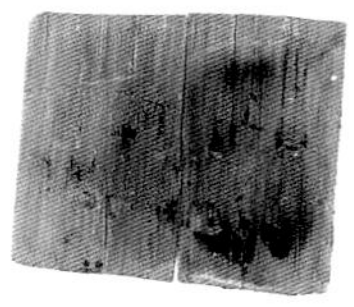
204 背面

206 正面

☐

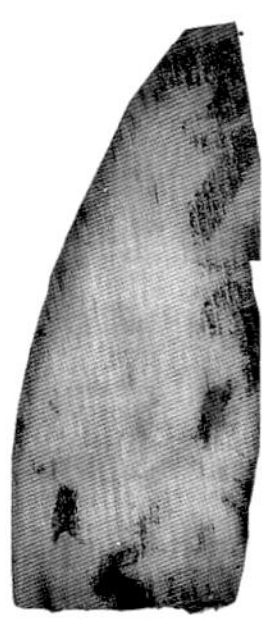
206 背面

☐

227 正面

□郵言字

225 正面

☒□小有□☒

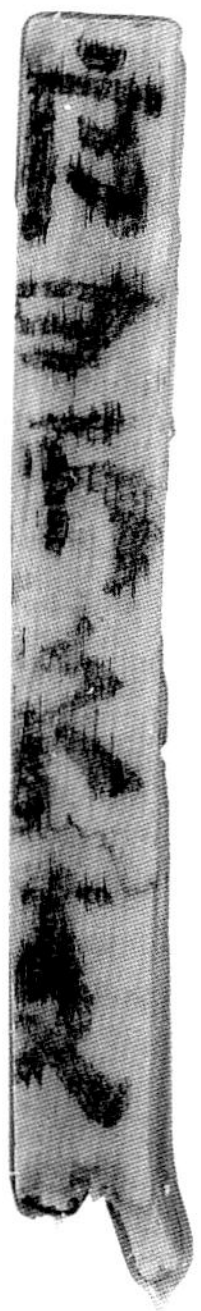

219 正面

府白：□欠□☒

216 正面

知☒

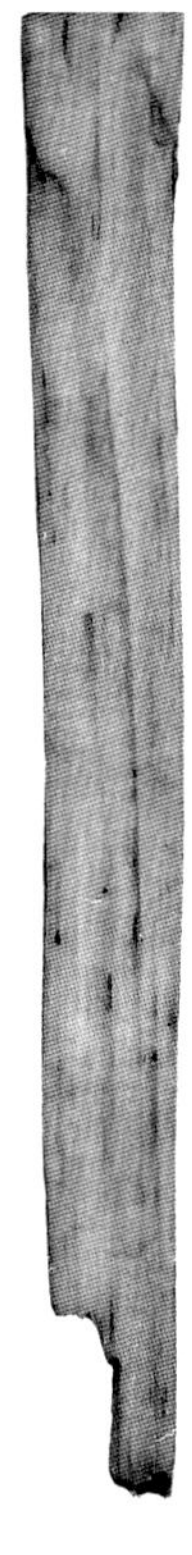

227 背面

225 背面

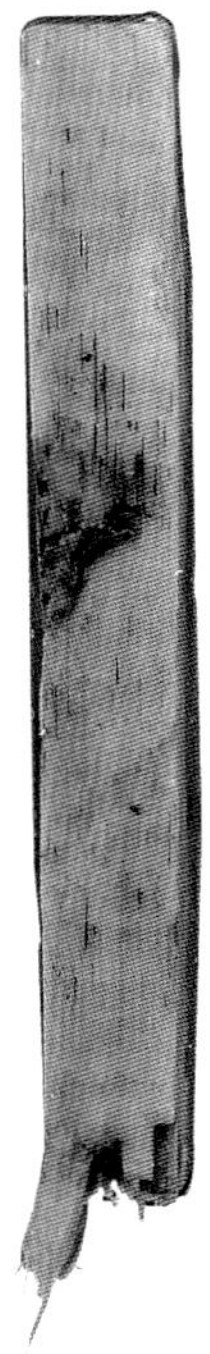

219 背面

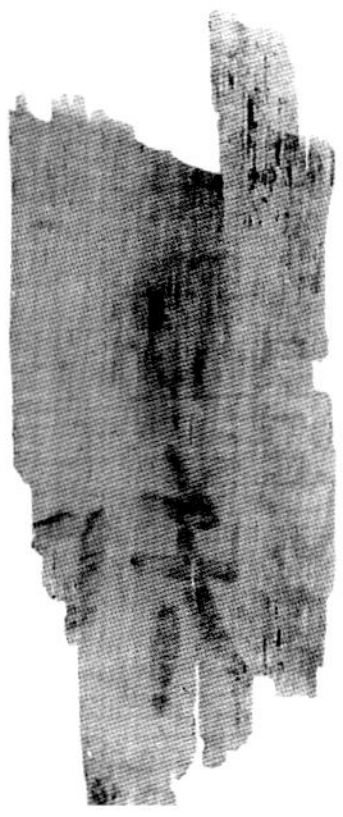

216 背面

237 正面

☒

235 正面

☒□□□☒

234 正面

☒□自別□☒

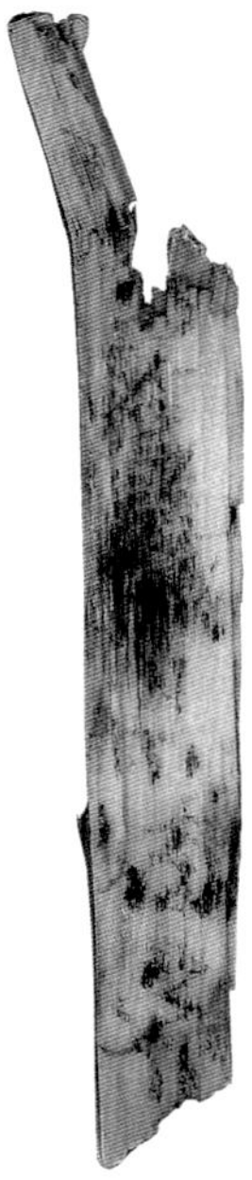

229 正面

☒

237 背面

235 背面

☒二☒

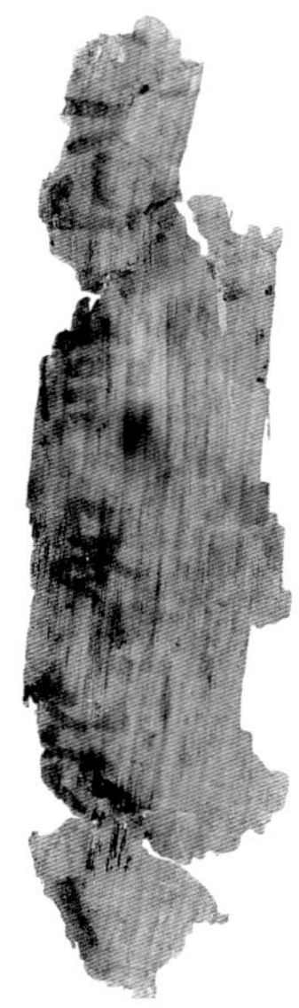

234 背面

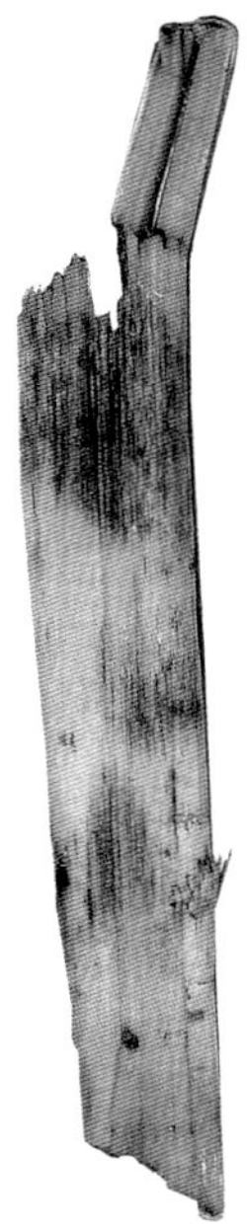

229 背面

243 正面

☒

243 背面

244 正面

☒

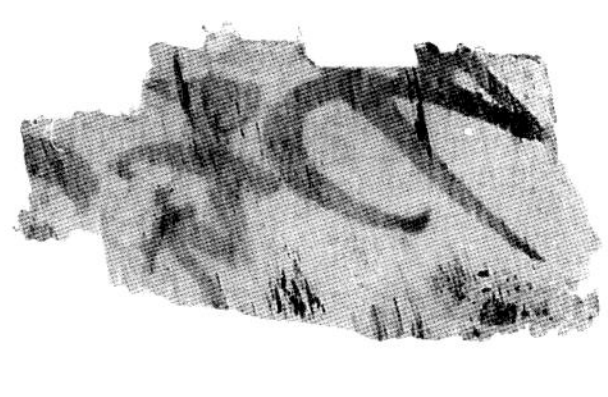

244 背面

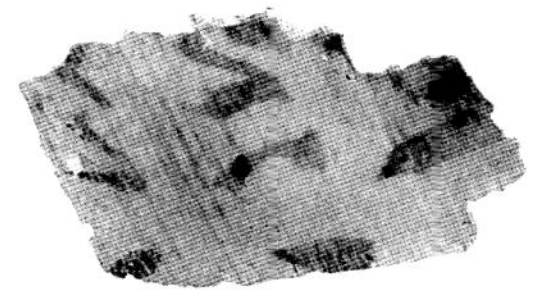

241 正面

☒

241 背面

242 正面

☒

242 背面

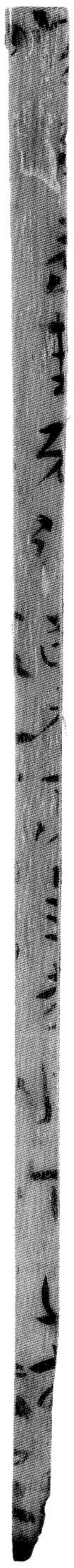

240 背面

☒

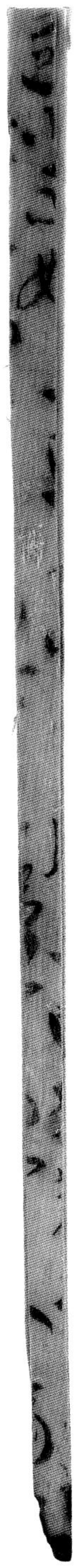

240 正面

☒

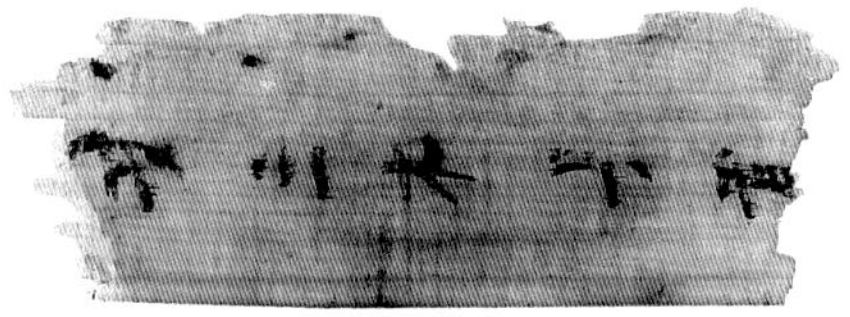

257 正面

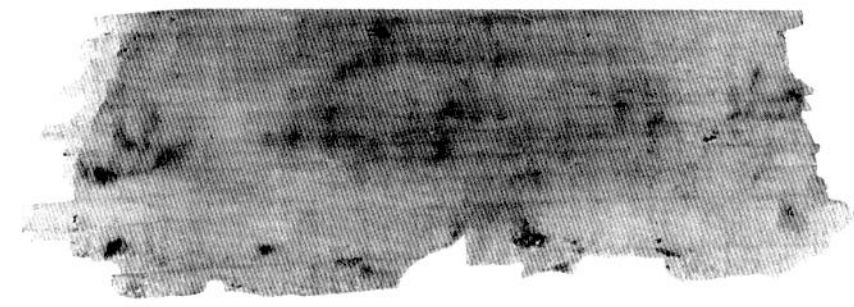

257 背面

☐□□□□□□☐

255 正面

☐

255 背面

☐

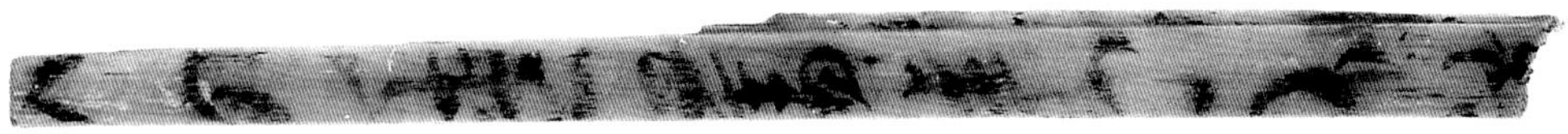

247 正面

入四……

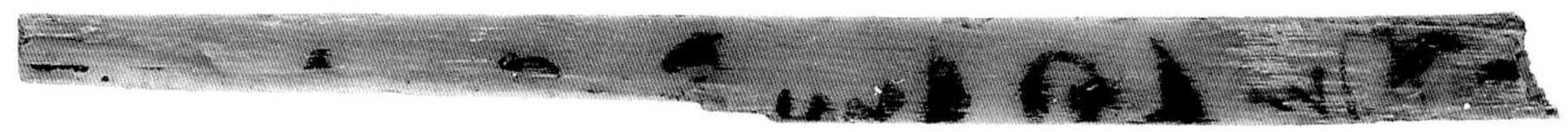

247 背面

☐

245 正面

☐

245 背面

246 正面

☐

246 背面

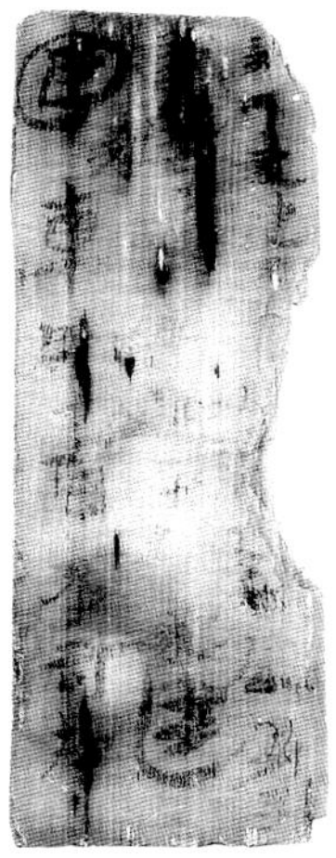

263 正面

□□建□□□子

……建

□車□□□□□

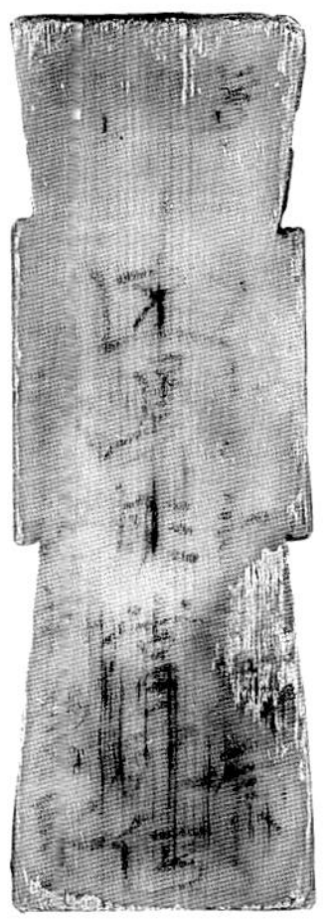

262 正面

……祟。

勇求當死何。

……急取。

261 正面

汝爲平陽反受

勇五終，字叔度。

其夾當死報。

J575

263 背面

言何……

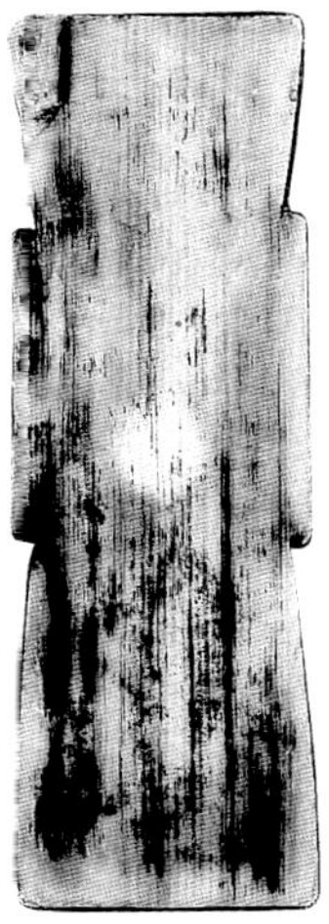

262 背面

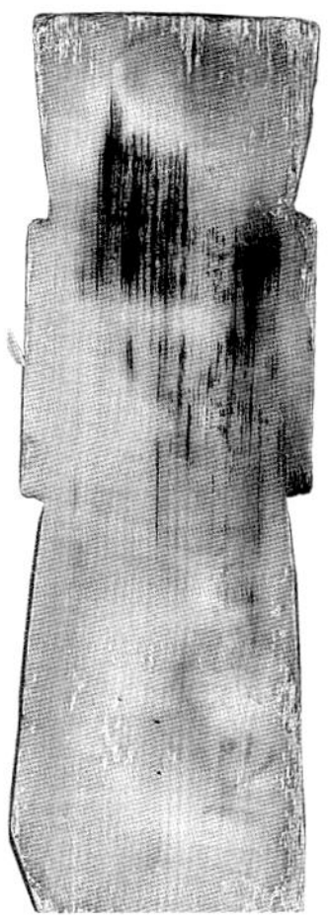

261 背面

長沙尚德街東漢簡牘釋文

J359

002（2011CSCJ359：2）

木牘。首尾皆斷。正面存文一行，僅三字可識，其餘漫漶不清。

【正面】

☐布計受……☐

J436

006（2011CSCJ436①：15-3）

木牘。左右兩側及左下角均殘。正面存文一行，首字殘不可識。

【正面】

□再拜，問起居。下邳食成字孝良[1]。

［1］下邳，封國名。《續漢書·郡國三》："下邳國，武帝置爲臨淮郡，永平十五年更爲下邳國。"食成，人名。《廣韻·職韻》："食，姓。《風俗通》云：'漢有博士食於公。'"周祖謨校勘記："案食於公當作食子公，食子公見《漢書·儒林傳·韓嬰傳下》。"孝良，食成的字。

015（2011CSCJ436①：15-12）

木牘。首尾、左右兩側皆殘。正面殘留筆畫三横。

【正面】

☐一二☐

019（2011CSCJ436①：26-1）

木牘。首端削成梯形。首端有字迹。

【正面】

☑

020（2011CSCJ436①：26-2）

木牘。正面存文兩行，僅數字漫漶不識。背面存文三行，大多漫漶不識。

【正面】

講疎，前别，不悉[1]，愴悴有務相念[2]，須道

□□□政阿□悒悒又□□縣周史來[3]

【背面】

送□君内□□□意云用□人車借人用之

□□□云□大丈夫□□書□□故不門□

□□□□□車縣□□□道□□□□

［1］不悉，猶言不盡。《文選·論盛孝章書》："欲公崇篤斯義也，因表不悉。"劉良注："言因孝章以表見志，不盡所懷也。"

［2］《説文·心部》："愴，傷也。""悴，憂也。"

［3］悒悒，憂鬱，愁悶。《大戴禮記·曾子製言中》："故君子無悒悒於貧，無勿勿於賤，無憚憚於不聞。"

024（2011CSCJ436①：30-2）

木牘。左右兩側皆殘。正面存文兩行，左行僅餘小半，右行剩餘大半。背面筆畫凌亂，似爲習字。

【正面】

□□□□之原也□□寒□□□能

【背面】

☑

J437

026（2011CSCJ437：1-1）

木牘。首端及左右兩側皆殘。正面存文三行。右上角四字較大；左行字體較大，殘去幾字；右行字體較小，大多漫漶不清。

【正面】

丹君……夏……

□拜叩頭言

▨等□□典職□□□平善[1]，别不相見。

【背面】

▨來，乃知，以詣縣，□辭曹甚善少□

無宜給仮□不教相聞[2]，想□其勞不相非[3]，今身衰□

病日加困，功□，不爲知悉[4]，恐不自完，以餘日□列亭

▨爲屬……

［1］典職，掌管政事。《史記·伯夷列傳》："堯將遜位，讓於虞舜，舜禹之間，岳牧咸薦，乃試之於位，典職數十年，功用既興，然後授政。"平善，平安，安康。《漢書 外戚傳》："昏夜平善，鄉晨，傅綺韈，欲起，因失衣，不能言，晝漏上十刻而崩。"

［2］無宜，猶"不宜"。《晉書·外戚列傳》："今王略未振，萬機至殷，陛下宜委誠宰輔，一遵先帝任賢之道，虚己受成，坦平心於天下，無宜内示私親之舉，朝野失望，所損豈少！"周校："'無宜'猶'不宜'也。"

［3］非，譏諷。《漢書·景十三王傳》"常與趙王彭祖相非曰……"。

［4］知悉，知曉。《晉書·鄭袤傳》："昔與儉俱爲臺郎，特所知悉。"

027（2011CSCJ437：1-2）

木牘。下部有明顯灼燒痕迹。正面存文五行，左行及右上角字體較大，右下角三行小字皆有灼燒。背面存文三行，下半部明顯炭化。

【正面】

佑□□□□

當爲奉常祠食金▨[1]

節日月未備不昭如願唯▨[2]

方藥比當□不以書□言□□□▨

取係者愁□□狗甚□▨

【背面】

去反得疾脅下一如……

少□自□□□數……

别知當□□□□……

［1］奉常，官名。《漢書・百官公卿表》："奉常，秦官，掌宗廟禮儀，有丞。景帝中六年更名太常。"顔師古注："太常，王者旌旗也。畫日月焉，王有大事則建以行，禮官主奉持之，故曰奉常也。後改曰太常，尊大之（義）［儀］也。"

［2］昭如，明白貌。《太玄・文》"尚文昭如"，范望注："聖王貴上禮文，昭然明辨也。"

028（2011CSCJ437：1–3）

木牘。下部及左上角皆殘。正面存文一行，字體較大。背面習字。

【正面】

永□大□□□☑

【背面】

☑言叩……王忠言叩[1]

［1］王忠，人名。

J446

037（2011CSCJ446：4–8）

木牘。右下部殘缺。正面存文三行，左行字數較多，中行、右行皆存一字。

【正面】

三年□陵邑☑[1]

笥□

□

［1］陵邑，指漢代爲守護帝王陵園所置的邑地。《文選・西都賦》："與乎州郡之豪傑，五都之貨殖，三選七遷，充奉陵邑。"李善注："元帝詔曰：'往者有司緣臣子之義，奏徙郡國人以奉園陵。自今所爲陵者，勿置縣邑。'"

038（2011CSCJ446：4–9）

木牘。首尾皆斷。正面右上角存文一行，字體甚小。

【正面】

〼南鄉……[1]

［1］南鄉，臨湘縣屬鄉。

039（2011CSCJ446：4–10）

木牘。尾部殘損，右側裂開。正面存文一行，僅餘左半。疑與040拼合。

【正面】

大女一人……[1]

［1］大女，成年女子。《管子·海王》“大女食鹽三升少半”。

040（2011CSCJ446：4–11）

木牘。左半裂開，右上角殘缺，下部殘斷。正面存文兩行，左行僅餘右半，右行上下均有殘損。

【正面】

〼都鄉肆計受臨湘都〼[1]（可與039拼合）

［1］都鄉，臨湘縣治所所在鄉。

041（2011CSCJ446：4–12）

木牘。左半裂開，尾部殘損。正面存文一行，漫漶不清。背面依稀有字迹。

【正面】

□白，昨日分送别（？）念〼

042（2011CSCJ446：4–13）

木牘。首尾殘缺，左側殘裂。正面存文一行，僅餘數字。

【正面】

〼則□□□□□□□〼

J453

045（2011CSCJ453：6–2）

木牘。下部殘斷。正面存文兩行，大多漫漶不清。

【正面】

孤子子白作白書□

貧窶□□[1]

［1］貧窶，貧窮。《荀子・大略》：“貧窶者有所竄其手。”

J465

046（2011CSCJ465：2）

木牘。左右兩側殘損。正面存文一行，文字多有漫漶。

【正面】

□封一等一千六百枚。三月廿六日，□至材用□□大予石□□□▨[1]

［1］材用，猶言用材。《左傳・昭公三十二年》：“（士彌牟）計徒庸，慮材用，書餱糧，以令役於諸侯。”

J531

049（2011CSCJ531：3-1）

簽牌。正面存文一行。

【正面】

十一年，倉□□入簿。

050（2011CSCJ531：3-2）

木牘。下部殘損。正面存文三行，背面存文兩行，字迹潦草難識。

【正面】

八月，故留事成□多以□□□▨

見佐未嘗知行也爰無□□▨

□爰窮小所印不能食□▨

【背面】

□□足比數以別▨

□每事得蒙恩它□〼

052（2011CSCJ531：3-4）

木牘。下部及左側殘損。正面存文兩行；背面存文一行，有塗抹。

【正面】

□□遂平仲之洫爲座（？）勑主〼[1]

〼

【背面】

心白……意不衰光（先？）之

［1］《集韻·職韻》："敇，或作勑。"

053（2011CSCJ531：3-5）

木牘。下部殘斷，右上角殘缺。正面存文一行；背面存文兩行，漫漶潦草。

【正面】

河君□武私使在〼

【背面】

〼

〼□内□有□民□□□〼

055（2011CSCJ531：3-7）

木牘。上部殘斷，右側殘損。正面上半存文三行，下半存文三行，左起第二行不與上半存文相連。背面存文兩行，左行殘損嚴重。

【正面】

〼

〼知多事□以。是爲趨迫□志此□

座（？）准爲也迫事理無若□□

〼但反成也□。唯=熒□小□事高再拜

【背面】

□可□□□以邑座同耳

〼

057（2011CSCJ531：3-9）

木牘。殘片。正、背兩面有字迹。

【正面】

☐

【背面】

☐

059（2011CSCJ531：3-11）

木牘。下部殘斷，左側殘裂。正、背兩面均存文一行，漫漶不清。

【正面】

☐

【背面】

☐

060（2011CSCJ531：3-12）

木牘。上部殘斷。正面存文一行，背面存文兩行。

【正面】

☐□又廿人縣且

【背面】

☐□□□還仍

☐□上不□

063（2011CSCJ531：3-15）

木牘。上下皆殘斷。正面存文一行；背面存文兩行，右行僅存筆畫。

【正面】

☐……司☐

【背面】

☐

☐傳……白☐

067（2011CSCJ531：3–19）

木牘。正面有字迹。

【正面】

☒

068（2011CSCJ531：3–20）

木牘。上部殘斷。正面存文三行，上兩行字體甚小，下一行字體較大。

【正面】

□已復。得二千六百

甲□□□

069（2011CSCJ531：3–21）

木牘。首端殘損，尾端殘斷。正面存文兩行。

【正面】

☒里㞕士伍□□□□□□□□□□子復子士伍官年一[1]

☒大女姜年十八……復

［1］士伍，也作“士五”。睡虎地秦墓竹簡《秦律十八種・内史雜》：“除佐必當壯以上，毋除士五（伍）新傅。”注：“《漢舊儀》：‘無爵爲士伍。’即没有爵的成年男子。”牘084中作“仕伍”。

070（2011CSCJ531：3–22）

木牘。首端殘損。正面存文兩行，大多漫漶不清。背面存文兩行，左行漫漶不清。

【正面】

☒……亥□去

☒

【背面】

☒來□□當在也又有□□

☒

073（2011CSCJ531：3–25）

木牘。下部殘斷，左右兩側殘裂。正面有字迹，背面存文一行。

【正面】

☑

【背面】

八月廿一日

074（2011CSCJ531：3-26）

木牘。首端左上角、尾端及左側均殘損。正面存文一行，有塗抹。

【正面】

何□仲藏……

075（2011CSCJ531：3-27）

木牘。一端殘斷。正、背兩面均有墨迹。

【正面】

☑

【背面】

☑

259（2011CSCJ531：3-33）

木牘。左側殘裂。正面存文一行。

【正面】

月□日□□□，再拜言。三十八日□書，再拜言。

【背面】

☑

J482

一、公文

1.詔書

084（2011CSCJ482②：1-1）

木牘。正面存文五行，背面存文六行。

【正面】

詔書：庶人不與父母居者，爲仕伍[1]，罰作官寺一年[2]。

詔書：九十以上，爲復子若孫一人[3]。

詔書：民□産滿五，毋復卒一人[4]，□無所復得□□□。

詔書：民大父母物故[5]，與母出居[6]，當合訾□上從（？）所俾孫得（？）出。

詔書：故事年九十[7]，九十有子，雖勉老不得□復。

【背面】

詔書：清河孫昌受父母出人七歲[8]，欲賣不可許和（？）别[9]。

詔書：百户置一正，貧富不得容姦詐。

詔書：□得與增□□貲罰（？）被□。

光和四年十一月廿八日[10]，於鄙傳作大吉善[11]。

奴妻有子二，爲庶人强禄助者長（？）

女。

［1］仕伍，即牘069中的“士伍”。

［2］官寺，官署。《漢書·翼奉傳》：“地大震於隴西郡，毀落太上廟殿壁木飾，壞敗豲道縣城郭官寺及民室屋，厭殺人衆，山崩地裂，水泉湧出。”

［3］爲復子若孫，見於古書。《漢書·武帝紀》：“民年九十以上，已有受鬻法，爲復子若孫，令得身帥妻妾遂其供養之事。”顔師古注：“若者，豫及之辭也。有子即復子，無子即復孫也。”

［4］復卒，免服兵役或免納賦稅。《漢書·食貨志》：“民有車騎馬一匹者，復卒三人。車騎者，天下武備也，故爲復卒。”如淳曰：“復三卒之算錢也。或曰，除三夫不作甲卒也。”師古曰：“當爲卒者，免其三人；不爲卒者，復其錢耳。”

［5］大父母，指大父與大母。《史記·留侯世家》：“大父開地，相韓昭侯、宣惠王、襄哀王。”裴駰《集解》引應劭曰：“大父，祖父。”《漢書·濟川王劉明傳》：“李太后，親平王之大母也。”顔師古注：“大母，祖母也。”

［6］出居，遷居、移居。《詩·小雅·雨無正》：“昔爾出居，誰從作爾室？”孔穎達疏：“昔爾從王都出居於郊外之時，誰復從汝作汝室也。”

［7］故事，先例。《漢書·楚元王傳》：“宣帝循武帝故事，招選名儒俊材置左右。”

［8］清河，郡名。《漢書·地理志》：“清河郡，高帝置。莽曰平河。屬冀州。户二十萬一千七百七十四，口八十七萬五千四百二十二。”孫昌，人名。人，“入”字之誤。出入，大約。

《漢書·史丹傳》"君輔政出入三年"。

［9］不可許，《漢書·西域傳》："烏孫絶域，變故難保，不可許。"

［10］光和，東漢靈帝年號。光和四年，公元181年。

［11］鄗，縣名，屬長沙郡。傳，驛站。《左傳·成公五年》："梁山崩，晉侯以傳召伯宗。"杜預注："傳，驛。"

212（2011CSCJ482②：25-2）

木牘。下部殘斷。左側殘裂。正面分欄書寫。上下兩欄各存文七行。背面分兩欄書寫，上欄存文六行，下欄存文七行，右行各字僅餘半邊。

【正面】

列侯相遺書以侯印封[1]，完城旦[2]。

鬬刃傷人，完城旦[3]。

人妻事□禾□接夫婦道父母。

嫁爲人妻減死罪一等[4]，完城旦。

棄書官印以上[5]，司寇[6]。

非縱火時擅縱火，燒山林□司寇[7]。

□□節□□吏不□□▨

臧錢三百[8]，鬼新、白粲[9]。擅加益▨

□闕上百者不上鬼新。

上書言變事不如式[10]，爲不敬[11]。

天下有服禁不得屠沽[12]，吏犯，不敬▨

□□官府寺舍民廬臧不滿千[13]▨

僕□當僕，坐臧爲盜[14]。

□□坐臧爲盜。

【背面】

妻淫失煞夫[15]，不道[16]。

奸人母子旁，不道。

對悍使者無人臣禮[17]，大不敬[18]。

驚動鬼神，大不敬。

上書紀匿其名[19]，大不敬。

漏泄省中語[20]，大不敬。

□□□□□棄市[21]。

以人罪爲罪，當斬。非犯軍中[22]，棄市。

盜變事書，棄市。

留變事書當上不上滿半日，棄▨[23]

吏留難變事滿半日[24]，棄市。

發視變事[25]，棄市。

同産相奸[26]，棄市。

［1］列侯，爵位名。《後漢書·侯霸傳》："漢家舊制，丞相拜日，封爲列侯。"遺書，寄信。《史記·吴王濞列傳》："吴楚相遺書，曰：'高帝王子弟各有分地，今賊臣鼂錯擅適過諸侯，削奪之地。'"封，封緘。《東觀漢記·鄧訓傳》"又知訓好以青泥封書"。

［2］完，刑罰名。《漢書·刑法志》"完者使守積"，顔師古注："完謂不虧其體，但居作也。"城旦，刑罰名。《漢書·惠帝紀》："上造以上及内外公孫、耳孫有罪當刑及當爲城旦舂者，皆耐爲鬼薪、白粲。"顔師古注引應劭曰："城旦者，旦起行治城；舂者，婦人不豫外徭，但舂作米；皆四歲刑也。"

［3］鬭刃傷人，見《漢書·薛宣傳》："律曰：'鬭以刃傷人，完爲城旦，其賊加罪一等，與謀者同罪。'"

［4］減死罪一等，本犯死罪，按較死罪輕一等的罪行論處。

［5］《張家山漢墓竹簡·二年律令》："盜書，棄書官印以上，耐（？）。"整理者注："疑指棄去文書上的封泥，然後呈上。"

［6］司寇，刑罰名。《漢書·刑法志》："隸臣妾滿二歲，爲司寇。司寇一歲，及作如司寇二歲，皆免爲庶人。"

［7］縱火，放火。《漢書·景十三王傳》"宣帝時坐獵縱火燔民九十六家"，顔師古注："縱，放也。"

［8］臧，讀爲"贓"。

［9］新，讀爲"薪"，指"鬼薪"，刑罰名。《史記·秦始皇本紀》："盡得毐等。……車裂以徇，滅其宗。及其舍人，輕者爲鬼薪。"裴駰《集解》："應劭曰：'取薪給宗廟爲鬼薪也。'如淳曰：'《律説》鬼薪作三歲。'"白粲，刑罰名。《漢書·惠帝紀》："上造以上及内外公孫、耳孫有罪當刑及當爲城旦舂者，皆耐爲鬼薪、白粲。"顔師古注引應劭曰："坐擇米使正白爲白粲。"

［10］變事，突然發生的重大事件。《漢書·梅福傳》："後去官歸壽春，數因縣道上言變事，求假軺傳，詣行在所條對急政，輒報罷。"顔師古注："變，謂非常之事。"

［11］不敬，罪名。《漢書·翟方進傳》："慶有罪未伏誅，無恐懼心，豫自設不坐之比。又暴揚尚書

事，言遲疾無所在，虧損聖德之聰明，奉詔不謹，皆不敬。”顏師古注：“既自云不坐，又言遲疾無所在，此之二條於法皆爲不敬。”

［12］屠沽，宰牲和賣酒。

［13］寺舍，官舍。《後漢書·馬援傳》：“曉狄道長歸守寺舍，良怖急者，可床下伏。”李賢注：“寺舍，官舍也。”

［14］坐，獲罪。臧，讀爲“贓”。《晏子春秋·雜下》：“王曰：‘何坐？’曰：‘坐盜。’”盜，偷竊或搶劫財物的人。《漢書·彭越傳》：“常漁鉅野澤中，爲盜。”

［15］淫失，淫亂。《漢書·五行志》：“魯夫人淫失於齊，卒殺桓公。”顏師古注：“失讀曰佚。”

［16］不道，刑律名。《漢書·翟方進傳》：“後丞相宣以一不道賊，請遣掾督趣司隸校尉。”顏師古注引如淳曰：“律，殺不辜一家三人爲不道。”

［17］對悍，即“對捍”，猶對抗。《北史·宋繇傳》：“對捍詔使，無人臣之禮大不敬者死。”《唐律·職制·指斥乘輿》：“對捍制使，而無人臣之禮者，絞。”

［18］大不敬，重罪之一。《漢書·申屠嘉傳》：“通小臣，戲殿上，大不敬，當斬。”

［19］上書，向君主進呈書面意見。《史記·袁盎鼂錯列傳》：“及絳侯免相之國，國人上書告以爲反，征繫清室。”

［20］漏泄，即“泄露”。省中，宮禁之中。《獨斷》：“禁中者，門户有禁，非侍禦者不得入，故曰禁中。孝元皇后父大司馬陽平侯名禁，當時避之，故曰省中。”《漢書·元帝紀》：“淮陽王舅張博、魏郡太守京房坐窺道諸侯王以邪意，漏泄省中語，博要斬，房棄市。”

［21］棄市，刑罰名。《漢書·景帝紀》：“二年春二月……改磔曰棄市，勿復磔。”顏師古注：“棄市，殺之於市也。”

［22］非犯軍中，《晉書·顧和傳》：“幹事狀自郡，非犯軍戎，不由都督。”

［23］“棄”後可補“市”字。

［24］留難，無端阻留。《鹽鐵論·本議》：“間者，郡國或令民作布絮，吏恣留難，與之爲市。”

［25］發視，打開察看。《後漢書·方術列傳》：“翳爲合膏藥，並以簡書封於筒中，告生曰：‘有急發視之。’”

［26］同産相奸，指兄弟姐妹之間的亂倫行爲。

254（2011CSCJ482③：3-5）

木牘。左側殘裂。正面分三欄書寫。上欄存文一行；中欄存文三行，左行各字僅餘筆畫；下欄存文三行。背面分兩欄書寫。上欄存文兩行；下欄存文三行，漫漶不清。

【正面】

以賦還臧[1]，卑主。

爲寫皇帝信爾[2]，要斬[3]。

謀反者[4]，要斬。

大逆無道□□□□□□□

與伯季父子奸[5]，右止[6]。

發還衛士不得令相冒代，棄市。

傷兄姊，加罪二等[7]。

【背面】

受□□□書而亡之，髡鉗[8]。

詐命□所及詐復[9]，免死，髡鉗。

謀盜復，完城旦。

臧四百，完城旦。

[1] 賦，《廣雅·釋詁》："税也。"

[2] 爲，讀爲"僞"。寫，仿效。《史記·秦始皇本紀》："秦每破諸侯，寫放其宫室，作之咸陽北阪上。"爾，讀爲"璽"。皇帝信璽，皇帝六璽之一。《後漢書·光武帝紀》："丙午，赤眉君臣面縛，奉高皇帝璽綬，詔以屬城門校尉。"李賢引蔡邕《獨斷》曰："皇帝六璽，皆玉螭虎紐，文曰'皇帝行璽''皇帝之璽''皇帝信璽''天子行璽''天子之璽''天子信璽'，皆以武都紫泥封之。"

[3] 要，讀爲"腰"。要斬，刑罰名。《漢書·宣帝紀》："冬，京兆尹趙廣漢有罪，要斬。"此條律文，也見於《張家山漢墓竹簡·二年律令》："僞寫皇帝信璽、皇帝行璽，要（腰）斬以匀（徇）。"

[4] 謀反，圖謀反叛。《漢書·外戚恩澤侯表》："地節二年四月癸卯，侯（禺）[禹]嗣，四年，謀反，要斬。"

[5] 伯季父子，應指伯父、叔父及堂兄弟。

[6] 右止，刑罰名。《後漢書·明帝紀》："天下亡命殊死以下，聽得贖論：死罪入縑二十匹，右趾至髡鉗城旦舂十匹。"李賢注引《漢書音義》："右趾，謂刖其右足。"

[7] 加罪二等，即在原來罪行的基礎上加重兩個等級。《漢書·薛宣傳》："律曰：'鬬以刃傷人，完爲城旦，其賊加罪一等，與謀者同罪。'"此條律文，傳世文獻中有類似的記載。《晉書·刑法志》："歐兄姊加至五歲刑，以明教化也。"

[8] 髡鉗，刑罰名。髡，《集韻·没韻》："去髮刑。"《漢書·高帝紀》："郎中田叔、孟舒等十人

自髡鉗爲王家奴，從王就獄。”顔師古注：“鉗，以鐵束頸也。”

［9］詐，《説文·言部》：“欺也。”

2.函封

152（2011CSCJ482②：17–1）

封緘。正面存文兩行，右行字體粗大，左行字體細小。

【正面】

烏桓行事以郵行[1]。

熹平二年七月十七日甲子起[2]。

［1］烏桓，古時北方少數民族名。《漢書·匈奴傳》：“漢復得匈奴降者，言烏桓嘗發先單于冢，匈奴怨之，方發二萬騎擊烏桓。”行事，兼代官職。《韓非子·説林上》：“公佩僕璽而爲行事，是兼官也。”以郵行，以郵驛傳遞。

［2］熹平，東漢靈帝年號。熹平二年，公元173年。

3.封檢

162（2011CSCJ482②：19–3）

封檢。正面存文一行。

【正面】

宜子孫。

253（2011CSCJ482③：3–4）

封檢。殘片。正面存文兩行。

【正面】

☐封完

☐侯□署

4.文書

110（2011CSCJ482②：8–1）

木牘。上部殘斷。正面存文兩行。

【正面】

府用轉行

〼主二〼

111（2011CSCJ482②：8–2）

木牘。上部殘斷，左側斷裂。正面存文兩行，左行僅餘筆畫。

【正面】

〼守監臨湘市掾印[1]。

〼

［1］守，暫時署理職務。監，泛指主管某一項實物的官員。《史記·李將軍列傳》："李陵既壯，選爲建章監，監諸騎。"市掾，管理市場的官員。《後漢書·方術傳下·費長房》："費長房者，汝南人也。曾爲市掾。"

118（2011CSCJ482②：8–9）

木牘。下部殘斷，右上角殘缺。正面存文兩行。

【正面】

〼三尺，深四尺五寸，廣四尺，直錢二千四百，約合二［百］〼

〼錢。曾四他如券書[1]，民有私約[2]，時往者龍□□〼

［1］如，按照。《漢書·儒林傳》："它如律令。"券書，契約。《史記·孟嘗君列傳》："孟嘗君聞馮驩燒券書，怒而使使召驩。"

［2］私約，疑指私下的約定。

128（2011CSCJ482②：10–2）

木牘。上下皆有殘斷，左右兩側皆有殘裂。正、背兩面各存文一行。

【正面】

〼老自上爲當時爭封□〼

【背面】

〼事來考實府君實教〼[1]

［1］考實，考按實情。《東觀漢記·明帝紀》："遣謁者考實，具知奸狀。"

139（2011CSCJ482②：12–2）

木牘。右下角殘缺，右側開裂。正面存文兩行，背面存文一行。

【正面】

傳白：勞冒無勢央=不可悉知，☐

四角，人知汝無飲酒。

【背面】

人何知汝無飲酒四□?

205（2011CSCJ482②：23–10）

木牘。殘片。正面存文一行，字體較大，各字僅餘半邊。

【正面】

☐大守令官往[1]

［1］大守，即太守，官名。《漢書·百官公卿表》："郡守，秦官，掌治其郡，秩二千石。有丞，邊郡又有長史，掌兵馬，秩皆六百石。景帝中二年更名太守。"

二、雜文書

1.雜賬

085（2011CSCJ482②：1–2）

木牘。左側殘損，下部折斷。正面分兩欄書寫，上欄存文四行，下欄存文三行。

【正面】

上事奏卅五束[1]。

穀奏廿九束。

□絮五枚[2]。

上事囊二枚[3]。

槧八束[4]。

上事繩[5]未……

☐

［1］上事，上書言事。《後漢書·隗囂傳》："囂賓客、掾史多文學生，每所上事，當世士大夫皆諷誦之。"

［2］絮，綿。《漢書·文帝紀》："其九十已上，又賜帛人二匹，絮三斤。"顏師古注："絮，綿也。"

［3］囊，袋子。《易·坤》："六四，括囊，無咎無譽。"孔穎達疏："囊所以貯物。"

［4］槧，書版。《論衡·量知》："斷木爲槧，析之爲板，力加刮削，乃成奏牘。"

［5］《説文·糸部》："繩，索也。"

086（2011CSCJ482②：2–1）

木牘。右下角殘缺。正面存文三行。背面分兩欄書寫，上欄存文兩行，下欄存文四行。

【正面】

出錢卌市卵。

出錢六十市胡粱。

出錢九百市竹。

【背面】

六月九日取（？）錢一千二百。

出錢五十市生魚。

出錢卅市鮀魚三斤[1]。

出錢廿八市鯰四斤。

出錢六十市粟。

出錢十六市粟。

［1］鮀，《説文·魚部》："鯰也。"

087（2011CSCJ482②：2–2）

木牘。上部燒毁。正面存文一行。

【正面】

▨縑錢良粡錢[1]

［1］縑，《説文·糸部》："並絲繒也。"粡，《玉篇·米部》："粡粉也。"

088（2011CSCJ482②：2–3）

木牘。右側殘裂。正面分兩欄書寫，上、下欄各存文三行，右行皆殘。背面分兩欄書寫，上欄存文兩行，下欄存文三行。

【正面】

（出）▨

出錢八市梅子。

出錢十市粟。

出錢廿一市鮀魚。

出錢廿與卒。

【背面】

取六百。

五月廿五日。

取錢二千一百市臘字□卅斤。

出錢二百五十市肉一百廿六口。

出錢四百市連漢繩錢。

089（2011CSCJ482②：2-4）

木牘。上下皆殘斷。正面存文兩行。

【正面】

▨出錢六十▨

▨錢。出錢卅市▨

091（2011CSCJ482②：2-6）

木牘。左側殘裂嚴重。正面存文兩行，左行殘損嚴重。

【正面】

出錢廿一市□

……取錢□□。出錢▨

098（2011CSCJ482②：4-2）

木牘。殘片。正、背兩面各存文一行。

【正面】

出錢廿市□□斤。出錢卅市□五斤。

【背面】

取錢二千。▨

101（2011CSCJ482②：7-1）

木牘。下部齊斷。正面分三欄書寫，上欄存文八行，中欄存文九行，下欄大約存文七行，僅首字尚餘筆畫。背面存文五行。

【正面】

絳一千乙[1]。

縑七百五十乙。

縑七百六十乙。

欒百八十。梢二千八十乙[2]。

欒千三百乙。

竹六千五十乙。

市吴財用三千乙。

上事囊弗財用五百五錢。

早二丈四尺五百六十四乙[3]。

縑五尺百七十五乙。

黄□四百八十乙。

德八尺。小席十枚。直四百十五。

蓬三百[4]。

蕃尺、桂、竹直六百八十[5]。

□、刀、斧，直百五十錢。

白膏四百八十乙。

黄布□（襦）卅五乙。

赤

與

▨

▨

▨

▨

▨

【背面】

帋五十枚[6]，百七十五。

糞處菠十一。

伍佰□□取二百作諸笋剅石。

市買魚鮓二千□箄用二百卌二。

廿六日計所用二萬一千八百八十錢已計。

［1］綈，疑讀爲“綈”。《説文·糸部》：“綈，厚繒也。”乙，校對符號。

［2］欒，疑讀爲“欒”。《文選·西京賦》“結重欒以相承”，薛綜注：“欒，柱上曲木，兩頭受櫨者。”桷，《説文·木部》：“榱也，椽方曰桷。”

［3］早，讀爲“皂”。《廣韻·晧韻》：“皂，黑繒。”

［4］蓬，讀爲“篷”。《玉篇·竹部》：“篷，船連帳也。”此處可能是指黄布製成的篷。

［5］桂，木名。《楚辭·遠游》：“嘉南州之炎德兮，麗桂樹之冬榮。”洪興祖補注：“桂凌冬不凋。”

［6］帋，同“紙”。

105（2011CSCJ482②：7-5）

木牘。殘片。正、背兩面均存文一行，僅餘筆畫。正面依稀有“出錢”二字。

【正面】

☐

【背面】

☐

106（2011CSCJ482②：7-6）

木牘。上端殘斷。正面存文三行，有塗抹。

【正面】

出錢□□□

☐

☐

113（2011CSCJ482②：8-4）

木牘。左側斷裂。正面存文四行，左行僅餘筆畫。背面存文四行，左、右兩行僅餘筆畫。

【正面】

出錢市張文水□□□□直□六百已入錢還[1]

子□市張文水□□□□□八十未雇（？）錢

市張文□事繩□，直錢二百……

〼

【背面】

〼

市縑一匹，直錢八百廿□錢。

六月十九日，市縑一束直錢四千二百□□□錢。

〼

［1］張文，人名。

116（2011CSCJ482②：8-7）

木牘。下部有殘斷。正面存文兩行，背面左上角有筆畫。

【正面】

〼廿二（？）半雇錢□〼

〼縑□□錢……

【背面】

□

117（2011CSCJ482②：8-8）

木牘。上下皆有殘斷。正面分兩欄書寫，上欄僅餘兩字，下欄存文三行，左行僅餘筆畫。

【正面】

出錢廿五，市生魚。

出錢廿，市□。

一千。出錢廿四市□。

171（2011CSCJ482②：19-12）

削衣片。殘片。正面存文一行。

【正面】

……細坭各十五〼[1]

［1］坭，同“泥”。《集韻·齊韻》：“埿，或作坭，通作泥。”

198（2011CSCJ482②：23–3）

木牘。右下角有殘損。正面存文三行，有塗抹，漫漶不清。背面存文兩行，有塗抹，漫漶不清。

【正面】

十二月六日□□蔡……

□□□錢七千一百……

□□□五百……

【背面】

蔡□□□千六百六十

十二月六日共計……

228（2011CSCJ482②：29–3）

木牘。殘片。正面存文三行，左右兩行僅餘筆畫。

【正面】

☐

☐六兩。肉松容六……[1]

☐

［1］肉松容，《本草綱目·草部》：“肉蓯蓉，肉松容、黑司命。”李時珍注：“此物補而不峻，故有從容之號。”

231（2011CSCJ482②：29–6）

削衣片。殘片。正面存文一行。

【正面】

魚三頭。

2.名刺

090（2011CSCJ482②：2–5）

木牘。下部折斷。正面存文兩行，中間一行字體較大，左行字體較小。

【正面】

□弟子張郎再拜。問起居。

南郡郎□□[1]

［1］南郡，郡名。《續漢書·郡國四》劉昭注："秦置。"

112（2011CSCJ482②：8-3）

木牘。中間折斷。正面存文一行。

【正面】

腞酒具[1]。掾胡盖、嗇夫顔馴、賤子陽桓再拜[2]。利道。

［1］腞，疑讀爲"豚"。《説文·豚部》："小豕也。從彖省。"

［2］掾，官府中佐助官吏的通稱。《史記·項羽本紀》："項梁嘗有櫟陽逮，乃請蘄獄掾曹咎書抵櫟陽獄掾司馬欣，以故事得已。"嗇夫，官名。《漢書·百官公卿表》："十亭一鄉，鄉有三老、有秩、嗇夫、游徼。……嗇夫職聽訟，收賦税。"賤子，謙稱自己。《漢書·游俠傳》："時請召賓客，邑居樽下，稱'賤子上壽'。"陽桓當無官職，故自稱"賤子"。胡盖、顔馴、陽桓，均爲人名。

126（2011CSCJ482②：9）

木牘。正面存文兩行，有習字。

【正面】

弟子李世再拜[1]。問起居。

安成字□□

［1］弟子，學生。《後漢書·張酺傳》："帝先備弟子之儀，使酺講《尚書》一篇，然後修君臣之禮。"

155（2011CSCJ482②：17-4）

木牘。上下皆殘斷，右上角殘缺。正面存文兩行。背面存文一行，僅餘筆畫。

【正面】

□問起居……

□□

【背面】

☑

156（2011CSCJ482②：17-5）

木牘。下部殘斷，右側殘裂。正面存文一行。背面存文兩行，右行僅存筆畫，左行爲習字。

【正面】

弟子臨湘丞陸再拜☑[1]

【背面】

☑

弟弟子□陸再拜。問起居。

［1］丞，指臨湘縣丞。《漢書·景帝紀》："縣丞，長吏也，奸法與盜盜，甚無謂也。"陸，人名。

184（2011CSCJ482②：20-6）

削衣片。下部殘斷，右下角殘損。正面存文兩行。右行字體工整；左行潦草，疑爲習字。

【正面】

漢昌待史王淮再☑[1]

王□王□

［1］漢昌，縣名，屬中山國。《續漢書·郡國二》："漢昌本苦陘，章帝更名。"待史，疑即"侍史"。《史記·孟嘗君列傳》："孟嘗君待客坐語，而屏風後常有侍史，主記君所與客語，問親戚居處。"王淮，人名。

211（2011CSCJ482②：25-1）

木牘。上段殘斷，左右兩側殘裂。正面存文三行，上部三字較大，左下角字體較小，右下角字體甚小。背面存文一行。正、背面皆有習字。

【正面】

☑詣門下[1]。弟。旁子鄧

□□字□

【背面】

弟子長沙鄧□再拜。弟子

［1］詣，《説文·言部》："候至也。"

232（2011CSCJ482②：29–7）

木牘。殘片。正面存文一行。

【正面】

弟子豫章▨[1]

［1］豫章，郡名。《漢書·地理志》顏師古注："高帝置。莽曰九江。屬揚州。"

256（2011CSCJ482③：3–7）

木牘。首端窄，尾端寬。正面存文一行。

【正面】

賤子醴陵區□[1]。……起居[2]

［1］醴陵，縣名，屬長沙郡。區，姓氏。《廣韻·虞韻》："區，姓，後漢末有長沙區景。"

［2］起居，前可補"問"字。

3.藥方

181（2011CSCJ482②：20–3）

木牘。右下角殘損。正面存文三行。

【正面】

治百病通，明丸方，用甘草八分[1]，弓窮四分[2]，當歸三分[3]，方□▨

乾地黄三分[4]，黄芡三分[5]，桂二分[6]，前胡三分[7]，五未二分[8]，乾薑[9]

四分，玄參三分[10]，伏令二分[11]。凡十八物[12]，皆治，合和丸以白蜜[13]。

［1］甘草，藥草名。《急就篇》卷四"甘草"，顏師古注："一名蜜草，一名蕗，一名蘦，一名大苦。"分，重量單位，一兩的百分之一。

［2］弓窮，即"芎藭"，藥草名。《急就篇》卷四"芎藭"，顏師古注："一名胡藭，一名香果，其葉名蘼蕪。"

［3］當歸，藥草名。《爾雅·釋草》："薜，山蘄。"郭璞注："《廣雅》曰：'山蘄，當歸。'"邢昺疏："即今藥草當歸。"

［4］乾地黄，藥草名。《爾雅·釋草》："苄，地黄。"郭璞注："一名地髓，江東人呼苄。"《本草

綱目·草部》："時珍曰：'本經所謂乾地黄者，即生地黄之乾者也。'"

［5］黄芡，藥草名。《急就篇》卷四"黄芡"，顔師古注："一名空腸，一名腐腸，一名内虚，一名妒婦。"

［6］桂，藥草名。《急就篇》卷四"桂"，顔師古注："謂菌，桂牡之屬，百藥之長也。"

［7］前胡，藥草名。《本草綱目·草部》："時珍曰：'按孫愐《唐韻》作湔胡，名義未解。'"

［8］五未，即"五味"，藥草名。《爾雅·釋草》："菋，荎藸。"郭璞注："五味也。蔓生，子叢在莖頭。"

［9］乾薑，藥草名。《本草綱目·菜部》："時珍曰：'乾薑以母薑造之。今江西、襄、均皆造，以白净結實者爲良，故人呼爲白薑，又曰均薑。'"

［10］玄參，藥草名。《本草綱目·草部》引陶弘景曰："其莖微似人參，故得參名。"

［11］伏令，即"伏苓"，藥草名。《急就篇》卷四"伏苓"，顔師古注："一名茯菟，生大松樹下，蓋松脂所化作也。"

［12］十八物，牘文中僅存十二味藥。

［13］合和，調製。《急就篇》卷四"和藥"，顔師古注："合和衆藥也。"白蜜，白色的蜂蜜。《抱樸子内篇·仙藥》："《小神方》，用真丹三斤，白蜜一斤，合和日曝煎之，令可丸。"

三、私信

103（2011CSCJ482②：7–3）

木牘。形狀怪異，可能是完整木牘劈製而成，僅存下部。正面存文三行，背面存文兩行，字體皆潦草，多不可識。

【正面】

▨□□等□人然

▨□□誠訪迫有

▨□□□願□

【背面】

▨先□□□□□

▨□□白

104（2011CSCJ482②：7–4）

木牘。下部殘斷，且有折斷。正面存文一行。其内容當與114號牘有關。

【正面】

十一月廿四日，翁陵禧報誦師[1]，前☐

［1］翁陵，疑爲地名。禧、師，皆人名。

114（2011CSCJ482②：8-5）

木牘。正面存文一行，背面存文兩行。其内容當與104號牘有關。

【正面】

别後安善[1]，到縣，與五從事夫人相見[2]，告以禧箕 。

【背面】

箐、裖、衪寄師[3]，悉在箕中。前月過，何不以相付？今遣黄唐寄下[4]，必以付，來二小大□冀（？）告區。禧惶恐白。

［1］安善，安好。《漢書・王莽傳》："莽數召問太史令宗宣，諸術數家皆繆對，言天文安善，群賊且滅。"

［2］從事，官名。《漢書・丙吉傳》："坐法失官，歸爲州從事。"

［3］箐，《廣韻・清韻》："笭箐，小籠。"衪，《廣雅・釋器》："袖也。"

［4］黄唐，人名。

115（2011CSCJ482②：8-6）

木牘。上下皆有殘斷。正、背兩面各存文兩行。

【正面】

☐□□□走

☐乎□女□

【背面】

☐□爲孝長輩乎☐

☐有□如有隱下不得☐

127（2011CSCJ482②：10-1）

木牘。上部殘斷。正面存文三行，背面存文兩行。

【正面】

☐去不知行部當來

〼典皆見在與許部

〼□足耳大小委情[1]

【背面】

〼□□□□□□二與□

〼□僕爲□□

[1] 委情，《晉書·皇甫謐傳》："上有在寬之政，下有委情之人。"

140（2011CSCJ482②：13-1）

木牘。下部殘斷。正面存文一行。

【正面】

傳以白樂者□□□中欣然□□〼

141（2011CSCJ482②：13-2）

木牘。右下角殘缺，右側殘裂。正面存文三行，中間一行爲小字，右行下部文字僅餘筆畫。背面存文兩行，漫漶不清。

【正面】

□白昨不悉，醉□□□□□□

丸自暘□再拜白

□無適□不采微者耳明

【背面】

……時……

……乃復……

142（2011CSCJ482②：13-3）

木牘。尾端被斜劈。正面存文兩行，左行僅一字。

【正面】

到爲録取買·前已□□□蔡必□當□□〼

師[1]〼

[1] 師，也見於104、114號牘。

154（2011CSCJ482②：17-3）

木牘。下部殘斷，左側殘裂。正面存文兩行，左行僅餘筆畫。背面存文兩行。

【正面】

門生將再拜[1]，朝不□卒☑

☑

【背面】

踈往願忍☑

山朱將再拜☑[2]

［1］門生，東漢時指再傳弟子。《後漢書·賈逵傳》："皆拜逵所選弟子及門生爲千乘王國郎。"

［2］朱將，姓名。

160（2011CSCJ482②：19-1）

木牘。上部殘斷，右側殘裂。正面存文兩行。

【正面】

……直□世張☑。

……心之永澤□忍。

179（2011CSCJ482②：20-1）

木牘。首端殘斷，左下角殘損。正面存文三行，背面存文兩行。

【正面】

☑虞君□□□不致善文馬絞□□□□

數聞熹幸甚[1]

欲數有書□□□禁□也白□□君□□

【背面】

☑□頃不語言得書知意府君□□[2]

☑甚誠□舉光祖得甚……

［1］幸甚，指非常慶幸或幸運。《漢書·王莽傳》："百穀豐茂，庶草蕃殖，元元歡喜，兆民賴福，天下幸甚！"

［2］府君，漢代對太守的尊稱。《後漢書·獨行列傳》："燕見太守曰：'願謹定文書，皆著燕名，府君但言時病而已。'"

199（2011CSCJ482②：23-4）

木牘。首端殘損，左右兩側均殘裂。正面存文一行。背面存文兩行，右行僅一字，左行僅餘筆畫。

【正面】

☐京貰在，今悤=不悉[1]，□再拜，材見□

【背面】

欲

☐再拜□□□言負□□□□□□□□

［1］貰，《説文·貝部》："貸也。"悤=，即"怱怱"。《三國志·魏書·方技傳》："已故到譙，適值佗見收，怱怱不忍從求。"

200（2011CSCJ482②：23-5）

木牘。首端殘損，左側殘裂。正面存文一行，各字僅餘半邊。背面存文一行。

【正面】

☐□□□□□何須暴人□[1]

【背面】

☐人易久敢留，陳福白[2]。

［1］何須，何必。《漢書·元后傳》："上曰：'此小事，何須關大將軍？'"

［2］陳福，人名。

201（2011CSCJ482②：23-6）

木牘。左右兩側殘裂，左下角殘損。正面存文四行，右上角爲一行，字體較大；右下角有兩行，字體甚小，右行僅餘筆畫，左行僅餘筆畫。背面存文兩行，僅餘筆畫，文字大多漫漶不清。

【正面】

□頓首言[1]。……

久奉□□□□漢龍頓……

☐

【背面】

……言言……

……旨……

［1］頓首，磕頭。《漢書·東方朔傳》："居有頃，聞上過，朱儒皆號泣頓首。"

203（2011CSCJ482②：23-8）

木牘。左右兩側均殘裂。正、背兩面各存文一行，字迹潦草。

【正面】

何罪乃不平江（仁？）君捐之去是也何君□□□□之民何四後

【背面】

□檄書□□□□□□小□□心□□盡（？）□□□□□

207（2011CSCJ482②：23-12）

木牘。殘片。正面存文一行，各字僅餘半邊。背面存文一行。

【正面】

□□□□□☒

【背面】

急乎床君僕☒

213（2011CSCJ482②：25-3）

木牘。左右兩側皆殘裂。正面存文兩行，兩行各字僅餘半邊。背面存文兩行，右行各字僅餘筆畫。

【正面】

再拜□□□□□書見悉知□□□書□

☒

【背面】

☒

☒自當别其檢，非特付督郵□勿憂且忍[1]。

［1］督郵，官名。《後漢書·何敞傳》："立春日，常召督郵還府。"

222（2011CSCJ482②：28–2）

木牘。左側殘裂。正、背兩面各存文一行。

【正面】

□之未平，今其事已諾[1]，□明日□鬣府□

【背面】

□知所□，又府卿明問[2]，言素不下其□

［1］已諾，《續漢書·百官志》李賢注引賈生曰："已語之適。"校勘記："'語'當作'諾'，已諾猶言然否或許與不許也。"

［2］府卿，可能指長沙郡太守，或長沙郡府丞。參見劉樂賢《東牌樓漢簡"府卿"試釋》，《簡帛研究》（二〇一三），廣西師範大學出版社，2014年。

226（2011CSCJ482②：29–1）

木牘。殘片。正、背兩面均存文一行。

【正面】

欲□詣綦毋子遠害郭□會今日别□合□禾[1]

【背面】

□兄易不□分其憂，□□□其爲方便如相移急都

［1］綦毋，或作"綦母"，複姓。《元和姓纂》："《左傳》，晉大夫綦毋張。《風俗通》，漢有廷尉綦毋參。《戰國策》，綦毋子與公孫龍争辯。"

233（2011CSCJ482③：2–1）

木牘。右下角殘缺。正面存文一行。

【正面】

賤子張□□徹意

238（2011CSCJ482③：2–6）

木牘。下部殘斷。正、背兩面各存文一行。

【正面】

情□□用言是伯□區=光☑

【背面】

□□鄧種化處孝□天從争四时☒

239（2011CSCJ482③：2–7）

削衣片。殘片。正面存文一行。

【正面】

泣涕寫有忘□然□□[1]☒

［1］泣涕，哭泣。《後漢書·魯恭傳》：“掾史泣涕共留之。”

248（2011CSCJ482③：2–16）

木牘。殘片。正、背兩面各存文一行。

【正面】

☒□願聞□□不得衾□☒

【背面】

☒□今公□□像功造□☒

250（2011CSCJ482③：3–1）

封檢。下部殘損。正面存文一行。背面分兩欄，上欄存文四行，下欄存文三行，均爲習字。

【正面】

程從事家書[1]。

【背面】

此君止南　責□□

市門非□　責□

成□君更　責責

□可得☒

［1］程，姓氏。從事，官名。家書，家人來往的書信。《後漢書·班彪列傳》：“既而有人上書顯宗，告固私改作國史者，有詔下郡，收固繫京兆獄，盡取其家書。”

251（2011CSCJ482③：3–2）

木牘。右上角殘缺。正面存文兩行。背面分兩欄書寫，上欄存文一行，字體較大，殘損嚴重；下欄存文兩行。

【正面】

昔日少曉念以久也[1]，今宜相還，故□

表意言不□却叩頭再拜。

【背面】

殷處□省還承告[2]。

□□丘不

復相見[3]，其不常相念及[4]。

［1］昔日，從前。《史記·田敬仲完世家》："昔日趙攻甄，子弗能救。"

［2］殷，姓氏。

［3］復，再。相見，彼此會面。《後漢書·朱暉列傳》："暉以堪先達，舉手未敢對，自後不復相見。"

［4］念及，想到。《舊唐書·德宗本紀》："將士各竭忠謀，中遭迫脅，朕每念及，痛心自咎。"

252（2011CSCJ482③：3-3）

木牘。尾端兩角殘缺。正面存文兩行，右行字體較大；左行字體較小，且書於首尾兩端。背面存文一行，漫漶不清。

【正面】

沙教君治尚書言□。

公教。月十六日[1]。

【背面】

大□□□

［1］月十六日，指當月十六日。

四、習字

138（2011CSCJ482②：12-1）

木牘。上部殘斷。正面存文兩行，皆爲習字。背面存文兩行。

【正面】

☐屬□□

☐數數告告

【背面】

☐遺具

☐都口

163（2011CSCJ482②：19–4）

木牘。殘片。右側殘裂。正面存文兩行，右行缺半。背面存文三行，左行缺半。

【正面】

☐□□白□

☐□□高高

【背面】

☐日□□

□□□

☐□日日

182（2011CSCJ482②：20–4）

木牘。首尾兩端殘斷。正面存文一行，爲干支，疑爲習字。背面存文一行。

【正面】

☐寅丁卯戊辰己巳庚午辛未☐[1]

【背面】

大□□□

［1］干支習字牘。“寅”前可補“丙”字。

223（2011CSCJ482②：28–3）

木牘。殘片。正面存文兩行，背面僅存二字，均爲習字。

【正面】

另另另

另子子

【背面】

子不

五、殘簡

092（2011CSCJ482②：2–7）

削衣片。上部殘斷，左側殘損。正面存文一行。

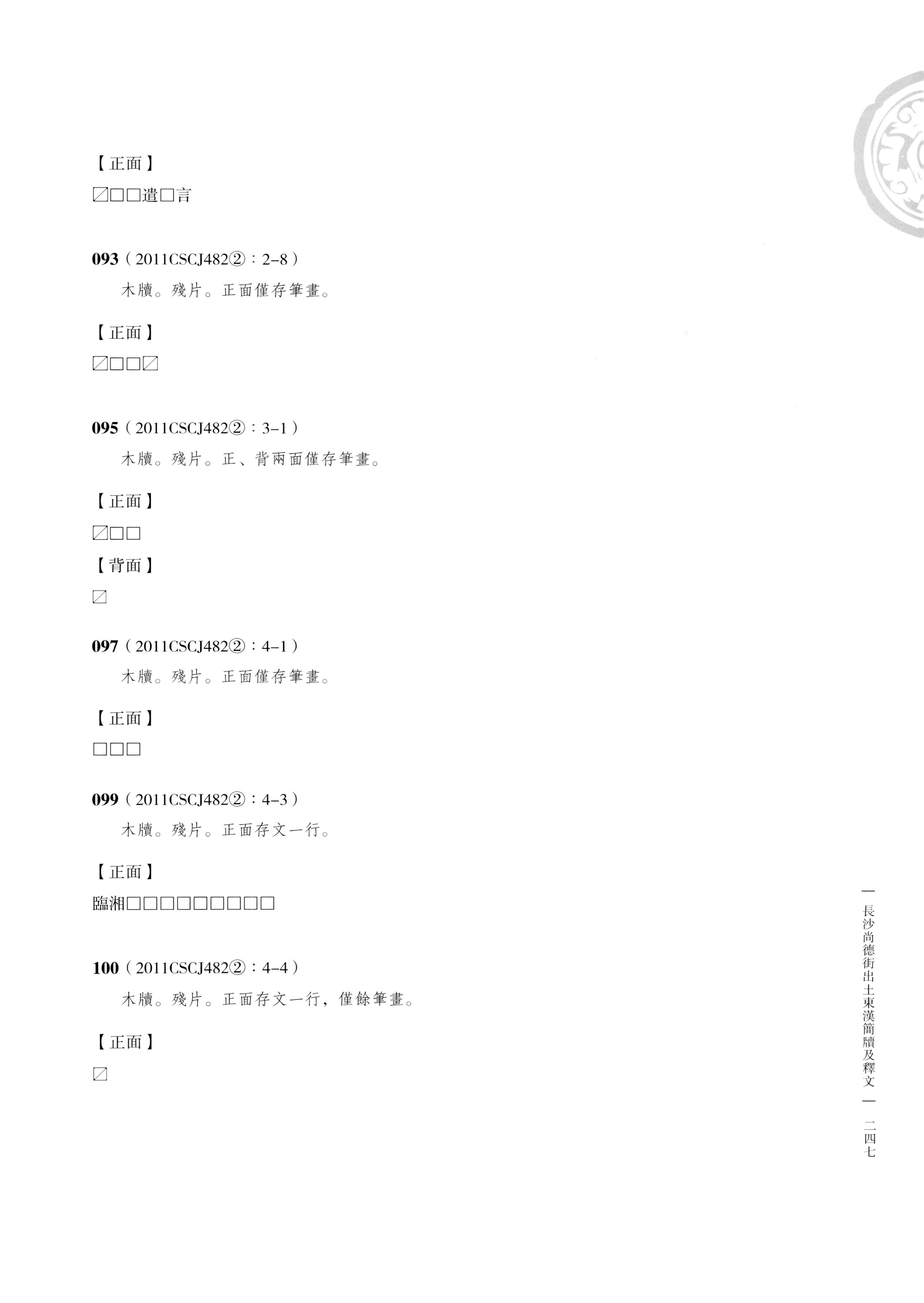

【正面】

☐□□遣□言

093（2011CSCJ482②：2-8）

木牘。殘片。正面僅存筆畫。

【正面】

☐□□☐

095（2011CSCJ482②：3-1）

木牘。殘片。正、背兩面僅存筆畫。

【正面】

☐□□

【背面】

☐

097（2011CSCJ482②：4-1）

木牘。殘片。正面僅存筆畫。

【正面】

□□□

099（2011CSCJ482②：4-3）

木牘。殘片。正面存文一行。

【正面】

臨湘□□□□□□□□□

100（2011CSCJ482②：4-4）

木牘。殘片。正面存文一行，僅餘筆畫。

【正面】

☐

107（2011CSCJ482②：7-7）

木牘。上部殘斷。正面存文一字。

【正面】

起（？）

108（2011CSCJ482②：7-8）

木牘。上下皆有殘斷。正面存文一行。

【正面】

〼□□〼

119（2011CSCJ482②：8-10）

木牘。殘片。正面存文三字。

【正面】

〼年列長。

120（2011CSCJ482②：8-11）

木牘。殘片。正面有字，漫漶不清。

【正面】

……女……

121（2011CSCJ482②：8-12）

木牘。殘片。正面有字，漫漶不清。

【正面】

〼

129（2011CSCJ482②：10-3）

木牘。殘片。正面存文一行，僅餘八字。

【正面】

〼七月九日，掾益義中（？）[1]〼

［1］益義，疑爲人名。

130（2011CSCJ482②：10–4）

木牘。上下皆有殘斷，左右兩側皆有殘裂。正面存文兩行，左行僅餘筆畫。背面存文三行，左右兩行僅餘筆畫。文字漫漶不清。

【正面】

☐

【背面】

☐

131（2011CSCJ482②：10–5）

木牘。上下皆有殘斷，左右兩側皆有殘裂。正、背兩面各存文兩行，右行僅餘筆畫。字迹潦草。

【正面】

☐

☐□□曰□□□□□□□□同産母弟智□☐［1］

【背面】

☐

［1］同産母弟，即同母之弟。《書·牧誓》"昏棄厥遺王父母弟不迪"，孔安國傳："母弟，同母弟。"孔穎達疏："《春秋》之例，母弟稱弟、凡《春秋》稱弟皆是母弟也。母弟謂同母之弟。"

132（2011CSCJ482②：10–6）

木牘。殘片。正、背兩面各存文兩行，僅餘筆畫。

【正面】

☐

【背面】

☐

134（2011CSCJ482②：10–8）

木牘。左側殘裂。正、背兩面各存文一行，文字潦草，漫漶不清。

【正面】

☐☐☐☐☐☐☐☐☐☐☐

【背面】

☐☐☐遣☐☐

136（2011CSCJ482②：10–10）

木牘。殘片。正面僅餘筆畫。

【正面】

☐

137（2011CSCJ482②：10–11）

木牘。下部折斷。正面存文二字。

【正面】

……蒙☐……

143（2011CSCJ482②：13–4）

木牘。殘片。正、背兩面有字迹。

【正面】

☐

【背面】

☐

144（2011CSCJ482②：13–5）

木牘。殘片。正、背兩面有字迹。

【正面】

☐

【背面】

☐

145（2011CSCJ482②：13–6）

木牘。殘片。正、背兩面有字迹。

【正面】

⧄

【背面】

⧄

146（2011CSCJ482②：13–7）

木牘。殘片。正、背兩面有字迹。

【正面】

⧄

【背面】

⧄

147（2011CSCJ482②：13–8）

木牘。殘片。正面存文兩行。

【正面】

⧄□□□□

⧄□□□

150（2011CSCJ482②：14–1）

木牘。殘片。正、背兩面有字迹，漫漶不清。

【正面】

⧄

【背面】

⧄

153（2011CSCJ482②：17–2）

木牘。殘片。正面存文兩行，背面存文一行。

【正面】

⧄□□⧄

⧄

【背面】

☐□

161（2011CSCJ482②：19-2）

木牘。上部殘斷，右上角殘缺。正、背兩面各存文兩行，漫漶不清。

【正面】

☐

【背面】

☐

164（2011CSCJ482②：19-5）

木牘。殘片。正、背兩面均有筆畫。

【正面】

☐并□□☐

【背面】

☐

166（2011CSCJ482②：19-7）

木牘。上端殘斷，右側殘裂。正、背兩面各存文一行。

【正面】

東……

【背面】

軍令功

170（2011CSCJ482②：19-11）

削衣片。殘片。正面存文一行。

【正面】

力□天（白？）修长煩☐

173（2011CSCJ482②：19-14）

削衣片。殘片。正面存文一字，背面有筆畫。

【正面】

▨完▨

【背面】

▨

174（2011CSCJ482②：19–15）

削衣片。殘片。正面存文一行。

【正面】

□云……

175（2011CSCJ482②：19–16）

削衣片。殘片。正、背兩面各存文一行。正面右側有塗抹。

【正面】

▨第一庭▨

【背面】

▨四▨

176（2011CSCJ482②：19–17）

削衣片。殘片。正面存文一行。

【正面】

▨史位

183（2011CSCJ482②：20–5）

木牘。殘片。正、背兩面存文一行。

【正面】

……功……

【背面】

……白……

185（2011CSCJ482②：20–7）

削衣片。殘片4枚。正面僅餘筆畫。

【正面】

☒

186（2011CSCJ482②：20–8）

木牘。殘片。正面存文一行，漫漶不清。背面僅餘筆畫。

【正面】

☒

【背面】

☒

187（2011CSCJ482②：20–9）

木牘。殘片。正面存二字。

【正面】

☒已□

188（2011CSCJ482②：20–10）

木牘。殘片。正面僅餘筆畫。

【正面】

☒

193（2011CSCJ482②：20–15）

木牘。殘片。正面存文兩行，各一字。背面存文兩行，各一字。

【正面】

□☒

□☒

【背面】

□☒

□☒

196（2011CSCJ482②：23–1）

木牘。殘片。正面存文一行，背面僅餘筆畫。

【正面】

□也□

【背面】

▨

202（2011CSCJ482②：23-7）

木牘。下部殘斷，右側殘裂。正面存文一行，各字僅餘半邊。背面存文一行，漫漶不清。

【正面】

▨

【背面】

▨

204（2011CSCJ482②：23-9）

木牘。殘片。正面存文兩行。

【正面】

大叩

▨

206（2011CSCJ482②：23-11）

木牘。殘片。正、背兩面均有筆畫。

【正面】

▨

【背面】

▨

208（2011CSCJ482②：23-13）

木牘。殘片。正、背兩面各餘一字。

【正面】

余□▨

【背面】

欲……

209（2011CSCJ482②：23–14）

木牘。殘片。正面僅餘筆畫。

【正面】

☐

214（2011CSCJ482②：25–4）

削衣片。殘片。正面存文一行。

【正面】

☐消息傾側☐

215（2011CSCJ482②：25–5）

木牘。殘片。正、背兩面皆有字迹。

【正面】

☐

【背面】

☐

216（2011CSCJ482②：25–6）

削衣片。殘片。正面僅餘一字。

【正面】

知☐

219（2011CSCJ482②：25–9）

木牘。殘片。正面存文一行。

【正面】

府白：□欠□☐

225（2011CSCJ482②：28–5）

削衣片。殘片。正面存文一行。

【正面】

〼□小有□〼

227（2011CSCJ482②：29–2）

木牘。殘片。正面存文一行。

【正面】

□郵言字

229（2011CSCJ482②：29–4）

木牘。殘片。正面存文一行，漫漶不清。

【正面】

〼

234（2011CSCJ482③：2–2）

削衣片。殘片。正面存文一行。

【正面】

〼□自別□〼

235（2011CSCJ482③：2–3）

木牘。殘片。正、背兩面各存文一行，漫漶不清。

【正面】

〼□□□〼

【背面】

〼二〼

237（2011CSCJ482③：2–5）

削衣片。殘片。正面存文一行。

【正面】

〼

240（2011CSCJ482③：2–8）

木牘。殘片。正、背兩面均有字迹。

【正面】

☒

【背面】

☒

241（2011CSCJ482③：2–9）

削衣片。殘片。正面有字迹。

【正面】

☒

242（2011CSCJ482③：2–10）

削衣片。殘片。正面有字迹。

【正面】

☒

243（2011CSCJ482③：2–11）

削衣片。殘片。正面有字迹。

【正面】

☒

244（2011CSCJ482③：2–12）

削衣片。殘片。正面有字迹。

【正面】

☒

245（2011CSCJ482③：2–13）

削衣片。殘片。正面有字迹。

【正面】

☐

246（2011CSCJ482③：2–14）

削衣片。殘片。正面有字迹。

【正面】

☐

247（2011CSCJ482③：2–15）

木牘。殘片。正、背兩面均有字迹。

【正面】

入四……

【背面】

☐

255（2011CSCJ482③：3–6）

削衣片。殘片。正、背兩面均存文一行，文字漫漶潦草。

【正面】

☐

【背面】

☐

257（2011CSCJ482③：3–8）

削衣片。殘片。正面存文一行，各字僅餘半邊。

【正面】

☐□□□□□□☐

J575

261（2011CSCJ575：5–1）

人形木牘。畫有眉、目、口。正面存文三行。

【正面】

汝爲平陽反受

勇五終，字叔度[1]。

其夾當死報[2]。

［1］叔度，漢代常見人名。《後漢書·廉范列傳》："廉范字叔度，京兆杜陵人，趙將廉頗之後也。"《後漢書·黄憲列傳》："黄憲字叔度，汝南慎陽人也。"

［2］當死報，即"當以死報"。《後漢書·朱暉列傳》："行年八十，蒙恩得在樅密，當以死報。"

262（2011CSCJ575：5–2）

人形木牘。畫有眉、目、口。正面存文三行，漫漶不清。

【正面】

……祟[1]。

勇求當死何。

……急取。

［1］祟，鬼神的禍害。《戰國策·東周策》："及王病，使卜之。太卜譴之曰：'周之祭地爲祟。'"鮑彪注："神禍也。"

263（2011CSCJ575：5–3）

木牘。右側殘損。正面存文三行，背面存文一行，文字漫漶不清。

【正面】

□□建□□□子

……建

□車□□□□□

【背面】

言何……

後　記

二〇一一年三月至二〇一二年九月，長沙市文物考古研究所爲配合城市基本建設，經國家文物局批准（批准號：考執字2011第272號），在長沙國際金融中心建設工地上發掘了一批古井。其中J359、J436、J437、J446、J453、J465、J482、J531、J575等九口古井中出土了兩百多枚簡牘。發掘工作結束後及時開展了室内資料整理及簡牘保護工作。

本報告編寫始於二〇一三年三月，後經數次修改，於二〇一六年十月定稿。

第一、二、三章由何佳執筆，第四章由何佳、雷永利、趙今執筆。第五章第一、二、三部分由何佳執筆，第五章第四部分由羅小華執筆，第六章第一、三部分由何佳執筆，第六章第二部分由羅小華執筆，第七章由羅小華、黄朴華、何佳執筆。

發掘報告中古井群分佈平面圖、古井形制平剖面圖及出土器物圖由高鐵、李强、楊雅靜繪製。發掘現場及出土器物照片由雷永利、趙今、夏笑容、蔣德偉、邱少峰拍攝，簡牘彩色照片由深圳雅昌鄒嘉拍攝。拓片由羅英典完成。簡牘揭剥、清洗、脱色由蔣成光、莫澤、佘玲珠負責。

本書在編寫過程中得到了清華大學出土文獻研究與保護中心李均明的熱情指導。編輯出版過程中，岳麓書社管巧靈與邱建明對本書提出了有益的建議並付出了大量心血。在此表示誠摯的謝意!

限於水準，本報告的編寫尚存不少缺點和疏漏，祈請專家批評指正。

編　者

二〇一六年十月

圖書在版編目(CIP)數據

長沙尚德街東漢簡牘/長沙市文物考古研究所編.
—長沙:岳麓書社,2016.12
ISBN 978-7-5538-0469-9

Ⅰ.①長... Ⅱ.①黄...②長... Ⅲ.①簡(考古)—研究—長沙市—東漢時代 Ⅳ.①K877.54

中國版本圖書館 CIP 數據核字(2015)第 274843 號

CHANGSHA SHANGDEJIE DONGHAN JIANDU
長沙尚德街東漢簡牘

編　　者:長沙市文物考古研究所
責任編輯:管巧靈　邱建明
責任校對:舒　舍
整體設計:風格八號

岳麓書社出版發行
地址:湖南省長沙市愛民路 47 號
電話:0731-88804152　88885616
郵編:410006
岳麓書社網址:www.yueluhistory.com

2016 年 12 月第 1 版第 1 次印刷
開本:787×1092　1/8
印張:34
字數:366 千字
ISBN 978-7-5538-0469-9
定價:880.00 元

承印:雅昌文化(集團)有限公司

如有印裝質量問題,請與本社印務部聯繫
電話:0731-88884129